DIE KUNST DES KOCHENS

Nährmittel und Hülsenfrüchte

VON
DER REDAKTION DER TIME-LIFE BÜCHER

TIME-LIFE BÜCHER · AMSTERDAM

TIME-LIFE BÜCHER
LEITUNG DER EUROPÄISCHEN REDAKTION:
Kit van Tulleken
Direktor des Designs: Louis Klein
Direktorin der Photographie: Pamela Marke
Leiterin der Dokumentation: Vanessa Kramer
Redakteur für besondere Aufgaben:
Windsor Chorlton
Chefassistentin: Ilse Gray

DIE KUNST DES KOCHENS
Chefredakteur der Reihe: Alan Lothian
Koordinatorin der Reihe: Liz Timothy
Designer (verantwortlich): Rick Bowring

REDAKTIONSSTAB DES BANDES
NÄHRMITTEL UND HÜLSENFRÜCHTE:
Textredakteurin: Gillian Boucher
Redakteurinnen der Rezepte: Josephine
Bacon, Liz Clasen
Vertragsautor: Thom Henvey
Dokumentarin: Krystyna Davidson
Redaktionsassistentinnen: Katie Lloyd,
Sally Rowland
Urheberrechte: Deborah Litton
Rezeptbearbeitung: Margaret Hall
Assistenten des Designers: Cherry Doyle,
Adrian Saunders
Assistentin: Molly Sutherland

PRODUKTIONSSTAB DER REIHE:
Leitung: Ellen Brush
Endkontrolle: Douglas Whitworth
Interredaktionelle Koordination: Pat Boag,
Helen Whitehorn
Bildkoordination: Kate Cann, Philip Garner
Art Department: Julia West
Editorial Department: Debra Dick,
Beverley Doe

LEITUNG DER DEUTSCHEN REDAKTION:
Hans-Heinrich Wellmann
Textredaktion: Gisela Meyer,
Hartmut Schickert, Marianne Tölle

Aus dem Englischen übertragen von
Michael Pattberg

ISBN 9-06-182-390-0

DER PLANET ERDE
VÖLKER DER WILDNIS
DIE GESCHICHTE DER LUFTFAHRT
DIE SEEFAHRER
DER ZWEITE WELTKRIEG
DIE KUNST DES KOCHENS
DER WILDE WESTEN
HANDBUCH DER GARTENKUNDE
MENSCHLICHES VERHALTEN
DIE GROSSEN STÄDTE
DIE HOHE SCHULE DER HANDARBEIT
DIE WILDNISSE DER WELT
DIE FRÜHZEIT DES MENSCHEN
DIE PHOTOGRAPHIE
DIE WELT DER KUNST
INTERNATIONALE SPEISEKARTE
ZEITALTER DER MENSCHHEIT
WUNDER DER WISSENSCHAFT
WUNDER DER NATUR
JUGENDBÜCHER
DAS GROSSE BUCH DES YACHTSPORTS
DAS GROSSE BUCH DER PHOTOGRAPHIE
LIFE IM KRIEG
LIFE IM KINO
DIE BESTEN PHOTOS AUS LIFE

Einband: Eine Gabel voll Nudeln aus einer großen Portion hausgemachter Teigwaren mit Fleischsauce. Damit die Nudeln nicht von der Gabel gleiten, wird diese leicht gegen einen Löffel gedrückt und dann gedreht, so daß sich die Nudeln um die Zinken wickeln. Die Nudeln wurden aus einem Eier-Mehl-Teig bereitet, der mit einer Nudelmaschine geknetet, dünn ausgerollt und dann in feine Streifen geschnitten wurde (S. 46).

DER HAUPTBERATER:

Richard Olney ist Amerikaner und lebt seit 1951 in Frankreich, wo er als Fachmann auf dem Gebiet der Kochkunst und als Weinkenner hochgeschätzt ist. Er ist Autor von *The French Menu Cookbook* and *Simple French Food*, das mit einem Preis ausgezeichnet wurde. Außerdem hat er zahlreiche Artikel für gastronomische Zeitschriften in Frankreich und den Vereinigten Staaten geschrieben, darunter auch für die einflußreichen Fachblätter *Cuisine et Vins de France* und *La Revue du Vin de France.* Er hat Kochkurse in Frankreich und den Vereinigten Staaten geleitet und ist Mitglied bedeutender gastronomischer und weinkundlicher Gesellschaften, unter anderem von L'Académie Internationale du Vin, La Confrérie des Chevaliers du Tastevin und La Commanderie du Bontemps de Médoc et des Graves.

DER PHOTOGRAPH:
Tom Belshaw wurde in der Nähe von London geboren und begann seine Karriere als Photograph beim Film. Er besitzt heute ein eigenes Studio in London und hat sich auf Lebensmittel- und Stillebenphotographie spezialisiert.

DIE INTERNATIONALEN BERATER:
Großbritannien: *Jane Grigson* wuchs in Nordengland auf und studierte an der Universität Cambridge. Ihr erstes Kochbuch, *Charcuterie and French Pork Cookery,* kam 1967 heraus. Seither hat sie weitere Kochbücher veröffentlicht, unter anderem *Good Things, English Food* und das *Vegetable Book.* Seit 1968 arbeitet sie als Kochjournalistin für den Londoner *Observer. Alan Davidson* ist der Autor von *Fish and Fish Dishes of Laos, Mediterranean Seafood* und *North Atlantic Seafood.* Er ist Gründer der Prospect Books, die sich auf Publikationen über Essen und Kochen spezialisiert haben. *Gail Duff* veröffentlichte 1976 *Fresh All the Year* und hat seither auch einige weitere Bücher geschrieben, darunter *Gail Duff's Vegetarian Cookbook.* Sie arbeitet auch als Rundfunkjournalistin über kulinarische Themen. *Jean Reynolds,* die viele der abgebildeten Gerichte vorbereitete, stammt aus San Francisco und hat als Köchin in mehreren bekannten französischen Restaurants gearbeitet. **Frankreich:** *Michel Lemonnier* wurde in der Normandie geboren. Seit 1960 ist er Mitarbeiter der Zeitschrift *Cuisine et Vins de France* und schreibt auch für mehrere andere bedeutende französische Lebensmittel- und Weinzeitschriften. Er ist Mitbegründer und Vizepräsident der Gesellschaft Les Amitiés Gastronomiques Internationales. **Deutschland:** *Jochen Kuchenbecker* wurde als Koch ausgebildet. 10 Jahre arbeitete er als Lebensmittel-Photograph in vielen europäischen Ländern, bevor er in Hamburg sein eigenes Restaurant eröffnete. *Anne Brakemeier* lebt in Hamburg und hat in vielen deutschen Zeitschriften kulinarische Beiträge veröffentlicht. Sie ist Mitautorin von drei Kochbüchern. **Italien:** *Massimo Alberini* lebt in Mailand und Venedig. Er ist ein bekannter Kochjournalist, dessen besonderes Interesse der Geschichte der Kochkunst gilt. Er hat 14 Bücher verfaßt, darunter *Storia del Pranzo all'Italiana, 4000 Anni a Tavola* und *100 Ricette Storiche.* **Niederlande:** *Hugh Jans* aus Amsterdam übersetzt seit 25 Jahren Kochbücher und kulinarische Artikel. Er hat auch eigene Bücher veröffentlicht, darunter *Bistro Koken* und *Sla, Slaatjes, Snacks,* und seine Rezepte erscheinen in vielen holländischen Zeitschriften. **USA:** *Carol Cutler* lebt in Washington, D.C., und ist Autorin von *Haute Cuisine for Your Heart's Delight* und *The Six-Minute Soufflé and Other Culinary Delights.* Sie ist Mitarbeiterin der Zeitschriften *International Food and Wine* und *Working Woman. Julie Dannenbaum* leitet seit vielen Jahren eine Kochschule in Philadelphia. Sie hat zwei Kochbücher und zahlreiche Zeitschriftenartikel verfaßt. *José Wilson* war 15 Jahre Redakteurin bei der Zeitschrift *House and Garden* und hat viele Bücher über Gastronomie und Gastlichkeit geschrieben.

Bei der Vorbereitung dieses Bandes leisteten folgende Mitarbeiter von TIME-LIFE Bücher wertvolle Hilfe: *Maria Vincenza Aloisi, Joséphine du Brusle,* Paris; *Bona Schmid, Maria Teresa Marenco,* Mailand.

INHALT

Nahrhaftes aus der Vorratskammer

Die führende Rolle des Getreides als Grundnahrungsmittel der Menschheit ist unumstritten. Man muß sich nur einmal eine Welt ohne Weizen oder Reis vorstellen, um sich bewußt zu machen, wie sehr wir von ihnen abhängen. Dennoch wird den Getreiden oft in der Küche weniger Aufmerksamkeit und Sorgfalt zuteil als anderen Nahrungsmitteln – vermutlich, weil viele nicht wissen, welche kulinarischen Möglichkeiten in ihnen stecken. Auch Hülsenfrüchte – die Familie der Erbsen, Bohnen und Linsen, die ebenso wie Getreidekörner leicht zu trocknen und zu lagern sind – bieten wesentlich mehr schöpferische Möglichkeiten, als manche Köche glauben. Außer als Mehl zum Backen kommen Getreide als sogenannte Nährmittel in den Handel. Man kann sie in den unterschiedlichsten Formen kaufen: von ungeschälten ganzen Reiskörnern bis zu den vielen Teigwaren. Ebenso wie von Nährmitteln gibt es von Hülsenfrüchten Hunderte von Sorten. Die meisten Nährmittel und Hülsenfrüchte müssen zwar gekocht werden, doch kann man durch Abwandlung dieser Garmethode überraschend vielfältige Ergebnisse erzielen. Vor allem aber eignen sich Nährmittel und Hülsenfrüchte ausgezeichnet als Grundlage von Gerichten: Da sie geschmacklich neutral sind, lassen sie sich leicht mit nahezu jeder anderen Zutat kombinieren.

Im ersten Teil dieses Bandes werden die grundlegenden Garmethoden für Nährmittel – einschließlich der Herstellung hausgemachter Teigwaren – und Hülsenfrüchte beschrieben. Der zweite Teil des Buches enthält eine Auswahl von Rezepten aus 36 Ländern. Sie bieten in sich bereits eine reiche Vielfalt; darüber hinaus können sie aber auch als Anregung für eigene kulinarische Kompositionen dienen.

Die ältesten Ackerfrüchte

Gräser, die Fruchtkörner tragen, waren aller Wahrscheinlichkeit nach die ersten Pflanzen, die je kultiviert wurden. Bevor die Menschen begannen, Land urbar zu machen, lebten sie von den Früchten wildwachsender Pflanzen oder Pflanzenteilen – Getreidekörnern, Beeren und Wurzeln. Etwa vor zehntausend Jahren lernten die Menschen, einen Teil der gesammelten Samenkörner wieder auszusäen, um auch in Zukunft die Nahrungszufuhr sicherzustellen.

Es mag merkwürdig erscheinen, daß solche einfachen, unkrautähnlichen Pflanzen wie Gräser das Zeitalter der Landwirtschaft eingeleitet haben. Gerade in den unkrautähnlichen Eigenschaften der Gräser liegt wahrscheinlich die Erklärung: nämlich, daß auf jedem Fleckchen Erde, auf das ein Korn gefallen ist, ein neuer Halm entsteht. Sammler, die Körner aus wilden Gräsern mitbrachten, verloren wahrscheinlich einen Teil davon in der Nähe ihrer Behausungen und konnten später zu ihrer Freude gleich in ihrer Nähe ernten. Weite Wege entfielen jetzt; die Nahrungsquelle war zu ihnen gekommen. Von dieser grundlegenden Entdeckung war es nur noch ein kleiner Schritt, Saatgut planvoll auszusäen.

Es war ein glücklicher Umstand, daß es gerade Gräser waren, die zuerst angebaut wurden. Gräser weisen viele Vorzüge auf, die für Saatgut wesentlich sind: Zur Aussaat wird wenig Boden benötigt; ihre Ähren enthalten eine große Anzahl nahrhafter Körner; die Reifezeit beträgt nur wenige Monate, und alle Körner reifen gleichzeitig. Die Getreidekörner können verhältnismäßig einfach geerntet und verarbeitet werden. Jahrtausendealte Werkzeuge können dazu benutzt werden: eine Sichel, um die Ähren vom Halm zu schneiden; ein Stock, um die einzelnen Körner aus den Ähren zu dreschen; und eine Art Stößel und Mörser, um die ungenießbare Spreu von den Körnern zu trennen. Der größte Vorzug besteht aber darin, daß Körner bei voller Reife oftmals trocken genug sind, um sofort – oder nach kurzem Trocknen in der Sonne – monatelang ohne Fäulniserscheinungen gelagert zu werden. Eine gute Ernte sichert somit die gleichmäßige Ernährung während eines ganzen Jahres.

Die Verbreitung der Getreidearten

Weizen und Gerste, die schon seit Tausenden von Jahren in großen Mengen wild im Vorderen Orient wachsen, waren die ersten Getreidearten, die planmäßig angebaut wurden. Sie entwickelten sich damit zum Grundnahrungsmittel der Ägypter, Inder und Chinesen. Im warmen Klima der Mittelmeerländer hervorragend gedeihend, lassen sich Weizen und Gerste weniger gut in kühleren, feuchteren Gegenden kultivieren. Hafer, Roggen und Buchweizen dagegen – letzterer gehört botanisch zu den Knöterichgewächsen und nicht zu den Getreiden, hat aber Samen, die den Getreidekörnern sehr ähnlich sind – widerstehen auch einem rauheren Klima. Schon immer traf man sie als Unkraut auf Weizen- und Gerstenfeldern an; schließlich wurden sie aber im Laufe der Zeit als selbständige Getreidearten in für Weizen und Gerste nicht geeigneten Regionen angebaut. Heute sind sie in Europa weit verbreitet: Roggen, das in Deutschland neben Weizen am meisten angebaute Getreide, ist nicht nur für die deutsche Küche, sondern – ebenso wie Buchweizen – für die osteuropäische Küche charakteristisch, während Hafer vor allem in Schottland sehr geschätzt wird.

Weizen und Gerste vertragen sehr heißes, trockenes Klima ebensowenig wie kaltes, feuchtes Klima. Hirse gedeiht dagegen nur in heißem, wüstenähnlichem Klima; daher ist sie Grundnahrungsmittel in den Trockengebieten Asiens und Afrikas. Reis verlangt ebenfalls große Hitze; anders als bei Hirse erfordert sein Anbau jedoch auch ausreichende Feuchtigkeit. Die meisten Reissorten reifen auf Feldern, die unter Wasser stehen. Reis wurde als Kulturpflanze zunächst in Asien angebaut; die Araber brachten ihn im Mittelalter nach Spanien und die Spanier später nach Italien. Bereits 1685 begann der Reisanbau in South Carolina in Nordamerika. Schon im 18. Jahrhundert wurde Carolina-Reis nach Europa exportiert.

Reis war jedoch nicht die erste Kulturpflanze Amerikas: Bereits in vorgeschichtlicher Zeit wuchs in Nord- und Südamerika wilder Mais, der allmählich vom Menschen planvoll angebaut wurde; wobei seine wildwachsende Form ausstarb. Mais war zu einer vollständig vom

Menschen abhängigen Kulturpflanze geworden. Im Gegensatz zu den Körnern anderer Getreidearten, die nach der Reife abfallen und im Boden Wurzeln schlagen, bleiben die Maiskörner fest am Kolben, falls sie nicht vom Menschen gelöst und in den Boden gebracht werden.

Nordamerikanische Indianer aßen eine andere Getreideart, die von den ersten englischen Siedlern „wilder Reis" genannt wurde, da er wie Reis auf feuchtem Land wuchs und ebenso zubereitet wurde. Dieser wilde Reis wurde von den Indianern mit Booten gesammelt. Sie schlugen dabei mit Stöcken gegen die Halme und versuchten so viele Körner wie möglich in ihren Booten aufzufangen. Versuche, diesen wilden Reis ebenso wie die schon bekannten Reisarten auf überfluteten Feldern anzubauen, stießen auf zahlreiche Schwierigkeiten. Nicht alle Körner wurden zur selben Zeit reif, und die Reispflanzen wurden häufig von Insekten oder Krankheiten befallen. Heute sind Versuche, diese Reisart anzubauen, erfolgreicher; dennoch wirft ein solcher Anbau nach wie vor zahlreiche Probleme auf.

Die Schwierigkeiten, Wildreis zu kultivieren, macht diese Reisart zu einem seltenen und teuren Produkt. Das ist um so bedauerlicher, als Wildreis einen unvergleichlichen, würzigen Geschmack hat – und daher als „Trüffel" unter den Getreiden gilt. Allerdings kann man schon mit wenigen Gramm Wildreis anderen Reisarten ein delikateres Aroma und ein interessantes Aussehen geben.

In den heute in zahlreichen Ländern Asiens, Europas und Amerikas angebauten Reisarten stecken ohne Zweifel große kulinarische Möglichkeiten. Am Anfang dieses Jahrhunderts schrieb der berühmte französische Koch Auguste Escoffier: „Reis ist das wertvollste, nahrhafteste und am weitesten verbreitete Grundnahrungsmittel der Welt." Im Gegensatz zu anderen Getreidearten wird er als ganzes Korn verzehrt, wenn auch gewöhnlich ohne die äußere braune Schale.

Eine Aufzählung der Garmethoden für Reis – Kochen, Simmern und Dämpfen – erscheint zunächst nicht besonders inspirierend. Zahlreiche Abwandlungen dieser Grundmethoden führen jedoch zu sehr unterschiedlichen Ergebnissen. Kocht man beispielsweise Reis sehr langsam in der gleichen Menge Wasser, so erhält man weiche und trockene Reiskörner. Häufiger jedoch läßt man den Reis in der doppelten Menge Flüssigkeit für kurze Zeit simmern; auf diese Weise werden die Reiskörner lockerer. Vor dem Simmern können sie, wie zum Beispiel für einen Pilaw, in zerlassener Butter oder in Öl geschwenkt werden. Für ein sämiges Risotto muß man den Reis unter häufigem Rühren bei stärkerer Hitze garen.

Beliebig viele Zutaten können sowohl vor dem Simmern als auch anschließend hinzugegeben werden. Auf diese Weise wird aus der Beilage ein vollständiges Gericht.

Natürlich bietet von den Getreiden nicht nur der Reis zahlreiche kulinarische Verwendungsmöglichkeiten. Obwohl Weizen und Roggen vor allem zu Mehl gemahlen und aus Gerste vorwiegend Bier hergestellt wird, können jedoch alle Getreide genau wie Reis als ganze Körner zubereitet werden. Außerdem gibt es verschiedene interessante weiterverarbeitete Formen. Aus Weizenkörnern zum Beispiel kann man Couscous herstellen, kleine Grießkügelchen, die in Dampf über einer kräftigen Brühe gegart werden (S. 36), oder Burghul, eine Art Weizenschrot, das durch Vorgaren, Trocknen und Hacken der ganzen Körner gewonnen wird.

Die Geschichte der Teigwaren

Viele Leute meinen, der Zeitpunkt für die Erfindung der Teigwaren könne genau bestimmt werden: Die langen Spaghetti- und Nudelstränge sind so eigenartige Gebilde, daß es schwerfällt, an eine zufällige Entstehung zu glauben. Und doch sind sie wohl tatsächlich ein reines Zufallsprodukt. Beim einfachsten Getreidegericht werden gemahlene oder anderswie vorbereitete Getreidekörner mit Wasser vermengt zu einem Brei gekocht. Eine kleine Abwandlung besteht darin, aus den mit Wasser verrührten Getreidekörnern vor dem Kochen Klöße abzustechen. Von der Erkenntnis, daß Klöße schneller gar werden, wenn man sie vorher flachdrückt, führte nur noch ein kleiner Schritt zu der Erfindung von Teigwaren. Denn im Grunde genommen sind Teigwaren nichts anderes als flachgedrückte Klöße. Auch heute noch werden manche Nudeln geformt, indem man ein kleines Stück Teig einfach mit dem Daumen flachdrückt (S. 49). Gewöhnlich wird der Teig jedoch zu einer dünnen Platte ausgerollt und dann zu Nudeln geformt.

Teigwaren spielen in der Küche vieler Länder eine Rolle; eine besondere Bedeutung haben sie jedoch in der chinesischen Küche, wo sie aus vielerlei Arten von Getreide- und Bohnenmehl hergestellt werden – und in der italienischen Küche, wo die Pasta, wie die Teigwaren dort heißen, ausschließlich aus Weizen hergestellt werden. Über einen möglichen Austausch von Kenntnissen über Teigwaren zwischen diesen beiden Ländern durch Reisende im Mittelalter ist viel spekuliert worden. Einige vermuten, daß der Venezianer Marco Polo, der im 13. Jahrhundert auf dem Landwege nach China reiste und sich dort mehrere Jahre aufhielt, das Geheimnis der Teigwaren in seine Heimat Italien mitgebracht hat. Andere behaupten, daß Teigwaren in Italien schon viel länger beheimatet seien, wenn nicht sogar ihren Ursprung hätten, und verweisen auf ein etruskisches Grab nahe Rom aus dem 3. Jahrhundert v. Chr., das auf einem bemalten Relief ein Nudelholz, ein Teigrädchen und einen Tisch zeigt, auf dem vermutlich der Teig geknetet und ausgerollt wurde.

Frische und getrocknete Teigwaren

Die vielen italienischen Bezeichnungen für die verschiedenen Teigwaren, wie zum Beispiel Spaghetti und Makkaroni, können den Eindruck entstehen lassen, daß Teigwaren ein spezifisch italienisches Nahrungsmittel seien. Zwar kommen viele der handelsüblichen getrockneten Teigwaren aus Italien, dennoch hat Italien nicht das Monopol auf Teigwaren. Sie sind vielmehr in der Küche aller europäischer Länder verbreitet. Jedes Land hat für seine Teigwaren eigene Namen, wenngleich sich diese oft sehr ähnlich sind: Das deutsche Wort „Nudeln" stammt ebenso wie das englische „noodles" und das französische „nouilles" von dem lateinischen Wort „nodellus" (Knoten) ab, offenbar weil sich Nudeln im Topf oder auf dem Teller oft ineinander verschlingen.

Hausgemachter Nudelteig wird gewöhnlich aus Weizenmehl, Wasser und Eiern hergestellt. Für den Teig gibt es natürlich unterschiedliche Rezepte. Sie reichen von einer mit einem oder zwei Eiern angereicherten einfachen Mehl-Wasser-Mischung bis hin zu dem üppigen Rezept, das 1907 in dem Buch *Gastronomie Pratique* des französischen Gourmets Ali-Bab erschien. In diesem Rezept werden 18 Eigelb und etwas Butter mit 500 Gramm Mehl verknetet. Solche Mischungsverhältnisse ergeben, wie Ali-Bab zu Recht schrieb, „einen höchst exquisiten Nudelteig von unvergleichlicher Feinheit". Aber auch alle einfachen frischen Eiernudeln sind delikat, gleichgültig ob sie nur in Butter geschwenkt oder als Grundlage zu einem umfangreichen Gericht gereicht werden.

Die im Handel erhältlichen Teigwaren werden aus einer sehr harten Weizensorte – Durum-Weizen – hergestellt, durch die der Teig besonders fest und elastisch wird. Eine Nudelmaschine zur Massenproduktion von Teigwaren besteht aus einem Metallzylinder, den eine perforierte Metallscheibe unten abschließt. Der Teig wird in den Zylinder gefüllt und mit einem Kolben durch die Löcher in der Scheibe gepreßt. Je nach Art der Löcher kommen Spaghetti, Makkaroni oder andere Formen dabei heraus. Früher wurden diese Kolben von Hand heruntergedrückt. Heute geschieht die Teigwarenherstellung vollautomatisch: Gleichmäßig und ununterbrochen fließen Wasser und Hartweizengrieß in die Maschine, der Teig wird durch die Formlöcher gepreßt und die gebildeten Teigwaren von einem Förderband in belüftete Trockenkammern transportiert.

Industriell gefertigte getrocknete Eier-Teigwaren können im Geschmack dem Vergleich mit frischen, hausgemachten Eiernudeln nicht standhalten. Die einfachen, nur aus Grieß und Wasser hergestellten industriell gefertigten Teigwaren haben jedoch auch ihre

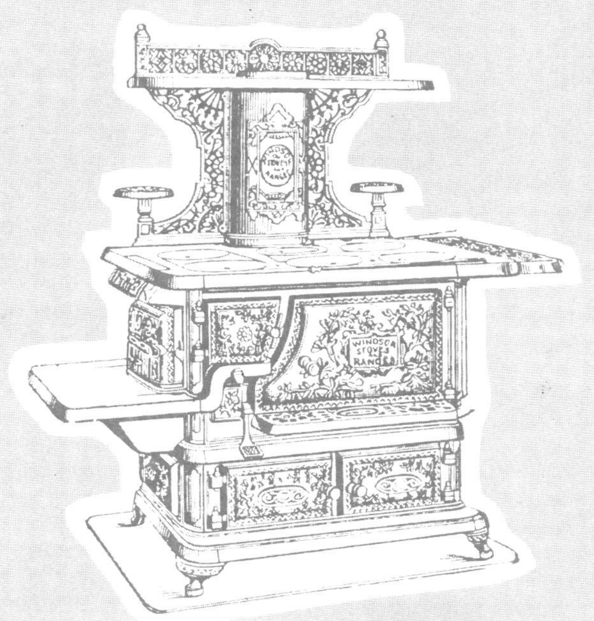

Vorzüge. Sie sind in Formen erhältlich, etwa als Spaghetti, die man selbst kaum herstellen kann. Außerdem sind sie monatelang in der Speisekammer haltbar. Man kann sich also stets einen Vorrat im Haus halten, aus dem sich rasch ein leckeres Mahl zubereiten läßt.

Die nahrhaften Hülsenfrüchte

Hülsenfrüchte – Erbsen, Bohnen und Linsen – können ebenso wie Nährmittel getrocknet über lange Zeiträume gelagert werden. Im Gegensatz zu den Getreidekörnern, die man nur selten im unreifen, grünen Zustand verzehrt, werden jedoch manche Hülsenfrüchte, wie Erbsen, dicke Bohnen und weiße Bohnen, oftmals auch frisch gegessen. Doch ist die Saison für frische Hülsenfrüchte sehr kurz – sie dauert nur wenige Wochen –, während getrocknete Hülsenfrüchte das ganze Jahr über erhältlich sind. Wenn ein Bauer seine Hülsenfrüchte trocknen will, wartet er ab, bis die Blätter der Pflanze gelb werden. Zu dem Zeitpunkt haben die Erbsen oder Bohnen möglicherweise das Wasser in ihren Schoten verloren und können gelagert werden, ohne zu faulen. Falls sie noch nicht trocken genug sind, werden sie ein paar Tage in die Sonne gelegt oder in feuchten Gegenden mit Hilfe eines Warmluftgebläses vollständig getrocknet.

Hülsenfrüchte werden gewöhnlich als ganze Frucht gelagert und zubereitet. Ein paar Arten, wie die Kichererbsen und die Sojabohnen, werden auch zu Mehl vermahlen. Die Vielfalt der Hülsenfrüchte wird nicht durch die Zahl der weiterverarbeiteten Formen, sondern durch Hunderte von Arten beziehungsweise Sorten bestimmt. Die in diesem Band abgebildeten Hülsenfrüchte (S. 12–13) stellen nur eine kleine Auswahl der im Handel erhältlichen dar. In Europa sind allerdings nur wenige Arten heimisch. Viele gedeihen ausschließlich in heißem Klima, und deshalb findet man wohl diese Auswahl in Geschäften, die sich auf Delikatessen fremder Länder spezialisiert haben.

Auch Reformhäuser bieten oft eine breite Palette von Hülsenfrüchten an. Hülsenfrüchte sind besonders nahrhaft, weil sie nicht nur sehr viel Stärke, sondern auch sehr viel Eiweiß enthalten. Als Grundnahrungsmittel haben Hülsenfrüchte allerdings weniger Bedeutung als Getreide. Das liegt zum Teil daran, daß man für ihren Anbau mehr Bodenfläche benötigt als für Getreide und daß sie mehr Pflege brauchen. Getreide lassen sich aber in idealer Weise durch Hülsenfrüchte ergänzen. In den Getreidekörnern sind die meisten Proteine enthalten, die der Mensch braucht, die restlichen können die Hülsenfrüchte liefern. Gerichte wie Couscous mit Kichererbsen (S. 36) oder Reis mit Bohnen (Rezept S. 88) bilden beispielsweise die Grundlage für eine ausgewogene Ernährung. Fleisch ist dann nicht mehr unbedingt erforderlich.

Hülsenfrüchte läßt man in der Regel längere Zeit leise simmern, und man erhält dann Gerichte, die eher die Bezeichnung herzhaft als delikat verdienen. So ist zum Beispiel ein berühmtes Gericht aus Hülsenfrüchten, das Cassoulet aus dem Südwesten Frankreichs (S. 82), ein kräftiger, sättigender, rustikaler Eintopf, dessen Reiz in seiner Konsistenz und seinem deftigen Aroma liegt.

Der Stellenwert von Nährmitteln und Hülsenfrüchten im Menü

Zu Zeiten, als nichts anderes auf den Tisch kam als ein Getreidebrei oder eine dicke Bohnensuppe, war die Zusammenstellung der Mahlzeit kein Problem. Dagegen bedurfte es einiger Überlegung, welche der vielen zur Auswahl stehenden Speisen auf den Tafeln der Reichen während der Renaissance nebeneinander Platz hatten. Ein Nudelgericht beispielsweise war hier nur eine von vielen Köstlichkeiten. Als jedoch allmählich in der westlichen Welt zwei oder höchstens drei Gänge zur Regel wurden, stellte sich die Frage, an welcher Stelle beziehungsweise zu welchem Zeitpunkt des Mahles Getreidespeisen, Teigwaren oder Hülsenfrüchte serviert werden können. Die einzelnen Länder lösten dieses Problem jeweils auf ihre Weise. In Italien ist ein Nudelgericht oder ein Risotto erster Gang; anschließend wird eine Fleisch- oder Fischspeise und dann ein Nachtisch serviert. In Frankreich werden in Butter geschwenkter Reis oder Nudeln oft als Beilage zu einem Fleischgericht gereicht. In der chinesischen Küche bildet der Reis die Grundlage für viele andere Speisen. Gefüllte Nudeln wie *won-ton* hingegen (Rezept S. 137) gelten als Zwischenmahlzeit oder als selbständiger Gang.

Wann eine Speise gereicht werden kann, hängt ebenfalls von ihrer Zubereitung ab. Der Makkaroni-Auflauf auf S. 68, normalerweise eine Vorspeise, kann bei ausreichender Menge auch zu einem Hauptgang werden. Eine Beilage aus in Butter geschwenkten Nudeln kann mit geriebenem Käse, etwas gehacktem Schinken und einigen Kräutern auch zu einer Vorspeise werden.

Nur wenige Gerichte dieses Bandes sind so fein im Geschmack, daß sie einen Spitzenwein erfordern. Außerdem vertragen sich scharf gewürzte oder mit Knoblauch zubereitete Gerichte nur schlecht mit einem feinen Wein; für diese Gerichte ist Bier vorzuziehen. Fast alle im methodischen Teil gezeigten Gerichte sowie alle Gerichte der Rezeptanthologie können jedoch durch einen kräftigen, trockenen Weiß- oder Rotwein abgerundet werden. Ebenso wie die eigene Komposition von Gerichten bereitet auch das Ausprobieren passender Weine großes Vergnügen.

Getreide in vielen Facetten

Getreidekörner sind die stärkehaltigen Samen von Getreidepflanzen, die einen eiweißreichen Keim einschließen. Auch die äußeren Schichten enthalten viel Eiweiß. Umgeben sind die Samen von einer nicht verdaulichen Schale. Die Körner von nur etwa einem Dutzend Getreidearten stellen das Hauptnahrungsmittel der ganzen Welt dar. Die Körner kommen – als sogenannte Nährmittel – getrocknet entweder ganz oder in zahlreichen weiterverarbeiteten Formen in den Handel. Eine Auswahl von Nährmitteln – d. h. Getreideprodukten, die nicht zur Herstellung von Brot oder Backwaren verwendet werden – ist unten abgebildet.

Ganze Körner – vor allem die von Reis und Gerste – werden häufig geschliffen, d. h. von äußerer Schicht und Keim befreit, und poliert angeboten. Die so behandelten Körner haben einen milderen Geschmack und eine kürzere Garzeit als die ganzen Körner. Andere Getreidekörner werden zu Grütze, Schrot oder Grieß mehr oder weniger fein zerbrochen oder zu grobem oder feinem Mehl gemahlen. Werden die geschälten Körner erhitzt und gepreßt, so erhält man Getreideflocken oder gewalztes Getreide.

Weizen kann man als ganzes Korn, geschrotet, als Grieß und in Flocken und natürlich als Mehl kaufen. Viele Weizenprodukte haben ihre eigenen Namen. Burghul zum Beispiel ist eine besondere Art von geschrotetem Weizen, bei dem die ganzen Körner vor dem Schroten gekocht und geröstet werden. Couscous, eine nordafrikanische Spezialität, wird in der Regel aus Hartweizengrieß hergestellt.

Roggen ist dunkler als Weizen und hat ein kräftigeres Aroma. Auch Roggen kann man als ganzes Korn oder in weiterverarbeiteter Form kaufen. Bei Rezepten, die Weizen vorschreiben, kann man statt dessen auch Roggen nehmen.

Reis gibt es in vielen Größen und Formen. Die verschiedenen Reissorten unterscheiden

Weizen

Roggen

Natur- oder Braunreis

Weizenschrot

Burghul

Weißer Langkornreis

Couscous

Weizengrieß

Weizenflocken

sich jedoch auch in ihrem Eiweißgehalt und damit ihrer Kochqualität. Langkornreis bleibt, wenn er richtig gekocht wird, stets körnig. Rundkornreis wird dagegen beim Kochen etwas klebrig. Sowohl Langkornreis als auch Rundkornreis werden ungeschält (als Natur- oder Braunreis) und geschält und poliert (als Weißreis) im Handel angeboten. Eine besonders klebrige Reissorte erhält man in Orientläden. Dieser Reis sieht ähnlich aus wie Rundkornreis; beim Kochen wird er jedoch zu einer klebrigen Masse.

Wildreis, der auch als Indianerreis bekannt ist, ist trotz seines Namens in Wirklichkeit gar kein Reis. Dabei handelt es sich um die Samen einer wildwachsenden Grasart, die in sumpfigen Gegenden Nordamerikas geerntet werden. Wildreis wird wegen seines kräftigen Geschmacks geschätzt und kommt nur ungeschält in den Handel.

Mais wird bei uns – außer als Maisstärke – vor allem als grobgemahlenes Mehl oder als Grieß verkauft. Manchmal wird der Mais jedoch auch in starker Lauge eingeweicht, durch die die zähe Haut entfernt wird. Der Mais wird dann gewaschen und gespült und kommt als ganzes Korn, geschrotet oder grobgemahlen in den Handel.

Gerste wird gewöhnlich als geschältes ganzes Korn, als Graupen und als Grütze angeboten. Aber auch die Gerste wird zuweilen geschrotet und grobgemahlen.

Buchweizen ist kein echtes Getreide, sondern gehört zu den Knöterichgewächsen. Er wird jedoch wie Getreide zubereitet. Ganzkörniger oder grobgemahlener Buchweizen wird oft geröstet, um sein Aroma voll zur Geltung zu bringen.

Hirse hat einen milden Geschmack, zerfällt leicht beim Kochen, und selbst wenn man ganze Körner verwendet, kocht sie schnell zu Brei.

Hafer ist eine andere Getreideart mit weichen Körnern, die aber einen ausgesprochen süßen Geschmack aufweisen.

Wildreis

Gerste

Buchweizen

Hafer

Weißer Rundkornreis

Graupen

Gerösteter Buchweizen

Hafermehl

Maisschrot

Maisgrieß

Hirse

Haferflocken

Klassische Teigwaren

Teigwaren – die zu den Nährmitteln gehören – werden aus Mehl oder feinem Grieß hergestellt. Mit Wasser wird ein Teig angerührt, aus dem dann die vielen verschiedenen Sorten geformt werden. Auf diesen Seiten ist eine Auswahl verschiedener Teigwaren abgebildet. Viele dieser im Handel erhältlichen Nudeln kann man auch selbst herstellen (S. 48). Die selbstgemachten Nudeln sollten sofort verzehrt werden. Die in den Geschäften angebotenen sind in der Regel getrocknet und halten sich bis zu sechs Monaten, ohne an Geschmack zu verlieren.

Die bei uns in Mitteleuropa handelsüblichen Teigwaren werden aus Durum-Weizen, einem besonders hartkörnigen Weizen, hergestellt. Der Teig aus diesem Weizen ist besonders elastisch und leicht formbar. In Orientgeschäften findet man auch Teigwaren, die aus anderen Grundstoffen bestehen. *Soba* zum Beispiel erhält durch Buchweizenmehl seinen unverwechselbaren Geschmack. Reisnudeln sind im Geschmack und der Konsistenz weich und delikat. Glasnudeln aus Sojabohnen- oder Mungobohnenmehl werden beim Kochen elastisch und glatt.

Die wohl bekanntesten Teigwaren sind Spaghetti und Makkaroni. Daneben gibt es jedoch Hunderte anderer; von den dünnen, großflächigen Lasagne über die dicken Röhrennudeln bis zu den kleinen Phantasieformen, vom Wagenrad bis zu Schmetterlingen. Die meisten Formen sind zudem noch in verschiedenen Größen und mit glatter oder geriefter Oberfläche erhältlich.

Die vielen Namen der verschiedenen Teigwaren können etwas verwirren. Viele Sorten kommen aus Italien und werden unter ihrem italienischen Namen verkauft. Oft haben jedoch die gleichen oder sehr ähnliche Teigwaren in den verschiedenen Regionen Italiens unterschiedliche Namen. Beim Einkauf sollte man daher der Bezeichnung keine allzu große Bedeutung beimessen, sondern sich durch den Augenschein versichern, daß man die Sorte erhält, die man haben möchte.

Viele Teigwaren haben natürlich nicht ohne Grund ihre besondere Form. Zu Gerichten, bei denen Teigwaren mit Sauce geschichtet (S. 62) werden, eignen sich besonders gut große, dünne Teigwaren, wie Lasagne. Nur lange Nudeln, wie Makkaroni, lassen sich zu einer runden Pastete formen (S. 68). Natürlich gelten für die Wahl der Teigwaren keine eisernen Prinzipien: Auch wenn ein Rezept eine bestimmte Sorte vorschreibt, so liegt es beim Koch, dieser Rezeptanweisung zu folgen oder nicht.

Capelli d'angeli („Engelshaar")
Tagliatelle verdi (grüne Bandnudeln)
Ruote („Wagenräder")
Tagliatelle (Bandnudeln)
Taglierini (schmale Bandnudeln)
Ziti (dicke Makkaro
Reisnudeln
Soba (Buchweizennudeln)
Glasnudeln
Lasagne verdi (grüne Lasagne)
Chinesische Eiernudeln

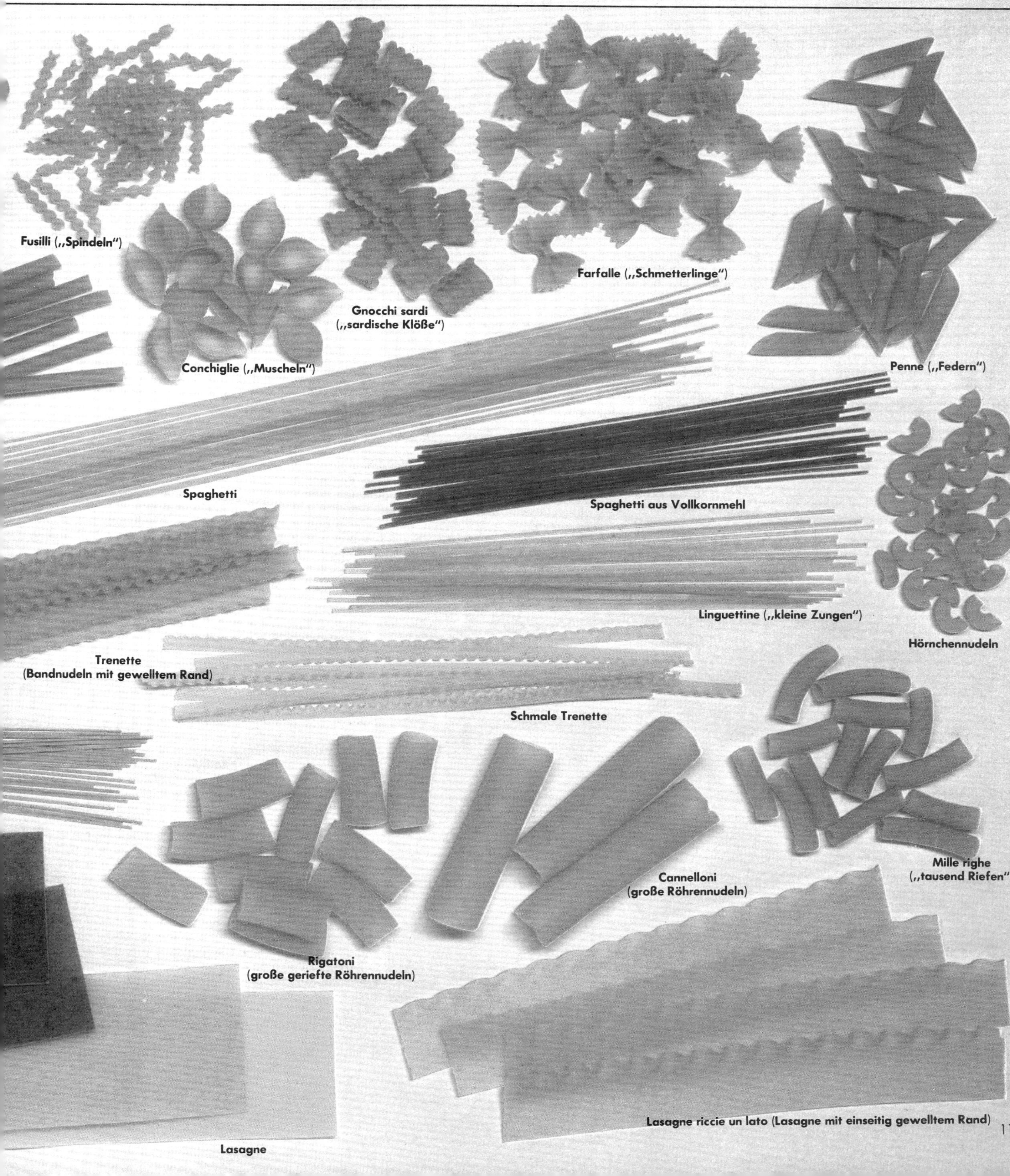
Fusilli („Spindeln")
Gnocchi sardi
(„sardische Klöße")
Farfalle („Schmetterlinge")
Conchiglie („Muscheln")
Penne („Federn")
Spaghetti
Spaghetti aus Vollkornmehl
Linguettine („kleine Zungen")
Hörnchennudeln
Trenette
(Bandnudeln mit gewelltem Rand)
Schmale Trenette
Mille righe
(„tausend Riefen")
Cannelloni
(große Röhrennudeln)
Rigatoni
(große geriefte Röhrennudeln)
Lasagne riccie un lato (Lasagne mit einseitig gewelltem Rand)
Lasagne

Eine bunte Palette von Hülsenfrüchten

Bohnen, Erbsen und Linsen, die unter dem Sammelnamen Hülsenfrüchte zusammengefaßt werden, sind Samen der Leguminosen, deren gemeinsames Kennzeichen es ist, daß sie in einer Hülse heranreifen. Als Hülsenfrüchte bezeichnet man genaugenommen sowohl die frischen als auch die getrockneten Erbsen, Linsen und Bohnen. Im Lebensmittelhandel meint man in der Regel damit jedoch nur die getrockneten Samen der Hülsenfrüchtler.

Es gibt Hunderte verschiedener Arten von Hülsenfrüchten, von denen viele zudem noch in verschiedenen Farben vorkommen. Verwirrend bei der Vielzahl von Hülsenfrüchten sind außerdem die verschiedenen Bezeichnungen, unter denen sie verkauft werden. Die unten abgebildeten Hülsenfrüchte geben einen guten Querschnitt der in Europa erhältlichen Sorten. Natürlich können Sie auf den Märkten noch andere Sorten finden; Sie sollten sich durch einen fremd klingenden Namen oder ein weniger vertrautes Aussehen nicht davon abhalten lassen, auch diese Hülsenfrüchte zu probieren.

Alle Hülsenfrüchte haben eine zweiteilige Samenfrucht, die von einer festen Schale umgeben ist. Bei einigen im Handel erhältlichen Hülsenfrüchten ist diese Schale bereits entfernt, so daß die beiden Samenhälften einzeln vorliegen. Ohne diese Schale können sie mitunter anders aussehen als in der Schale. Geschälte Mungobohnen sind zum Beispiel gelb, während die ungeschälten grün sind. Geschälte Hülsenfrüchte haben eine kürzere Garzeit, sie verlieren jedoch beim Garen schneller ihre Form.

Zwar halten sich getrocknete Hülsenfrüchte fast unbegrenzt; nach Möglichkeit sollte man jedoch solche, die länger als ein Jahr gelagert wurden, nicht mehr verwenden. Je älter sie sind, desto härter werden sie und desto länger müssen sie gekocht werden. Gelegentlich werden sie so trocken, daß sie im Kochwasser zerfallen, ehe sie gar sind.

Von allen Linsenarten sind die braunen Tellerlinsen bei uns wohl die verbreitetsten.

Rote Linsen

Geschälte grüne Erbsen

Sojabohnen

Kichererbsen

Puy-Linsen

Geschälte gelbe Erbsen

Ackerbohnen

Braune Tellerlinsen

Ungeschälte grüne Erbsen

Dicke Bohnen

Augenbohnen

Daneben werden aber auch häufig die kleineren geschälten roten Linsen, die auch unter dem Namen ägyptische Linsen bekannt sind, angeboten. Die roten haben einen milden, die braunen einen etwas ausgeprägteren Geschmack. Puy-Linsen, eine kleine, grüngesprenkelte Art, die nach der französischen Region benannt sind, aus der sie stammen, sind seltener und teurer. Sie werden nicht nur wegen ihres feinen Geschmacks geschätzt, sondern auch weil sie beim Kochen ihre Form behalten.

Im Gegensatz zu den Linsen, die alle derselben Pflanzengruppe angehören, lassen sich die Erbsen und die Bohnen botanisch nicht so klar einordnen. In der Regel nennt man Hülsenfrüchte mit einer runden Form Erbsen. Sind sie dagegen oval oder nierenförmig, so werden sie meist als Bohnen bezeichnet. Es gibt aber Ausnahmen: Augenbohnen zum Beispiel haben zwar eine längliche Form, sie werden vielfach aber auch Augenerbse oder Kuherbse genannt.

Erbsen sind meistens von gelber oder grüner Farbe. Beide Sorten schmecken süßlich, die grüne Erbse hat jedoch einen etwas kräftigeren Geschmack. Beide sind geschält und ungeschält im Handel.

Die hier abgebildeten gelben Sojabohnen haben ein mildes Aroma. Die schwarzen Sojabohnen dagegen werden wegen ihres süßen, kräftigen Geschmacks geschätzt. Die Kichererbsen erinnern in Geschmack und Konsistenz etwas an Nüsse. Die mehligen dicken Bohnen und Ackerbohnen sind mit einer lederigen Schale umgeben, die vor dem Genuß entfernt werden sollte. Strauchbohnen und Augenbohnen sind saftig und haben einen leicht erdigen Geschmack.

Die übrigen hier abgebildeten Bohnen haben alle eine Nierenform. Mungobohnen und Azukibohnen schmecken süßlich. Limabohnen sind weich und mild im Geschmack. Die übrigen Bohnen haben eine mehlige Konsistenz und einen zarten bis kräftigen Geschmack. Am herzhaftesten schmecken die roten Bohnen. Die Flageoletbohnen sind mit ihrem feinen frischen, delikaten Aroma die Juwelen der Nierenbohnen.

Mungobohnen

Schwarze Bohnen

Braune Bohnen

Weiße Bohnen

Strauchbohnen

Azukibohnen

Pintobohnen

Borlottibohnen

Limabohnen

Flageoletbohnen

Cannellinibohnen

Rote Kidneybohnen

Drei Grundsaucen

Die drei hier beschriebenen Saucen – weiße Sauce, Tomatensauce und Fleischsauce (Rezepte S. 166–167) – gehören zum Repertoire wohl eines jeden Kochs und können auf die vielfältigste Weise abgewandelt werden. Für keine der drei Saucen gibt es ein festes Rezept; besonders die Fleischsauce läßt sich je nach Geschmack und Zutaten variieren.

Für eine weiße Sauce (rechts oben) wird zunächst ein Roux zubereitet: Butter und Mehl werden zusammen erhitzt. Anschließend gießt man Milch zu dem Roux und läßt die Sauce etwa 40 Minuten simmern, bis sie nicht mehr nach Mehl schmeckt. Diese weiße Sauce – nach Belieben mit Sahne verfeinert – wird für überbackene Gerichte, wie etwa Lasagne (S. 62) und Hörnchennudeln mit Käse (Rezept S. 128), verwendet. Mit nur wenig Milch sehr dickflüssig gekocht, bildet sie die Grundlage für viele Soufflés (S. 74).

Für eine einfache Tomatensauce (gegenüberliegende Seite oben) werden in Viertel geschnittene Tomaten im eigenen Saft gegart, bis sie zerfallen. Dann werden sie durch ein Sieb gestrichen – wobei Haut und Kerne zurückbleiben – und anschließend bis auf die gewünschte Konsistenz eingekocht. Die Sauce kann mit Sahne und Kräutern verfeinert werden.

Natürlich können Haut und Kerne der Tomaten auch vor dem Garen entfernt werden. Dazu werden die Tomaten kurz in kochendes Wasser getaucht, abgezogen, quer halbiert und die Kerne mit einem Löffel herausgeschabt. Die Tomaten werden bei starker Hitze nur kurz sautiert, damit sie ihr frisches Aroma nicht verlieren.

Eine Fleischsauce (rechts unten) ist im Grunde genommen ein Schmorgericht, bei dem alle Zutaten zuvor feingehackt wurden. Das Fleisch und Gemüse werden zuerst angebraten und dann 1 bis 2 Stunden geschmort. Dazu kann man Reste von gegartem Fleisch nehmen und nach Belieben frisches Fleisch hinzufügen. Aromatische Gemüse, wie Zwiebeln, Porree, Bleichsellerie und Möhren, geben der Sauce Würze. Tomaten sind besonders wichtig, sie geben der Sauce nicht nur Geschmack, sondern machen sie sämiger und verleihen ihr eine appetitliche Farbe. Zum Schluß wird die Sauce noch mit getrockneten Pilzen abgerundet. Die Fleischsauce kann ebenso wie die Tomatensauce für auf der Kochstelle gegarte (S. 61) und im Backofen zubereitete Gerichte (S. 62) verwendet werden.

Eine milde, weiche Sauce

1 **Milch dazugeben.** Ein Stück Butter bei schwacher Hitze in einem Topf zerlassen. Die gleiche Menge Mehl hinzufügen und mit dem Schneebesen zu einem Roux verrühren. 2 bis 3 Minuten langsam erhitzen und dann unter kräftigem Rühren kalte Milch dazugießen.

2 **Die weiße Sauce kochen.** Die Sauce unter ständigem Rühren mit dem Schneebesen zum Kochen bringen. Die Temperatur herunterschalten und bei schwacher Hitze im offenen Topf etwa 40 Minuten unter gelegentlichem Rühren simmern lassen. Wenn die Sauce eingedickt ist (oben), mit Salz und nach Belieben mit Muskat abschmecken.

Eine kräftige Fleischsauce

1 **Das Fleisch anbraten.** Möhren und Zwiebeln feinhacken und in einem großen Topf in heißem Öl bei schwacher Hitze weich garen. Die Temperatur heraufschalten, feingehacktes rohes Fleisch dazugeben und unter Rühren anbraten. Dann nach Belieben gegartes Fleisch, hier sind es gehackter Schinken und gehacktes Schweinefleisch, hinzufügen.

2 **Wein dazugießen.** Das Fleisch und die Gemüse ein paar Minuten braten, bis das Fleisch braun ist. Etwas trockenen Rotwein oder Weißwein dazugießen. Den Bratensatz vom Boden des Topfes lösen und ein Glas Brühe oder Wasser dazugeben.

Eine aromatische Tomatensauce

1 **Die Tomaten würzen.** Einige Tomaten in Viertel schneiden und mit Kräutern – hier sind es Thymian, Petersilie und ein Lorbeerblatt –, etwas grobkörnigem Salz und nach Belieben einer zerdrückten Knoblauchzehe in einen Topf geben und die Tomaten im eigenen Saft ohne Zugabe von Wasser garen.

2 **Die Tomaten pürieren.** Die Tomaten etwa 10 Minuten garen, bis sie zerfallen. Anschließend in ein Sieb geben und mit einem Stößel hindurchrühren. Die Haut und die Kerne, die im Sieb zurückbleiben, entfernen.

3 **Die Sauce einkochen.** Die pürierten Tomaten wieder in den Topf geben und bei schwacher Hitze einkochen, bis die Sauce die gewünschte Konsistenz hat. Mit Salz und Pfeffer abschmecken und Kräuter – hier Basilikum und Petersilie – dazugeben.

3 **Würzzutaten hinzufügen.** Getrocknete Pilze, hier sind es Steinpilze, in einer kleinen Schüssel in Wasser einweichen und etwa 30 Minuten stehenlassen. Das Wasser abgießen und die Pilze mit feingehacktem Knoblauch und gehackter Petersilie und etwas Zitronenschale zu der Sauce geben.

4 **Tomaten hinzufügen.** Ein paar Tomaten kreuzweise einschneiden, 1 oder 2 Sekunden in kochendes Wasser tauchen und die Haut abziehen. Die Tomaten quer halbieren, entkernen und grobhacken. Die gehackten Tomaten zu der Sauce geben und verrühren.

5 **Die Sauce einkochen.** Die Sauce bei ganz schwacher Hitze mindestens 1½ Stunden simmern lassen, bis das Fleisch gar ist. Dabei den Deckel nicht ganz auflegen, damit die Sauce auf die gewünschte Konsistenz einkochen kann.

1

Zubereiten von Getreide

Variationen einer einfachen Methode

Kochen und Dämpfen
Lockerer, körniger Reis
Eine Reihe von Risottos
Fritierte Reiskroketten
Ein leckerer Maisbrei

Alle Getreide – gleichgültig, ob sie später ganzkörnig oder geschrotet, in Flocken oder gemahlen in den Handel kommen – werden nach der Ernte zunächst getrocknet. Beim Garen müssen sie dann wieder Wasser aufnehmen, damit sie quellen und weich werden. In jedem Fall ist also bei der Zubereitung von Getreidegerichten Wasser oder irgendeine andere Flüssigkeit vonnöten. Darüber hinaus sind der Phantasie des Kochs hinsichtlich der Zutaten jedoch keine Grenzen gesetzt. Da das Aroma der Getreide mit fast allem Gemüse, Fisch oder Fleisch harmoniert, können allein schon mit Hilfe der beiden grundlegenden Garmethoden des Kochens und Dämpfens zahllose Gerichte entwickelt werden. Nach dem Kochen eröffnet sich zudem noch eine Fülle weiterer Möglichkeiten. Jedes Gericht kann so zu einer kulinarischen Überraschung werden – ein schlichter Getreidebrei zum Beispiel, wenn er in Scheiben geschnitten gebraten oder gebacken wird (S. 40).

Reis ist das Getreide, das wohl zu den meisten kulinarischen Einfällen inspiriert hat: Selbst mit sehr ähnlichen Zutaten werden allein durch feine Abwandlungen der Zubereitung unterschiedliche Ergebnisse erzielt. Lockerer, körniger Reis ist beispielsweise charakteristisch für einen Pilaw. Dazu wird der Reis zunächst in Fett erhitzt und anschließend bei ganz schwacher Hitze gegart. Die Flüssigkeitsmenge muß dabei so genau bemessen sein, daß der Reis sie während des Garens restlos aufnehmen kann (S. 20). Bei einem Risotto wird der ohnehin recht weichkörnige Rundkornreis durch Garen bei starker Hitze und durch ständiges Rühren klebrig und durch Hinzufügen von reichlich geriebenem Käse am Schluß noch sämiger gemacht (S. 22).

Ganz gleich, welche Zutaten verfügbar sind – Fleischreste, frische oder getrocknete Gemüse, Brühe oder Bratensaucen, Nüsse und Gewürze –, mit Getreide können sie zu sättigenden Gerichten zubereitet werden. So beliebte Gerichte wie Paella und Couscous sind ihrem Wesen nach stets Improvisationen, die der Phantasie weiten Spielraum lassen. Bei einer Paella wird mit Safran gefärbter Reis praktisch mit allen frischen Zutaten kombiniert, die gerade zur Hand sind (S. 28). Bei einem Couscous werden zerkleinerte Getreidekörner, meist in Form von Grieß, im aufsteigenden Dampf von kochendem Fleisch oder Fisch und verschiedenen Gemüsen gegart (S. 36).

Hier wird Rundkornreis für einen Risotto in einen Topf eingestreut, in dem bereits gehackte Zwiebeln und Rindermark in zerlassener Butter schmoren. Risotto erhält die charakteristische klebrige Konsistenz, indem man während des Garens weitere heiße Brühe hinzufügt und den Reis von Zeit zu Zeit umrührt.

Drei grundlegende Gartechniken

Kochbücher sind voll von detaillierten – und widersprüchlichen – Beschreibungen der perfekten Technik zum Garen von Getreidekörnern. Es gibt tatsächlich eine Reihe von Möglichkeiten, die zu einem guten Ergebnis führen. Die drei hier beschriebenen Methoden sind die gebräuchlichsten.

Am einfachsten ist es, die Körner in reichlich Wasser zu kochen (rechts oben). Damit sie nicht aneinanderkleben und nicht am Boden des Topfes ansetzen, streut man sie in sprudelnd kochendes Wasser ein und rührt sie einmal kurz um. Da die Körner in mehr Wasser gekocht werden, als sie aufnehmen können, gibt man sie nach dem Garen in ein Sieb und läßt sie abtropfen. Anschließend läßt man sie bei ganz schwacher Hitze trocken werden und im entweichenden Dampf quellen. Die ungefähren Garzeiten für die verschiedenen Getreidearten werden in dem Kasten auf der gegenüberliegenden Seite oben angegeben.

Außerdem gibt die Tabelle Aufschluß über die Wassermenge, die bei der zweiten Garmethode benötigt wird. Bei dieser Methode werden die Getreidekörner in einer ganz bestimmten Flüssigkeitsmenge gegart (rechts unten). Dabei wird während des Garens das ganze Wasser von den Körnern aufgenommen, und sie brauchen anschließend nicht mehr getrocknet zu werden. Der in dem Beispiel rechts verwendete Wildreis wird vor dem Garen einige Stunden in kaltem oder 1 Stunde in heißem Wasser eingeweicht; er wird dadurch lockerer und zarter. Die Kochwassermenge und die Garzeit ändern sich dadurch jedoch nicht.

Dämpfen (gegenüberliegende Seite unten rechts) erfordert etwas Zeit. Entsprechend ist diese Methode für Getreidearten mit längerer Garzeit, etwa für Graupen und Naturreis, weniger geeignet. Gewöhnlich wird diese Methode daher auch nur bei geschältem – weißem – Reis angewendet. Damit der Reis weich wird, sollte er vorher 1 Stunde gewässert werden.

Da es sich nur um grobe Richtwerte handelt, können die in der Tabelle auf der gegenüberliegenden Seite angegebenen Zeiten für alle drei Methoden angewendet werden. Die genaue Garzeit hängt ohnehin nicht nur von der Sorte, sondern auch vom Alter der jeweiligen Getreidekörner ab – und vom Geschmack des einzelnen. Um zu prüfen, ob das Getreide gar ist, sollte man etwa 5 Minuten vor Ablauf der in der Tabelle angegebenen Zeit ein paar Körner zwischen Zeigefinger und Daumen zerdrücken und danach die Garzeit endgültig bestimmen.

Kochen in reichlich Wasser

1 **Geschälten Langkornreis kochen.** Reichlich Salzwasser in einem Topf zum Kochen bringen. Die Temperatur so regulieren, daß das Wasser gerade noch kocht, und dann den Reis einstreuen (oben). Kurz umrühren, damit die Körner nicht aneinanderkleben. Um zu verhindern, daß das Wasser überkocht, 1 EL Öl dazugeben und im offenen Topf kochen.

2 **Das Wasser abgießen.** Einige Reiskörner zerbeißen oder zwischen Daumen und Fingerspitze zerdrücken, um zu prüfen, ob der Reis gar ist. Wenn er außen weich, innen aber noch ein wenig fest ist, ihn in ein Sieb geben und abtropfen lassen (oben). Während des anschließenden Trocknens bei schwacher Hitze im Backofen wird er noch weicher.

Kochen in abgemessener Wassermenge

1 **Wildreis einweichen.** Eine abgemessene Menge trockenen Wildreis in eine große Schüssel geben. So viel heißes oder kochendes Wasser in die Schüssel gießen (oben), daß der Reis vollkommen bedeckt ist. Den Wildreis etwa 1 Stunde einweichen.

2 **Den Reis in den Topf geben.** Den Reis in ein Sieb geben und abtropfen lassen. Dreimal soviel Wasser wie Reis – bezogen auf die Reismenge vor dem Einweichen (Kasten gegenüberliegende Seite oben) – in einen Topf gießen. Den abgetropften Reis (oben) und etwas Salz dazugeben.

3 **Den Reis trocknen und servieren.** Den Reis in eine große, flache feuerfeste Form geben. Den Deckel auflegen und für 10 bis 15 Minuten in den auf 150° C (Gasherd Stufe 1) vorgeheizten Backofen stellen, bis der Reis vollkommen trocken ist. Ein paar Butterstückchen mit zwei Gabeln vorsichtig unterheben, ohne die Körner zu zerdrücken. □

3 **Den Reis simmern lassen.** Das Wasser zum Kochen bringen, den Reis einmal umrühren und die Temperatur herunterschalten. Etwa 45 Minuten zugedeckt simmern lassen, bis der Reis das ganze Wasser aufgenommen hat und die Körner sich weich anfühlen, wenn man sie zwischen den Fingern zerdrückt. Anschließend den Topf von der Kochstelle nehmen und vorsichtig kleine Butterstückchen unter den Reis heben. □

Garzeit und Wassermenge

Die Tabelle gibt die ungefähre Wassermenge an, die die jeweilige Getreideart beim Kochen aufnimmt, und die ungefähre Garzeit. Eventuell muß während des Garens noch Wasser zugegossen oder die Garzeit verlängert werden. Allerdings sollte der Deckel nicht zu oft abgenommen werden, damit nicht zuviel Dampf entweicht.

Getreideart	Verhältnis Wasser : Getreide	Ungefähre Garzeit (Minuten)
Buchweizen	2 : 1	15 – 20
Gerste	2 – 2½ : 1	90
Graupen	2 – 2½ : 1	90
Hafer	2 : 1	60 – 90
Hirse	3 : 1	15 – 20
Naturreis	2 : 1	50 – 60
Roggen	2 : 1	60 – 90
Weißreis	2 : 1	18 – 20
Weizen	2 : 1	60 – 90
Wildreis	3 : 1	45

Reis dämpfen

Reis in einem Tuch dämpfen. Den Reis in kaltem Wasser mindestens 1 Stunde einweichen und dann in einem Sieb abtropfen lassen. Den unteren Teil eines Dampfkochtopfes zur Hälfte mit Wasser füllen und zum Kochen bringen. Den Aufsatz aufsetzen und mit einem Mulltuch auslegen. Den Reis hineingeben und das Tuch über den Reis schlagen. Den Deckel auflegen und den Reis 25 bis 30 Minuten dämpfen, bis er gar ist.

Pilaw: locker und körnig

Getreide wie Reis läßt sich auf einfache Weise locker und körnig kochen: Man sautiert es kurz in Öl oder Fett und läßt es anschließend in einer genau bemessenen Menge Flüssigkeit in einem fest verschlossenen Topf garziehen. Das in die äußere Schicht eingedrungene Fett verhindert, daß die Körner aneinanderkleben. Wichtig ist es, daß das Getreide nur bei schwacher Hitze garzieht und während des Garens nicht umgerührt wird.

Zu den Gerichten, die so zubereitet werden, gehören Pilaws. In der abendländischen Küche ist der Begriff Pilaw oft nur auf Reisgerichte und dazu nur auf Gerichte aus Langkornreis, wie beispielsweise dem rechts beschriebenen, beschränkt. Im Grunde läßt sich jedoch jedes Getreide auf diese Weise zubereiten. Im Nahen Osten, der Heimat dieser Gerichte, wird Pilaw oft aus Weizenschrot gekocht. In dem Gericht rechts unten werden Graupen verwendet (Rezept S. 106).

Ein einfacher Pilaw, bei dem die Getreidekörner kurz in heißer Butter geschwenkt und dann bei schwacher Hitze in Wasser gegart werden, ist eine ausgezeichnete Beilage für Gerichte mit einer stark gewürzten Sauce. Man kann das Getreide aber auch aromatisieren, indem man Brühe als Flüssigkeit nimmt (Kasten gegenüberliegende Seite) oder es zusammen mit Gemüse gart, das man entweder zu Beginn oder erst gegen Ende der Garzeit hinzufügt. Dem Reispilaw werden hier kurz vor dem Ende der Garzeit Tomaten zugegeben, und die Graupen läßt man zusammen mit Champignons und Zwiebeln in einer Fleischbrühe simmern.

Pilaws und einfach in Wasser gegarte Getreide haben etwa die gleiche Garzeit (Kasten S. 19). Reis nimmt ungefähr das Doppelte seines Volumens an Wasser auf. Bei anderen Getreidearten läßt es sich nicht so genau vorhersagen, wieviel Flüssigkeit absorbiert wird. Wenn man nicht weiß, wieviel die jeweilige Getreideart aufnimmt, sollte man die Flüssigkeit in zwei oder drei Etappen dazugeben, wie bei den Graupen rechts. Zunächst gießt man so viel Flüssigkeit auf, wie Graupen im Topf sind. Nach der Hälfte der Garzeit wird noch einmal etwa die gleiche Menge dazugegossen. Ist jedoch noch etwas Flüssigkeit im Topf, so gibt man entsprechend weniger hinzu. Wenn gegen Ende der Garzeit die ganze Flüssigkeit absorbiert ist, wird noch einmal eine geringfügige Menge Flüssigkeit nachgegossen.

Reis mit Tomaten

1 **Den Reis in Butter sautieren.** Etwas Butter in einen Topf geben und bei schwacher Hitze zerlassen. Den Reis hinzufügen und unter ständigem Rühren mit einem langen Holzlöffel sautieren, bis der Reis glasig ist.

2 **Den Reis garziehen lassen.** Zu dem Reis die doppelte Menge kochendes Wasser gießen, salzen und einmal umrühren, damit der Reis nicht ansetzt. Den Deckel auflegen.

Graupen mit Zwiebeln und Pilzen

1 **Graupen mit Zwiebeln sautieren.** Etwas Butter in einem Schmortopf zerlassen und feingehackte Zwiebeln hinzufügen. Unter Rühren mit einem Holzlöffel glasig sautieren. Die Graupen hinzufügen und unter Rühren goldgelb werden lassen.

2 **Champignons dazugeben.** Champignons in Scheiben oder Viertel schneiden. Bei starker Hitze kurz in Butter oder Öl sautieren. Die Champignons zu den Graupen und Zwiebeln in den Topf geben (oben).

3 **Butterstücke dazugeben.** Den Reis bei ganz schwacher Hitze, ohne zu rühren, 18 bis 20 Minuten garziehen lassen. Wenn der Reis die ganze Flüssigkeit aufgenommen hat, den Topf von der Kochstelle nehmen. Butterstücke hinzufügen und mit zwei Gabeln vorsichtig unterheben (oben). Der Reis kann so serviert werden; er kann aber auch vor dem Servieren durch andere Zutaten geschmacklich noch verändert werden (Arbeitsgang 4).

4 **Tomaten hinzufügen.** Während der Reis gart, können die Tomaten vorbereitet werden. Die Tomaten kurz in kochendes Wasser tauchen, die Haut abziehen, halbieren, entkernen und grobhacken. In etwas Butter sautieren, mit Salz und Pfeffer würzen und vorsichtig unter den Reis heben. □

3 **Brühe dazugießen.** Etwa die gleiche Menge kochende Brühe oder Wasser hinzufügen, wie Graupen im Topf sind. Den Deckel auflegen und bei schwacher Hitze auf der Kochstelle oder im Backofen bei 180° C (Gasherd Stufe 2 – 3) 30 Minuten simmern lassen. Dann noch einmal die gleiche Menge Flüssigkeit hinzufügen bzw. etwas weniger, wenn noch nicht die ganze Flüssigkeit aufgesogen ist.

4 **Das Gericht fertigstellen.** Die Graupen zugedeckt etwa 30 Minuten simmern lassen, bis die ganze Flüssigkeit absorbiert ist. Nach Belieben mit Salz würzen. Etwas feingehackte Petersilie untermischen und servieren. □

Eine herzhafte Brühe

Eine herzhafte Brühe, mit der sich alle Pilaws verfeinern lassen, kann man aus aromatischen Gemüsen, wie Zwiebeln, Möhren, Porree und Bleichsellerie, sowie Kräutern und Suppenfleisch zubereiten. Hier wird wegen seines kräftigen Geschmacks Rindfleisch sowie Hühnerfleisch und Kalbfleisch hinzugefügt (Rezept S. 166). Das Fleisch und die Gemüse im Wasser so lange simmern lassen, bis sie ihr Aroma abgegeben haben.

1 **Die Gemüse hinzufügen.** Das Fleisch auf einen Drahtrost in einen großen Topf legen und Wasser dazugießen. Zum Kochen bringen und den aufsteigenden Schaum abschöpfen. Aromatische Gemüse und Kräuter hinzufügen und wiederum den Schaum abschöpfen.

2 **Die Brühe passieren.** Die Temperatur herunterschalten und im nicht ganz geschlossenen Topf 4 bis 5 Stunden simmern lassen, anschließend durch ein mit einem Nesseltuch ausgelegtes Sieb gießen. Eine Weile stehenlassen, bis sich das Fett an der Oberfläche absetzt. Das Fett mit Küchenkrepp aufsaugen.

Risotto: weich und saftig

Bei den meisten Reisgerichten wird großer Wert darauf gelegt, daß der Reis locker, trocken und körnig ist. Risotto bildet da eine Ausnahme. Er sollte zwar auch körnig, aber ansonsten weich und feucht sein. Wichtig ist, daß der Reis während des Garens immer wieder gerührt wird, damit er zum Schluß die richtige Konsistenz hat.

Für Risotto verwendet man am besten immer italienischen Rundkornreis. Er ist stärkehaltiger und daher etwas klebriger als Langkornreis und wird außerdem beim Rühren nicht so leicht zerdrückt.

Bei einem Risotto wird der Reis zunächst wie bei einem Pilaw (S. 20) in Fett sautiert – gewöhnlich mit einer gehackten Zwiebel, um ihm etwas Aroma zu geben. Von da an unterscheidet sich die Zubereitungsmethode jedoch grundlegend von der des Pilaws. Während der Reis bei schwacher Hitze gart, wird nach und nach heiße Flüssigkeit zugegeben. Erst wenn der Reis die Flüssigkeit aufgenommen hat, wird wieder etwas Flüssigkeit nachgegossen. Der Reis muß gerührt werden, nicht nur, damit er klebrig wird, sondern auch damit er nicht am Topfboden ansetzt. Insgesamt braucht man etwa zweieinhalbmal soviel Flüssigkeit wie Reis. Die genaue Menge hängt davon ab, wieviel Flüssigkeit verdampft.

Durch Butter und geriebenen Parmesankäse wird der Risotto noch sämiger. Bevor man Butter und Käse zugibt, sollte der Topf vom Herd genommen werden, damit die Butter und der Käse nicht zu flüssig werden, sondern dick und sämig bleiben.

Ein Risotto kann ganz nach Belieben sehr einfach oder sehr gehaltvoll sein. Das Grundrezept (Rezept S. 93) wird rechts beschrieben. Auf der gegenüberliegenden Seite werden drei Möglichkeiten vorgestellt, wie man einfachen Risotto durch weitere Zutaten verfeinern kann. Eine Reihe von Gemüsen – die man sautiert, während der Reis kocht – werden in letzter Minute hinzugefügt; sie machen den Risotto zu einem farbenfrohen Augenschmaus (gegenüberliegende Seite oben). Safran, Rindermark und Weißwein geben dem traditionellen *risotto alla milanese* seinen charakteristischen Geschmack (gegenüberliegende Seite Mitte; Rezept S. 92). Und bei dem venezianischen Gericht *risi e bisi* („Reis mit Erbsen") werden Erbsen und Schinken von Anfang an mit dem Reis gegart (gegenüberliegende Seite unten; Rezept S. 94). Damit die Erbsen nicht zerdrückt werden, wird die Zubereitung des Risottos abgewandelt: Der Reis wird nicht sautiert; und damit man nicht so oft rühren muß, wird die Brühe in größeren Mengen dazugegeben.

Grundrezept für Risotto

1 **Den Reis einstreuen.** Ein großes Stück Butter und etwas Olivenöl in einen großen Topf geben und langsam erhitzen. Sobald die Butter geschmolzen ist, eine feingehackte Zwiebel dazugeben und glasig braten. Rundkornreis einstreuen und 2 bis 3 Minuten unter ständigem Rühren im Fett sautieren.

2 **Brühe dazugeben.** Einen Schöpflöffel kochende Brühe (S. 21) dazugeben. Die Temperatur herunterschalten und den Reis bei schwacher Hitze unter gelegentlichem Rühren garen. Wenn der Reis den größten Teil der Flüssigkeit aufgenommen hat, einen weiteren Schöpflöffel Brühe dazugeben. Den Reis unter Rühren weitergaren und jedesmal, wenn die Flüssigkeit aufgesogen ist, einen weiteren Schöpflöffel Brühe hinzufügen.

3 **Butter und Käse dazugeben.** Gegen Ende der Garzeit die Brühe in geringeren Mengen hinzufügen, so daß der Reis am Ende noch feucht ist, aber nicht mehr in Brühe schwimmt. Sobald der Reis gar ist – nach etwa 20 Minuten –, den Topf von der Kochstelle nehmen und Butter und Käse dazugeben.

4 **Den Risotto servieren.** Die Butter und den geriebenen Käse unterheben, mit Salz abschmecken und den Risotto auf Suppenteller geben. Sofort sehr heiß servieren. Weiteren frisch geriebenen Parmesankäse in einem Schälchen getrennt dazu reichen. □

Risotto mit frischen Gemüsen

1 **Die Gemüse sautieren.** Möhren, grüne Bohnen, Porree und abgezogene, entkernte Tomaten hacken. Die Bohnen und Möhren blanchieren, den Porree sautieren und die übrigen Gemüse und Petersilie hinzufügen.

2 **Die Gemüse dazugeben.** Die Gemüse für kurze Zeit zusammen erhitzen. Einen einfachen Risotto zubereiten (Arbeitsgang 1 – 3 links) und die Gemüse hinzufügen, bevor die Butter und der Käse dazugegeben werden.

3 **Butter und Käse unterheben.** Den Topf von der Kochplatte nehmen und Butter und eine Handvoll frisch geriebenen Parmesankäse dazugeben. Butter und Käse vorsichtig unter das Gemüse und den Reis heben. □

Risotto mit Safran und Rindermark

1 **Das Rindermark sautieren.** Aus einem Rindermarkknochen das Mark herauslösen und hacken. Mit gehackten Zwiebeln in Butter sautieren, bis die Zwiebeln glasig sind. Anschließend den Reis dazugeben.

2 **Wein angießen.** Sobald der Reis glasig ist, eine Prise Safranpulver und etwas Weißwein dazugeben. Unter Rühren simmern lassen, bis der Reis den Wein fast aufgesogen hat.

3 **Den Risotto fertigstellen.** Nach und nach Brühe dazugießen und den Reis gar werden lassen. Anschließend den Topf von der Herdplatte nehmen und Butter und frisch geriebenen Parmesankäse unterrühren. □

Risotto mit Erbsen und Schinken

1 **Die Brühe dazugießen.** Zwiebeln feinhacken und in Butter glasig braten. Kleingeschnittenen Parmaschinken dazugeben und nach 1 Minute die Erbsen hinzufügen. Die Erbsen kurz im Fett schwenken und einen Schöpflöffel heiße Brühe dazugießen.

2 **Den Reis dazugeben.** Die Brühe zum Kochen bringen und dann den Reis einstreuen und mit den Erbsen und dem Schinken verrühren. Einige Schöpflöffel voll heißer Brühe dazugießen, und sobald der Reis die Flüssigkeit aufgenommen hat, Brühe nachgießen.

3 **Den Risotto fertigstellen.** Damit die Erbsen nicht zerdrückt werden, den Reis ohne zu rühren bei schwacher Hitze simmern lassen. Sobald der Reis gar ist, den Topf von der Kochstelle nehmen und Butter und frisch geriebenen Parmesankäse unterheben. □

Gedämpfter Reis mit goldener Kruste

Wenn man vorgekochten Reis in einem tiefen Topf mit Fett und wenig Wasser gart, wird die obere Schicht gedämpft und die untere Schicht knusprig gebraten. Einfach mit Wasser gegart und zu Fleisch oder Sauce serviert, heißt dieses raffinierte persische Gericht *chelo*. Wird der Reis, wie hier, zusammen mit Gemüse oder Fleisch gegart (Rezept S. 100), so erhält man *polo*.

Im Orient wird der Reis gewöhnlich vor dem Kochen eingeweicht. Durch das Einweichen, das in der abendländischen Küche nur gelegentlich geschieht, beginnt der Reis zu quellen. Dabei wird Stärke in Zucker verwandelt, und der Reis entwickelt etwas Süße. Die Süße schmeckt man jedoch erst, wenn der Reis mindestens 24 Stunden eingeweicht worden ist. Aber schon bei 1 oder 2 Stunden Wässern wird das harte Innere der Reiskörner etwas aufgeweicht, und der Reis wird gleichmäßiger gar.

Da bei *polo* sehr wenig Wasser hinzugefügt wird, muß der Reis vorgekocht werden. Bei dem hier beschriebenen *polo* kocht man den Reis zusammen mit frischen dicken Bohnen vor. Statt der Bohnen kann man auch andere frische Gemüse, wie Erbsen oder Paprikaschoten, nehmen. Wird *polo* jedoch mit Fleisch zubereitet, so sollte man das Fleisch ebenso wie die Gewürze, beispielsweise Dill und Safran, erst nach dem Vorkochen dazugeben.

Für die eigentliche Zubereitung wird heißes Wasser mit der doppelten Menge zerlassener Butter vermischt. Die Butter ist wichtig, damit sich eine braune Kruste am Boden des Topfes bildet; das Wasser sorgt dafür, daß der Reis nicht anbrennt und daß die obere Reisschicht durch den Dampf gegart wird. Hat man jedoch zuviel Wasser dazugegeben, kann die Reisschicht am Boden nicht braun werden. Damit sich eine schöne braune Kruste bildet, sollte man das Wasser mit der Butter in zwei Etappen hinzufügen. Erst wenn sich bei mäßiger Hitze am Boden des Topfes eine Kruste bildet, wird die restliche Flüssigkeit dazugegeben. Dann wird die Temperatur heruntergeschaltet, damit die Kruste nicht verbrennt.

Die braune Kruste braucht nicht ausschließlich aus Reis zu bestehen. Man kann das Gericht abwandeln, indem man zunächst nur etwas Reis mit geschlagenen Eiern, dünnen rohen Kartoffelscheiben oder glasig gebratenen Zwiebeln in einem Teil der Flüssigkeit gart, ehe man den restlichen Reis und die restliche Flüssigkeit hinzufügt.

1 **Die Bohnen enthülsen.** Etwas Langkornreis in eine Schüssel geben, so viel kaltes Wasser dazugießen, daß der Reis gut bedeckt ist, und etwa 2 Stunden einweichen. Währenddessen die Bohnenschoten aufritzen (oben) und die Bohnen herausdrücken.

2 **Die Haut von den Bohnen abziehen.** Nur ganz junge Bohnen haben eine so zarte Haut, daß sie mitgegessen werden kann. Bei größeren Bohnen ist die Haut ledrig. Sie sollte vor dem Garen entfernt werden. Die Haut mit dem Daumennagel einritzen und abziehen.

6 **Eine braune Kruste braten.** In dem Topf, in dem der Reis und die Bohnen gekocht wurden, einige Eßlöffel Wasser mit Butter oder Öl und nach Belieben mit etwas Safran erhitzen. Die Hälfte dieser Flüssigkeit in eine kleine Schüssel geben und beiseite stellen. Den Reis mit den Bohnen und dem Dill in den Topf geben und kurz mit einer Gabel umrühren (oben links). Mit dem Stiel eines Holzlöffels in der Mitte ein tiefes Loch eindrücken, damit der Dampf zirkulieren kann (oben rechts). Den Deckel auflegen und den Reis bei mittlerer Hitze 5 Minuten braten.

3 **Den Dill hacken.** Den eingeweichten Reis abtropfen lassen. Etwas frischen Dill waschen und trockenschwenken. Die Stengel abschneiden und die Blätter feinhacken. Statt des Dills kann man auch Fenchelkraut nehmen.

4 **Reis und Bohnen vorkochen.** In einem großen Topf reichlich Salzwasser zum Kochen bringen. Den Reis und die Bohnen dazugeben (oben). Im offenen Topf 8 bis 10 Minuten sprudelnd kochen. Die Reiskörner sollten nach dem Garen noch so fest sein, daß sie „Biß" haben, d. h. den Zähnen beim Kauen ein wenig Widerstand bieten.

5 **Den Dill untermischen.** Den Reis und die Bohnen in einem Sieb unter fließendem Wasser abspülen und abtropfen lassen. Anschließend in eine Schüssel geben und den gehackten Dill hinzufügen. Mit den Händen alles locker miteinander vermischen (oben).

7 **Flüssigkeit dazugeben.** Die restliche Flüssigkeit gleichmäßig über den *polo* gießen. Den Deckel auflegen und ohne zu rühren bei schwacher Hitze etwa 40 Minuten dämpfen.

8 **Servieren.** Den Topf von der Kochstelle nehmen, 5 Minuten abkühlen lassen, damit sich die Kruste vom Boden löst. Die obere, in Dampf gegarte Reisschicht mit einer Gabel lockern und auf eine Servierplatte häufen. Die Kruste vom Topfboden lösen und auf dem gedämpften Reis verteilen. □

Ein indischer Pilaw

Es gibt Hunderte von Rezepten in der ganzen Welt, die den schlichten Pilaw (S. 20) zu einem anspruchsvollen Hauptgericht weiterentwickeln. Die möglichen Kombinationen der Gewürze, Gemüse, Fisch und Fleisch sind so vielfältig, wie es Geschmack und Einfallsreichtum überhaupt zulassen. So erhält etwa ein griechischer Pilaw seinen besonderen Charakter durch Kalmare, Tomaten und Rosmarin, während bei einem chilenischen Pilaw der Reis mit Aal, Wacholderbeeren und Currypulver kombiniert wird (Rezepte S. 103 und 93). In dem hier beschriebenen indischen Pilaw (Rezept S. 89) wird der Reis mit in Würfel geschnittenem Lammfleisch in einer kräftigen Hammelfleischbrühe gegart, die ebenso zubereitet wird wie die kräftige Brühe auf S. 21.

Zunächst wird der Reis – wie in Indien und im Nahen Osten allgemein üblich (S. 24) – eingeweicht. Inzwischen kann das Fleisch in eine saure Marinade gelegt werden, die das Fleisch zarter macht und ihm mehr Aroma gibt. Hier wird das Fleisch in Limettensaft, Sahne und Joghurt mariniert, und die Marinade wird später dem Gericht zugefügt. In Indien verwendet man dafür auch häufig den Saft von unreifen Mangos und Papayas.

Ein weiteres Kennzeichen der indischen Pilaws ist die Verwendung vieler verschiedener Gewürze. Nach Möglichkeit sollte man die Gewürze ungemahlen kaufen und auch aufbewahren. So behalten sie lange ihr Aroma. Einige Gerichte werden mit ungemahlenen Gewürzen aromatisiert, bei anderen werden die Gewürze kurz vor der Zubereitung gemahlen, damit sie ihr Aroma besser entfalten können. Hier wird die Hammelfleischbrühe mit Nelken gewürzt. Ganze Kardamomkapseln und ungemahlener Zimt werden, mit feingeriebenem Mohn vermischt, dem Pilaw zugegeben.

Damit die Gewürze ihr Aroma noch besser zur Geltung bringen können, werden sie mit dem eingeweichten abgetropften Reis kurz sautiert. Nach dem Sautieren läßt man den Reis mit den Gewürzen in der Hammelfleischbrühe simmern, die mit der passierten Marinade angereichert wurde. In der Zwischenzeit wird das Fleisch bei starker Hitze angebraten. So schließen sich die Poren, und das Fleisch bleibt saftig. Anschließend läßt man das überschüssige Fett abtropfen. Wenn das Fleisch zum Schluß zusammen mit dem Reis bei ganz schwacher Hitze gegart wird, vermischen sich die Aromen von dem Fleisch und dem gewürzten Reis.

1 **Das Fleisch vorbereiten.** Langkornreis in eine Schüssel geben, mit reichlich Wasser bedecken und etwa 1 Stunde einweichen. Von einem Stück Lammschulter ohne Knochen mit einem Messer das überschüssige Fett abschneiden (oben) und anschließend das Fleisch in große Würfel schneiden.

2 **Das Fleisch marinieren.** Die Limetten auspressen und den Saft in eine flache Schüssel geben. Im Mörser Fenchelsamen grob zerstoßen und zu dem Limettensaft geben. Mit einer Gabel in die Fleischwürfel einstechen (oben) und in der Marinade mehrmals wenden.

6 **Die Marinade passieren.** Ein Sieb über den Reis halten und das Fleisch mit der Marinade in das Sieb geben. Mit einem Holzlöffel die Marinade durch das Sieb streichen (oben). Das Fleisch in dem Sieb beiseite stellen. Die heiße Brühe über den Reis geben, so daß er gut bedeckt ist, und zum Kochen bringen.

7 **Brunnenkresse dazugeben.** Etwas Brunnenkresse feinhacken und zu dem Reis in den Topf geben. Den Topf mit Pergamentpapier abdecken und den Deckel auflegen. Den Reis im vorgeheizten Backofen bei 190° C (Gasherd Stufe 2) etwa 12 Minuten garen.

3 **Sahne und Joghurt dazugeben.** Nicht ganz steif geschlagene Sahne mit cremig gerührtem Joghurt zu gleichen Teilen vermischen. Die Fleischwürfel darin wenden (oben) und beiseite stellen. Etwas Mohn auf einem Backblech im Backofen etwa 15 Minuten rösten, so daß er sich leichter zerstoßen läßt.

4 **Die Gewürze vorbereiten.** Den Mohn im Mörser fein zerstoßen (oben). Die Kardamomkapseln mit einer Messerklinge drücken, bis sie aufspringen. Die Nelken im Mörser zerstoßen und anschließend eine Zimtstange in große Stücke brechen. Die vier Gewürze zunächst getrennt beiseite stellen.

5 **Den Reis sautieren.** Die Hammelfleischbrühe mit den Nelken in einem kleinen Topf erhitzen. (Man kann auch Kalbsbrühe oder eine Fleisch-Gemüse-Brühe nehmen.) Die Brühe warm halten. In einem schweren Schmortopf Butter zerlassen. Die übrigen vorbereiteten Gewürze mit zwei Lorbeerblättern und den abgetropften Reis in den Topf geben (oben) und rühren, bis der Reis glasig ist.

8 **Das Fleisch anbraten.** In einer Bratpfanne etwas Butter zerlassen. Die Lammfleischwürfel hineingeben und bei mittlerer Hitze anbraten. Den Reis aus dem Backofen nehmen. Das Fleisch mit einem Schaumlöffel aus der Pfanne heben und vorsichtig unter den Reis mengen. Das Pergamentpapier und den Deckel wieder auflegen und den Pilaw etwa 15 Minuten im Backofen garen, bis der Reis weich ist.

9 **Den Pilaw garnieren.** Blanchierte, gestiftelte Mandeln in Butter sautieren und über den Pilaw streuen. Nach Belieben mit eingeweichten und sautierten Rosinen garnieren. Die Zimtstücke, Kardamomkapseln und Lorbeerblätter werden erst beim Essen aus dem Pilaw entfernt. □

Paella: ein farbenfrohes Reisgericht

Paella ist die Vollendung eines Pilaws. Bei diesem Gericht werden Fleisch, Gemüse und Meerestiere so reichlich zugegeben, daß der Reis fast völlig in den Hintergrund tritt. Aber trotz seiner relativ bescheidenen Rolle ist der Reis mit seinem milden Aroma das wesentliche verbindende Element für die Fülle der verschiedenen anderen Zutaten.

Paella kann mit Langkornreis oder mit Mittelkornreis zubereitet werden. Der Mittelkornreis hat ein großes, rundes Korn und ist etwas klebriger als Langkornreis. Wie bei allen Pilaws wird der Reis bei der Paella zunächst in Fett sautiert und dann in der doppelten Menge Flüssigkeit bei schwacher Hitze gegart. Die traditionelle Pfanne, in der die Paella zubereitet wird – eine flache Pfanne aus Gußeisen oder Steingut mit zwei Griffen, die dem Gericht den Namen gegeben hat –, hat keinen Deckel, so daß der Reis, anders als beim klassischen Pilaw, in der offenen Pfanne gegart wird. So wird der Reis für den Geschmack mancher Leute vielleicht zu trocken. Wenn man eine Pfanne ohne Deckel benutzt, ist es deshalb empfehlenswert, die Pfanne während eines Teils der Garzeit mit Alufolie abzudecken.

Die Paella hier (Rezept S. 91) enthält Artischocken, Tomaten, grüne Bohnen und Paprikaschoten, Kalmare, Klaffmuscheln und Kaisergranate, Kaninchen, Räucherwurst und Schweinefleisch. Je nach Saison können die Bohnen durch Erbsen, die Klaffmuscheln durch Miesmuscheln und Kaninchen durch Hühnchen ersetzt werden. Außerdem können noch andere Zutaten zugegeben werden, etwa Fisch oder sogar Schnekken, und selbstverständlich kann man, wenn die Paella nicht so gehaltvoll werden soll, auch einige Zutaten – ausgenommen natürlich den Reis – weglassen. Damit alle Zutaten gleichzeitig gar werden, sollten sie mit Ausnahme der Granate, die eine sehr kurze Garzeit haben, vorgekocht werden.

Erst wenn die einzelnen Zutaten fast gar sind, wird die Paella zusammengestellt (umseitig). Der Reis wird in Öl sautiert und mit Safran gefärbt. Anschließend werden die meisten Zutaten auf den Reis gelegt. Den Muschelsud und die Kalmarflüssigkeit werden, mit etwas Wasser verdünnt, zugegossen. Während der Reis in dieser Brühe simmert, werden die anderen Zutaten dazugegeben, so daß sich ihr Aroma mit dem Reis verbindet. Die Zutaten mit der kürzesten Garzeit – Granate, Bohnen und Klaffmuscheln – kommen zuletzt in die Pfanne und werden auf dem Reis verteilt.

1 **Die Gemüse vorbereiten.** Einige Tomaten abziehen, entkernen und kleinschneiden. Die grünen Bohnen putzen und in kleine Stücke schneiden. Zwei oder drei rote Paprikaschoten – oder rote und grüne Paprikaschoten gemischt – grillen, abziehen und in Streifen schneiden. Zwiebeln, ein paar Knoblauchzehen und Petersilie feinhacken.

5 **Die Kalmare vorbereiten.** Mit einer Hand den Mantel, mit der anderen den Kopf des Kalmars knapp unterhalb der Augen festhalten. Die beiden Teile vorsichtig voneinander trennen. Die meisten Eingeweide bleiben am Kopf hängen (oben). Die Eingeweide vom Kopf abziehen und den Kopf beiseite legen.

6 **Das Kalkblatt entfernen.** Die Spitze des federkielähnlichen Kalkblatts – des Schulps – mit dem Finger am Rande des Mantels ertasten und freilegen. Das Kalkblatt vorsichtig herausziehen (oben) und entfernen. Unter fließendem Wasser die restlichen Eingeweide aus dem Mantel spülen.

7 **Die Haut vom Mantel abziehen.** Mit dem Finger die Haut von dem Mantel der Kalmare abziehen. Am Kopf in den Fleischrand, der die Tentakel an der Basis verbindet, den schnabelähnlichen Kiefer herausdrücken. Den Kopf in Wasser tauchen, die Augen mit den Daumen herausdrücken und entfernen.

2 **Die Artischocken putzen.** Die Stiele abbrechen. Die zähen, dunklen äußeren Blätter abziehen, dabei so nach unten biegen, daß sie knapp oberhalb des fleischigen Endes der Blätter abbrechen (oben). Mit Zitrone einreiben, damit sie sich nicht verfärben.

3 **Die Artischocken schälen.** Von jeder Artischocke die Spitze abschneiden. Mit einem Edelstahlmesser spiralförmig das zähe, dunkelgrüne Äußere von den Artischockenböden abschälen, so daß nur das zarte gelbgrüne Fleisch zurückbleibt. Die Artischocken in Viertel schneiden, das Heu entfernen und die Stücke mit Zitrone einreiben.

4 **Die Artischocken sautieren.** In einer Kupfer-, Keramik- oder emaillierten Pfanne (keine Aluminiumpfanne verwenden) etwa 1 EL Öl erhitzen. Die in Viertel geschnittenen Artischocken 10 bis 15 Minuten in dem Öl goldbraun sautieren, dabei gelegentlich mit Hilfe eines Holzlöffels wenden. Vom Herd nehmen und beiseite stellen.

8 **Die Kalmare garen.** Die Kalmare in einem Sieb abtropfen lassen. Kurz in Butter oder Öl sautieren und dann etwa 20 Minuten (kleine Kalmare) bei schwacher Hitze dünsten. Abtropfen lassen und die Brühe aufheben.

9 **Die Klaffmuscheln kochen.** Die lebenden Klaffmuscheln 30 Minuten in Salzwasser legen, damit möglichst viel Sand herausgespült wird. Die Muscheln mit einer harten Bürste abbürsten und zusammen mit Thymian, Petersilie, einem Lorbeerblatt, Knoblauch und Zwiebeln in einen Topf geben. Etwas Weißwein angießen und bei starker Hitze 5 bis 10 Minuten kochen, bis sich die Muscheln öffnen. Dabei den Topf von Zeit zu Zeit schütteln.

10 **Die Muscheln abtropfen lassen.** Ein Sieb mit mehreren Lagen angefeuchtetem Nessel auslegen und einen Topf darunterstellen. Die Muscheln hineingeben und abtropfen lassen. Den Muschelsud zu der Kalmarflüssigkeit gießen. Kräuter, Knoblauch und Zwiebeln entfernen und die Muscheln zunächst beiseite stellen. ▶

11 **Fleisch und Tomaten vorbereiten.** Ein Stück Schweineschulter in kleine Würfel schneiden und in etwas Öl von allen Seiten anbraten. Gehackten Knoblauch, gehackte Zwiebeln und abgezogene und entkernte Tomaten dazugeben (oben). Bei starker Hitze unter ständigem Rühren garen, bis der größte Teil der Flüssigkeit verdampft ist.

12 **Den Reis erhitzen.** Ein paar Räuchermettwürstchen mit einer Gabel einstechen, 5 Minuten in Wasser kochen, abtropfen lassen und in Scheiben schneiden. Ein Kaninchen in acht bis zehn Teile zerlegen. Die Leber beiseite stellen und die Stücke 10 Minuten in Olivenöl anbraten. Die Wurstscheiben dazugeben und weitere 10 Minuten braten. In einer großen, schweren Pfanne etwas Olivenöl erhitzen, den Reis – hier ist es Mittelkornreis – einstreuen und etwas Safranpulver dazugeben.

15 **Die Kaisergranate dazugeben.** Die Artischocken, Paprikastreifen und Kalmare auf den Reis legen. Die ungekochten Granate darüber verteilen und anschließend mit Salz und Pfeffer würzen. Die Pfanne mit Alufolie abdecken und etwa 10 Minuten im vorgeheizten Backofen bei 180° C (Gasherd Stufe 2-3) garen.

16 **Die Paella fertigstellen.** In einem Topf Wasser zum Kochen bringen und die kleingeschnittenen Bohnen 2 bis 3 Minuten blanchieren. In einem Sieb abtropfen lassen. Die Paella aus dem Backofen nehmen, die Bohnen und die Klaffmuscheln darübergeben (oben). Die Pfanne wieder in den Backofen stellen und ohne Alufolie weitere 10 Minuten garen, bis der Reis die ganze Flüssigkeit aufgesogen hat und gar ist.

13 **Das Fleisch und die Tomaten zu dem Reis geben.** Den Reis bei schwacher Hitze unter Rühren in 2 bis 3 Minuten glasig sautieren. Die Wurstscheiben und Kaninchenteile auf den Reis in der Paella-Pfanne legen. Das Schweinefleisch und die Tomaten darübergeben (oben).

14 **Den Muschelsud dazugießen.** Den Muschelsud mit etwas Wasser verdünnen, so daß etwas weniger als das Doppelte der Reismenge an Flüssigkeit vorhanden ist. Den Muschelsud zum Kochen bringen und anschließend über den Reis und das Fleisch gießen (oben).

17 **Garnieren und servieren.** Die beiseite gestellte Kaninchenleber in dünne Scheiben schneiden und in Olivenöl kurz anbraten. Die Paella aus dem Backofen nehmen. Mit den Leberscheiben und gehackter Petersilie garnieren und in der Pfanne servieren. □

Eine chinesische Reispfanne

Übriggebliebener Reis oder Reste eines Pilaws (S. 20) lassen sich schnell in ein anderes Gericht verwandeln, wenn man sie zusammen mit anderen Zutaten – schnellgarendem Fleisch, Fisch oder Gemüse – in der Pfanne brät. Hier wird Langkornreis mit Paprikastreifen und dünnen Rindfleischscheiben gemischt, die auf chinesische Art mariniert wurden (Rezept S. 98). Leicht geschlagene Eier binden und verfeinern dieses Reisgericht.

Damit das frische Aroma erhalten bleibt, sollten die Zutaten nur ganz kurz bei starker Hitze braten. Um die Garzeit möglichst kurz zu halten, werden die Zutaten vorher sehr klein geschnitten. Damit nichts anbrennt und die einzelnen Zutaten zur gleichen Zeit gar werden, sollte man sie nach und nach dazugeben und mit denen beginnen, die die längste Garzeit haben. Jedesmal wenn eine neue Zutat in die Pfanne kommt, wird der Reis an den Rand geschoben, so daß jede Zutat kurz in dem Fett angebraten wird.

1 **Fleisch und Gemüse schneiden.** Eine grüne Paprikaschote entkernen und in Streifen schneiden. Die Frühlingszwiebeln in Scheiben schneiden. Ein Stück Ingwerwurzel schälen und in Stifte schneiden. Eine Knoblauchzehe hacken. Korianderblätter von den Stengeln streifen. Schinken und ein oder zwei Speckscheiben in Würfel schneiden. Ein Stück Rinderfilet 30 Minuten im Gefrierfach kühlen und dann in dünne Scheiben schneiden.

2 **Das Rindfleisch marinieren.** In einer kleinen Schüssel Öl, Sojasauce, den gehackten Knoblauch, Zucker, je eine Prise Salz und Pfeffer zu einer Marinade verrühren und mit Maisstärke andicken. Die Rindfleischscheiben hineinlegen und darin wenden. Ein paar Minuten in der Marinade ziehen lassen.

6 **Die Eier hineinschlagen.** Den Reis wieder an den Pfannenrand schieben, die Eier aufschlagen und in die Mitte geben (oben links). Mit Salz und Pfeffer würzen und unter Rühren kurz braten. Bevor sie zu stocken beginnen (oben Mitte), mit den übrigen Zutaten vermengen (oben rechts). Eventuell nachwürzen und nach Belieben 1 TL Sojasauce darübergeben.

3 **Den Reis braten.** In einer großen, schweren Bratpfanne einige Eßlöffel Öl erhitzen und mit dem Ingwer würzen. Die Paprikastreifen hineingeben und bei starker Hitze unter ständigem Rühren etwa 1 Minute braten. Anschließend den gegarten Reis mit den Händen locker darübergeben (oben).

4 **Den Schinken hinzufügen.** Den Reis kurz braten und dabei vorsichtig mit dem Spatel rühren. Den Reis an den Rand der Pfanne schieben und in die Mitte den Speck und die Frühlingszwiebeln geben und unter Rühren kurz braten. Nach ein paar Sekunden den gewürfelten Schinken hinzufügen.

5 **Die Korianderblätter hinzufügen.** Alle Zutaten kurz umrühren und an den Rand der Pfanne schieben. In die Mitte die Rindfleischscheiben mit der Marinade geben und das Fleisch auf beiden Seiten ein paar Sekunden braten. Die Korianderblätter unzerhackt hinzufügen und die Mischung ein paar Minuten rühren.

7 **Servieren.** Den gebratenen Reis auf eine Platte geben (oben). Nach Belieben mit Korianderblättern garnieren und sofort servieren, solange die Eier noch weich sind. □

Lecker gefüllte Reiskroketten

Aus übriggebliebenem Reis läßt sich ganz leicht ein pikanter Imbiß oder eine leckere Vorspeise zubereiten. Man bindet beispielsweise den Reis mit etwas geschlagenem Ei, formt kleine Bällchen und füllt sie mit einem Löffel Fleischsauce, einem Stückchen gekochter Wurst oder einer Scheibe weichem Käse, wie *fontina* oder *mozzarella*. Anschließend werden die Reisbällchen in heißem Öl ausgebacken (Rezepte S. 99 und 102). In dem Rezept rechts wird der Reis mit einer Scheibe *mozzarella* und einem Stück Schinken gefüllt. *Mozzarella* schmilzt nach kurzem Erhitzen und zieht lange Fäden, wenn man die Reisbällchen in zwei Hälften zerteilt. Die Italiener nennen diese Reisbällchen deshalb *supplì al telefono*, was soviel wie „Telephondraht-Kroketten" heißt.

Damit die Kroketten beim Fritieren nicht auseinanderfallen, sollte man dafür keinen körnigkochenden Reis nehmen, sondern einen Reis, der etwas klebt. Besonders gut eignet sich übriggebliebener Risotto, der mit geriebenem Käse zubereitet noch etwas fester wird (S. 22). Man kann aber auch einfach gekochten Rundkornreis nehmen. Der Reis sollte nach Möglichkeit jedoch mindestens einen Tag zugedeckt im Kühlschrank gestanden haben: Gut gekühlt läßt er sich leichter formen. Die Reiskroketten werden in Semmelbröseln gewendet, damit das Öl nicht zu tief eindringen kann und die Oberfläche schön knusprig wird.

Zum Fritieren muß das Öl auf die richtige Temperatur (etwa 190° C) erhitzt werden. Wenn das Öl zu heiß ist, werden die Kroketten schwarz, wenn es nicht heiß genug ist, saugen sich die Semmelbrösel voll Öl, ehe sie knusprig werden. Man kann die Temperatur mit einem Fritierthermometer oder aber mit einem kleinen Brotwürfel, den man in das heiße Fett gibt, testen: Nach 1 Minute sollte er rundum braun sein.

Wenn man die Kroketten in den Topf gibt, sinkt natürlich die Temperatur des Öls. Um das Absinken der Temperatur möglichst gering zu halten, nimmt man einen tiefen Topf und so viel Öl, daß die Kroketten vollkommen eintauchen können, und gibt nur wenige Kroketten gleichzeitig hinein.

1 **Den Reis binden.** Kalten gekochten Reis oder Risotto in eine große Schüssel geben. Zuvor eine Handvoll von dem Reis auf einem Teller beiseite stellen. Eier leicht schlagen und mit den Händen vorsichtig mit dem Reis vermengen (oben). Falls notwendig, noch etwas von dem beiseite gestellten Reis dazugeben, damit die Masse genügend fest wird.

2 **Den Käse schneiden.** Dünne Scheiben gekochten Schinken in kleine Stücke schneiden, *mozzarella* oder einen anderen Weichkäse mit einem scharfen Messer in etwa 3 cm lange Scheiben bzw. Streifen schneiden.

4 **Die Kroketten fritieren.** In einen tiefen Topf so viel Öl gießen, daß die Kroketten darin schwimmen können, und auf 190° C erhitzen. Die Temperatur mit einem Fritierthermometer messen oder einen kleinen Brotwürfel in das Fett geben: Wenn das Brotstückchen nach etwa 1 Minute braun wird, hat das Öl die richtige Temperatur. Die Kroketten – jeweils nur drei oder vier Kroketten gleichzeitig – vorsichtig mit einem Schaumlöffel in das Öl geben (oben links) und etwa 1 bis $1\frac{1}{2}$ Minuten fritieren, bis sie goldbraun geworden sind. Mit dem Schaumlöffel herausnehmen (oben rechts) und anschließend auf Küchenkrepp gut abtropfen lassen.

3 **Die Kroketten formen.** Die Hände mit Mehl bestäuben, 1 EL Reis in die gewölbte Handfläche geben, ein Stück Schinken und eine Scheibe Käse darauflegen und mit 1 EL Reis bedecken. In der Hand zu kleinen Bällchen formen (oben rechts) und in feingeriebenen Semmelbröseln wenden. 30 Minuten in den Kühlschrank stellen und fest werden lassen.

5 **Die Kroketten servieren.** Die abgetropften Kroketten auf eine vorgewärmte Platte legen (links) und servieren. Entweder mit Messer und Gabel oder aber mit den Händen essen. Wenn die Kroketten zerteilt werden, zieht der Käse lange Fäden (oben). □

Couscous: eine Spezialität aus Nordafrika

Wenn man Couscous – grobkörnigen Weizengrieß – in Dampf gart, wird er besonders locker und körnig. In Nordafrika wird er oft über dampfendem Gemüse oder Fleisch gegart. Das ganze Gericht – gedämpfter Weizengrieß, Fleisch, Gemüse und Garflüssigkeit – wird nach seinem Hauptbestandteil Couscous genannt (Arbeitsanleitungen rechts und folgende Seiten; Rezepte S. 113 bis 114). Ebenso läßt sich auch Weizenschrot, Roggenschrot oder Maisgrieß in Dampf garen; jedoch werden sie nicht so trocken und körnig wie Weizengrieß.

Der Couscous muß vor dem Garen Wasser aufnehmen, damit er weich wird. Die Grießkörner werden mit Wasser angefeuchtet und quellen dann auf. Sie kleben etwas aneinander, und man muß sie während des Quellens hin und wieder mit den Händen etwas lockern und durch ein Sieb geben.

Der Weizengrieß wird in einem zweiteiligen Topf – einer *couscousière* – gegart (Arbeitsgang 8 gegenüberliegende Seite unten). Das Fleisch und die Gemüse garen bei schwacher Hitze in dem unteren Topf, während der Grieß gleichzeitig in dem oberen Topf gedämpft wird. Durch den Siebboden kann der Dampf aufsteigen.

Hier werden in dem unteren Topf der *couscousière* Lammfleisch, Hühnerfleisch, Möhren, weiße Rüben und Kichererbsen gegart. Die getrockneten Kichererbsen wurden über Nacht eingeweicht und vorgekocht. Das Fleisch und die Gemüse werden mit frischem Koriander, Gewürzen und einer scharfen Sauce – *harissa* (Kasten S. 39) – gewürzt und bei schwacher Hitze gegart. Später werden schnellgarende Gemüse, wie Paprikaschoten, Zucchini und Kürbis, dazugegeben. Da die Gemüse und das Fleisch eine längere Garzeit haben, läßt man sie 30 Minuten simmern, ehe der obere Topf der *couscousière* aufgesetzt wird.

Wenn der Weizengrieß halb gar ist, kleben die Körner etwas aneinander. Der obere Topf der *couscousière* wird dann kurz abgenommen, der Weizengrieß vorsichtig gelokkert und etwas befeuchtet. Sobald der Weizengrieß ganz gar ist, häuft man ihn auf eine Platte und verteilt das Fleisch und Gemüse darüber. Dazu wird in einem Schälchen noch etwas *harissa* zum Nachwürzen gereicht.

1 **Den Couscous befeuchten.** Den Couscous auf ein Tablett oder ein Backblech geben, verteilen und mit wenig Wasser anfeuchten. Der hier verwendete Weizengrieß hat etwa die Größe von Hirsekörnern.

2 **Den Couscous vermischen.** Mit den Händen vorsichtig vermischen, bis alle Grießkörner befeuchtet sind. Dann 15 Minuten quellen lassen und anschließend noch einmal den Couscous mit den Händen lockern.

5 **Fleisch und Gemüse vorbereiten.** Eingeweichte Kichererbsen etwa 1 bis 1½ Stunden (S. 78) simmern lassen. In einem Sieb über einer Schüssel abtropfen lassen. Ein Lammschulterstück oder ein Hühnchen oder – wie in diesem Fall – beides in große Stücke zerteilen. Ein paar Möhren und weiße Rüben schälen und ebenfalls in große Stücke schneiden. Eine Zwiebel abziehen und feinhacken und ein Bund Koriander waschen.

3 **Die Klumpen auflösen.** Den Couscous locker zwischen den Händen rollen, bis alle Klumpen aufgelöst sind. Nach und nach mehr Wasser darüberträufeln und immer wieder zwischen den Händen rollen, bis die Grießkörner kein Wasser mehr aufnehmen und etwa auf die doppelte Größe gequollen sind.

4 **Den Couscous sieben.** Die gequollenen Couscouskörner in ein grobmaschiges Sieb geben und durchschütteln. Wenn immer noch einzelne Körner aneinanderkleben, noch etwas Wasser darüberträufeln, wieder zwischen den Händen rollen und abermals durch das Sieb geben.

6 **Die Zutaten in den Topf geben.** In den unteren Topf der *couscousière* Wasser gießen und dann das Fleisch, Gemüse und den Koriander hineingeben. Mit je einer Prise gemahlenem Safran und Zimt und 1 bis 2 TL *harissa* (Kasten übernächste Seite) würzen.

7 **Den oberen Topf aufsetzen.** Das Wasser zum Kochen bringen, den Schaum abschöpfen und Fleisch und Gemüse im offenen Topf etwa 30 Minuten simmern lassen. Dann den Couscous locker in den oberen Topf der *couscousière* füllen, auf den unteren Topf setzen und den Deckel auflegen.

8 **Den Topf mit einem Tuch abdichten.** Etwas Mehl mit wenig Wasser anrühren, ein Tuch darin wenden und ausdrücken. Das Tuch fes- um die Verbindung zwischen dem oberen und dem unteren Topf der *couscousière* wickeln. ▶

9 **Den Couscous garen.** Die Temperatur hochschalten, so daß genügend Dampf zum Garen des Couscous entsteht. Nach etwa 30 Minuten kleben die Körner wieder etwas aneinander, und es bilden sich Klumpen. Das Tuch und den oberen Topf abnehmen und den Couscous auf ein Tablett schütten.

10 **Die Couscouskörner lockern.** Den Couscous auf dem Tablett verteilen und mit den Händen lockern. Damit sich die aneinanderhaftenden Körner leichter lösen, etwas kaltes Wasser darüberträufeln. Den gelockerten Couscous auf dem Tablett stehenlassen, während man die übrigen Zutaten vorbereitet.

11 **Einen Kürbis schneiden.** Einen Kürbis in Viertel teilen und die Kerne mit einem Löffel herausschaben (oben). Die Kürbisviertel schälen und in große Stücke schneiden.

12 **Den Kürbis kochen.** Kürbis darf auf keinen Fall zu lange gegart werden, da er sonst zerfällt. Deshalb den Kürbis in einem kleinen Topf in etwas Brühe aus der *couscousière* etwa 20 Minuten bei ganz schwacher Hitze simmern lassen; darauf achten, daß er nicht zu weich wird.

13 **Die übrigen Gemüse vorbereiten.** Paprikaschoten ein paar Minuten grillen. Unter einem feuchten Tuch abkühlen lassen, die Haut abziehen und die Kerne und weißen Rippen entfernen. Tomaten kurz in kochendes Wasser tauchen, abziehen, halbieren und die Kerne entfernen. Zucchini in lange Stücke schneiden. Die Paprikaschoten, Tomaten und Zucchini in den unteren Topf der *couscousière* geben.

14 **Das Gericht fertigstellen.** Den Couscous wieder in den oberen Topf der *couscousière* geben. Aufsetzen und das Tuch fest darumwickeln. Weitere 15 Minuten garen, bis Paprikaschoten und Zucchini gar sind und der Couscous locker ist.

15 **Servieren.** Den Couscous auf eine Servierplatte häufen und etwas Brühe darübergeben. Ein Stück Butter hinzufügen und den Couscous mit zwei Gabeln lockern. Das Fleisch und die Gemüse darübergeben und die Kürbisstücke um den Rand legen. Getrennt dazu in einer Schüssel die Brühe und in einem Schälchen *harissa* reichen. Die *harissa*-Sauce kann man nach Belieben auch mit Brühe mischen und über den Couscous geben. □

Eine scharfe Sauce

Eine Harissa-Sauce zubereiten. Ein paar getrocknete Chilischoten etwa 1 Stunde in kaltem Wasser einweichen. Die Schoten der Länge nach aufschneiden, Stielansätze und Kerne entfernen. Die Chilis mit 2 oder 3 EL Kümmel, 1 Knoblauchzehe und etwas grobkörnigem Salz im Mörser zu einer Paste zerstoßen. Öl zugeben, bis man eine dickflüssige Sauce erhält. *Harissa*-Sauce hält sich im Kühlschrank bis zu drei Monaten.

Polenta: ein schmackhafter Maisbrei

Getreidebrei-Gerichte sind bei vielen Völkern hochgeschätzt. So schwören zum Beispiel die Schotten auf ihren Porridge, ihren Brei aus Hafergrütze, und die Italiener auf ihre Polenta (rechts). Polenta kann ganz einfach, ohne jede weitere Zutat serviert werden. Sie kann jedoch auch auf die verschiedensten Arten verfeinert werden.

Das Grundrezept für Polenta ist sehr einfach: Maisgrieß oder grobes Maismehl in die doppelte Menge kochendes Wasser einstreuen und während des Kochens ständig rühren, damit er nicht anbrennt. Quellen lassen, bis ein dicker Brei entsteht, und dann mit kochendem Wasser verdünnen.

Hier wird der Maisbrei nach dem Kochen auf einem Backblech verteilt, damit er abkühlt und fest wird. Anschließend werden Formen ausgestochen und diese Formen mit Tomatensauce überbacken. Polenta kann auch mit Stockfisch (Rezept S. 110) oder jeder beliebigen Nudelsauce serviert werden. Wird sie gebraten, so sollte man blanchiertes, feingehacktes Gemüse oder Fleisch untermischen, bevor man die Formen ausschneidet. Hier wird die Polenta mit Weißkohl vermischt und dann gebraten (Kasten gegenüberliegende Seite; Rezept S. 111).

1 **Maisgrieß in kochendes Wasser streuen.** In einem großen Topf Salzwasser erhitzen, bis es kocht. Maisgrieß nach und nach einstreuen, dabei sollte die Temperatur des Wassers nicht unter den Siedepunkt sinken, da sich sonst Klumpen bilden. Die Polenta unter ständigem Rühren mit einem langen Holzlöffel bei schwacher Hitze garen.

2 **Die Polenta verdünnen.** Jedesmal, wenn der Brei so dick wird, daß er sich nicht mehr ohne Mühe rühren läßt, einen Schöpflöffel kochendes Wasser dazugeben. Mindestens 30 Minuten garen, bis der Brei elastisch nachgibt und sich vom Topfrand löst. Läßt man ihn ungefähr 1 Stunde garen, wird er besonders fein.

3 **Die Polenta auf dem Backblech verteilen.** Die Polenta kann nun heiß mit einer Sauce oder als Beilage zu Fleisch oder Fisch serviert werden. Wenn sie noch gebacken oder gebraten werden soll, den Brei auf einer glatten Arbeitsfläche oder einem Backblech verteilen und die Oberfläche mit einem Löffel oder Spatel glattstreichen. 20 Minuten abkühlen und fest werden lassen.

4 **Formen ausschneiden.** Aus dem erkalteten Brei mit einem Messer oder Teigausstecher Formen ausschneiden. Hier werden mit dem Teigausstecher runde Formen ausgestochen. Den Rest zu einem Kloß verkneten, ausrollen und dann wieder Formen ausstechen.

5 **Anrichten.** Die Polentascheiben ringförmig in einer flachen, feuerfesten Form anrichten. Mit geriebenem Parmesankäse dick bestreuen und überbacken oder vorher mit einer Sauce überziehen (Arbeitsgang 6).

Gebratene Polenta mit Weißkohl

1 **Den Weißkohl untermischen.** Feingehackten Weißkohl 5 Minuten in kochendem Salzwasser blanchieren. Abtropfen lassen und anschließend bei schwacher Hitze 10 Minuten in etwas Olivenöl dünsten. Danach unter Rühren den Weißkohl und reichlich geriebenen Parmesankäse mit der heißen Polenta (Arbeitsgang 2, links) vermischen.

2 **Die Polenta abkühlen lassen.** Die Polenta auf ein Tablett oder ein Backblech geben. Mit einem in Olivenöl getauchten Spatel die Oberfläche glattstreichen. Mindestens 20 Minuten abkühlen und fest werden lassen. Anschließend in große Würfel schneiden.

3 **Die Polentawürfel braten.** Die Polentastücke vorsichtig in etwas Mehl wenden. In Olivenöl oder Schweineschmalz bei mittlerer Hitze in etwa 15 Minuten auf allen Seiten braun und knusprig braten. Dabei die Polentawürfel vorsichtig wenden, damit sie nicht zerfallen. Auf Küchenkrepp abtropfen lassen.

6 **Die Sauce dazugeben.** Eine Tomatensauce (S. 15) so dickflüssig zubereiten, daß man die Polenta damit überziehen kann. Mit einem Schöpflöffel über die Polenta geben. Geriebenen Parmesankäse darüberstreuen und im vorgeheizten Backofen bei 200° C (Gasherd Stufe 3 – 4) 20 Minuten überbacken, bis der Käse geschmolzen ist (rechts). □

2

Herstellen von Teigwaren

Eine lohnende Mühe

Zubereiten von Nudelteig
Handhabung der Nudelmaschine
Verschiedene Nudelformen
Nudeln in vielen Farben
Grundfüllung für Teigtaschen

Die Zubereitung von Nudelteig ist denkbar einfach: Man vermischt Mehl mit Ei und etwas Öl, knetet diese Mischung so lange, bis daraus ein glatter, geschmeidiger Teig entsteht, und rollt diesen dann aus. Im Grunde unterscheidet sich Nudelteig kaum von einem Pastetenteig (S. 72) – die Bestandteile sind jedenfalls dieselben, nur daß der eine gekocht und der andere gebacken wird. Der Nudelteig muß allerdings etwas dünner ausgerollt werden als der Pastetenteig; aber dazu bedarf es nicht so sehr besonderer Geschicklichkeit als ein wenig Geduld.

Sobald der Teig ausgerollt ist, kann daraus eine wahre Fülle von verschiedenen Teigwaren ausgeschnitten werden – etwa in Streifen-, Rechteck-, Acht- oder Schmetterlingsform. Die Belohnung für diese Mühen sind Teigwaren, die besonders lecker sind. Sie sind zart und elastisch und verfügen außerdem über ein köstliches frisches Aroma. Noch feiner werden sie, wenn man den Teig statt mit ganzen Eiern nur mit Eigelb knetet. Mit Kräutern und Gemüsen, wie Spinat, roten Rüben und Safran, kann man den Nudeln noch zusätzliches Aroma und eine interessante Farbe geben (S. 50).

Mit Hilfe einer Nudelmaschine (links und S. 46) wird die Herstellung von Teigwaren sogar noch einfacher. Die Maschine übernimmt das Kneten und das Ausrollen. Zum Kneten wird der Teig mehrmals zwischen zwei Walzen, die auf einen bestimmten Abstand eingestellt werden können, durchgedreht. Zum Ausrollen wird der Walzenabstand allmählich immer mehr verringert. Die Maschine ist außerdem mit Schnittwalzen ausgerüstet, mit denen man die dünnen Teigplatten in breitere oder schmalere Bandnudeln schneiden kann.

Nudelfeinschmecker behaupten, daß das Aroma der Eier besser zur Geltung komme, wenn der Teig vorsichtig mit den Händen geknetet wird, statt mit der Maschine. Wenn man jedoch das Kneten mit der Maschine nicht übertreibt, ist der Unterschied kaum erkennbar.

Das beste Argument jedoch, das dafür spricht, Teigwaren selbst herzustellen, ist die Möglichkeit, solche mit Füllungen, und zwar mit selbstgemachten Füllungen, herzustellen. Die Palette reicht von Quark mit Kräutern über pürierte, gewürzte Erbsen bis zu Fisch mit Spinat vermischt. Die beliebteste Füllung ist sicherlich gehacktes, geschmortes Fleisch (Rezepte S. 137–139).

Ein mit Mehl bestäubter Nudelteig, der mehrmals durch die Walzen der Nudelmaschine gedreht und so zu einer dünnen Teigplatte ausgerollt wurde, wird hier mit den Schnittwalzen zu schmalen Bandnudeln geschnitten. Die Nudelmaschine hat ein zweites Schnittwalzenpaar, mit denen der Teig in breitere Bandnudeln geschnitten werden kann.

Erste Schritte: Mischen, Kneten und Ausrollen

Nudeln selbst zu machen erfordert ein wenig Zeit und Mühe; man benötigt dazu jedoch keinerlei spezielle Geräte. Mehl wird mit etwas Flüssigkeit zu einem Teig vermengt und geknetet. Gewöhnlich wird der Teig dann ausgerollt (unten) und in Formen geschnitten (S. 48). Gelegentlich wird der Teig auch gerieben (rechts), etwa für Nudeln auf ungarische Art, die in Suppen ebenso wie für ein Soufflé (S. 74) verwendet werden.

Ein Nudelteig läßt sich grundsätzlich aus jeder Mehlsorte zubereiten. Soll er jedoch dünn ausgerollt werden, fest und gleichzeitig elastisch sein, so eignet sich dazu am besten eine Mehlsorte, die reich an Kleber ist. Kleber ist ein Eiweißgemenge, das unter Zusatz von Flüssigkeit gewissermaßen ein feines, elastisches Netzwerk im Teig bildet, durch das er seine Festigkeit erhält. Feiner Hartweizengrieß hat den höchsten Klebergehalt. Daraus werden die meisten im Handel erhältlichen Teigwaren hergestellt. Der damit zubereitete Teig ist jedoch sehr fest und muß ziemlich lange geknetet werden. Für hausgemachte Teigwaren nimmt man am besten Hartweizenmehl. Es enthält ebenfalls verhältnismäßig viel Kleber; der Teig daraus braucht jedoch nicht so lange geknetet und ausgerollt zu werden wie ein Teig aus Hartweizengrieß.

Man kann den Teig nur mit Wasser anrühren; die Nudeln schmecken aber besser, wenn man statt Wasser Eier für den Teig verwendet. Soll er ausgerollt werden, nimmt man meist ein Ei auf 100 Gramm Mehl. Natürlich hängen die genauen Mengenverhältnisse von der Größe der Eier und der verwendeten Mehlsorte ab. Gibt man etwas Öl oder zerlassene Butter dazu, so wird der Teig weicher und läßt sich leichter verarbeiten (Rezept S. 165).

Große Teigmengen knetet man am besten auf einer glatten Arbeitsfläche. Für kleine Mengen nimmt man eine Schüssel. Reichlich Mehl auf die Arbeitsfläche häufen, in die Mitte eine Mulde hineindrücken und die Flüssigkeit hineingeben. Nach und nach Mehl vom Rand her mit der Flüssigkeit vermengen. Kein Mehl mehr dazugeben, sobald der Teig einen Kloß bildet. In einer Schüssel läßt sich das Mehl nicht so gut nach und nach mit der Flüssigkeit verarbeiten. Man nimmt deshalb zunächst etwas weniger Mehl und gibt erst dann weiteres dazu, wenn sich zeigt, daß der Teig zu weich ist. Dagegen ist es recht schwierig, in einen zu fest geratenen Teig nachträglich noch Flüssigkeit hineinzuarbeiten.

Nachdem Mehl und Flüssigkeit vermischt sind, sollte der Teig ein paar Minuten geknetet werden. Dadurch entwickelt sich der Kleber. Nach dem Kneten jedoch sollte der Teig geschmeidig und glatt sein. Er ist unmittelbar nach dem Kneten so elastisch, daß man ihn kaum ausrollen kann. Läßt man ihn jedoch 1 Stunde ruhen, entspannt sich der Kleber, und der Teig kann dünn ausgerollt werden.

Soll der Teig gerieben werden (Rezept S. 165), so muß er sehr fest sein. Er wird mit viel Mehl verknetet und vor dem Reiben im Gefrierfach gut gekühlt.

Ein Grundteig für hausgemachte Nudeln

1 **Die Eier zum Mehl geben.** Das Mehl auf eine glatte Arbeitsfläche häufen. Eine Mulde hineindrücken und die Eier hineingeben oder die Eier vorher leicht schlagen und dann hineingeben (oben). Salz und nach Belieben etwas Olivenöl hinzufügen, damit der Teig weicher wird.

2 **Mehl und Eier vermengen.** Mit einer Hand nach und nach das Mehl vom Rand her zu den Eiern geben und mit den Händen vermengen. Mit der anderen Hand den Mehlrand stützen, um zu verhindern, daß die Eier herausfließen (oben). So viel Mehl verarbeiten, daß eine feste Teigmasse entsteht. Diese mit den Händen zu einem Kloß formen.

Ein fester Teig für geriebene Nudeln

1 **Die Eier mit dem Mehl vermengen.** Mehl auf eine glatte Arbeitsfläche häufen. Eine tiefe Mulde hineindrücken und die Eier hineingeben (oben). Salz darüberstreuen, die Eier nach und nach mit so viel Mehl vom Rand her vermengen, daß ein steifer Teig entsteht.

2 **Weiteres Mehl dazugeben.** Etwas Mehl auf die Arbeitsfläche streuen und mit dem Teig verkneten, dabei den Teig immer wieder flachdrücken und zusammenlegen. Während des Knetens ständig weiteres Mehl dazugeben. Der Teig sollte so fest wie möglich werden, ohne zu krümeln. So lange weiterkneten, bis der Teig glatt und fest ist.

3 **Den Teig reiben.** Den Teig in Alufolie einwickeln und für 30 Minuten ins Gefrierfach legen. Anschließend einen Bogen Pergamentpapier unter die Reibe legen und den Teig grobreiben. Die geriebenen Nudeln sofort verwenden oder, damit sie nicht zusammenkleben, mit Mehl bestäuben. □

3 **Den Teig kneten.** Den Teigkloß mit dem Handballen flachdrücken, zusammenlegen und wieder flachdrücken. Diesen Arbeitsgang 5 bis 10 Minuten wiederholen, bis der Teig glänzend und elastisch ist. Mit einem Tuch bedecken und 1 Stunde ruhenlassen.

4 **Den Teig ausrollen.** Den Teig in etwa faustgroße Stücke teilen. Die einzelnen Teigstücke auf einer bemehlten Arbeitsfläche mit einem Nudelholz dünn ausrollen. Das Nudelholz immer wieder anders ansetzen, so daß sich runde Teigplatten ergeben. Wenn der Teig so dünn ausgerollt ist, daß er fast durchsichtig ist, können die Nudeln in beliebiger Form daraus ausgeschnitten werden. □

Die Nudelmaschine – eine praktische Hilfe

Bei hausgemachten Nudeln kann der größte Teil der Arbeit – das Kneten und Ausrollen – mit einer einfachen, mit der Hand betriebenen Maschine ausgeführt werden. Man spart durch sie nicht nur Arbeit, sondern auch Zeit; denn während der Teig, der von Hand mit dem Nudelholz ausgerollt wird, einige Zeit vorher ruhen muß (S. 44), kann derjenige, der mit der Maschine ausgerollt wird, sofort verarbeitet werden. Die gesamte Nudelherstellung wird damit also nur noch zu einer Sache von Minuten.

Es gibt verschiedene Arten von Maschinen, die jedoch alle nach dem gleichen Prinzip arbeiten. Die gebräuchlichste Art (rechts) hat drei Walzenpaare in einem festen Rahmen. Ein Walzenpaar ist glatt, der Abstand kann mit Hilfe eines Verstellknopfs eingestellt werden. Mit diesen Walzen wird der Teig zuerst geknetet und dann ausgerollt. Die beiden anderen Walzenpaare sind Schnittwalzen. Mit ihnen werden die dünn ausgerollten Teigstreifen in die gewünschte Breite geschnitten (S. 48).

Die Zutaten für den Teig – Mehl, Eier, Salz und oft etwas Olivenöl – sind die gleichen wie bei handgeknetetem Nudelteig. Der Teig wird zunächst mit der Hand kurz geknetet, bis er nicht mehr klebt. Der größte Teil der Knetarbeit wird jedoch von der Maschine erledigt. Der Teig wird mit Mehl bestäubt, damit er nicht in den Walzen kleben bleibt, und mehrmals durch das glatte Walzenpaar gedreht. Damit der Teig so dick bleibt, daß er fest zwischen den Walzen hindurchgepreßt wird – also tatsächlich geknetet wird – und nicht einfach durch die Walzen hindurchgleitet, muß er nach dem Durchdrehen immer wieder zusammengelegt werden. Wenn man große Teigmengen zubereitet, wird der Teig zunächst in faustgroße Stücke zerteilt, damit die Teigplatten noch gut zu verarbeiten sind.

Der Teig wird so lange durch die Maschine gedreht, bis er glänzt und genau die Breite der Walzen hat. Danach wird er ausgerollt, wobei bei jedem Durchgang der Abstand zwischen den Walzen immer mehr verringert wird. Da man den Teig nicht mehr zusammenlegt, wird er immer länger und dünner. Die Teigplatte kann nun sehr leicht reißen und muß deshalb sehr vorsichtig behandelt werden. Wenn die Teigplatte die gewünschte Stärke erreicht hat, kann sie entweder mit den Schnittwalzen der Maschine in Bandnudeln oder von Hand mit einem Messer oder Teigrädchen in die gewünschte Nudelform geschnitten oder für gefüllte Nudeln ausgestochen werden (S. 53).

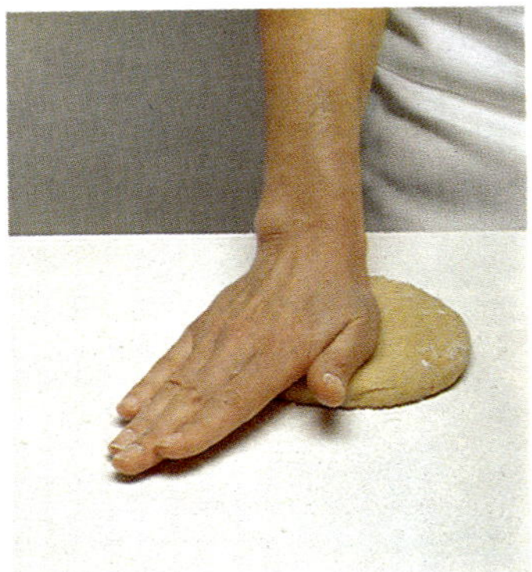

1 **Den Teig vorbereiten.** Einen Nudelteig mischen (S. 44), kurz kneten und in faustgroße Stücke teilen. Jedes Teigstück mit dem Handballen flachdrücken (kleines Photo oben links). Den größten Walzenabstand einstellen. Den Teig mit Mehl bestäuben und durch die Walzen drehen. Dabei den durchgedrehten Teig mit der Hand auffangen (oben).

4 **Den Teig ausrollen.** Den Abstand der Walzen mit dem Einstellknopf um zwei oder drei Stufen verringern (oben), den gekneteten Teig mit Mehl bestreuen und ohne ihn zusammenzulegen durch die glatten Walzen drehen. Anschließend wieder etwas Mehl daraufstreuen.

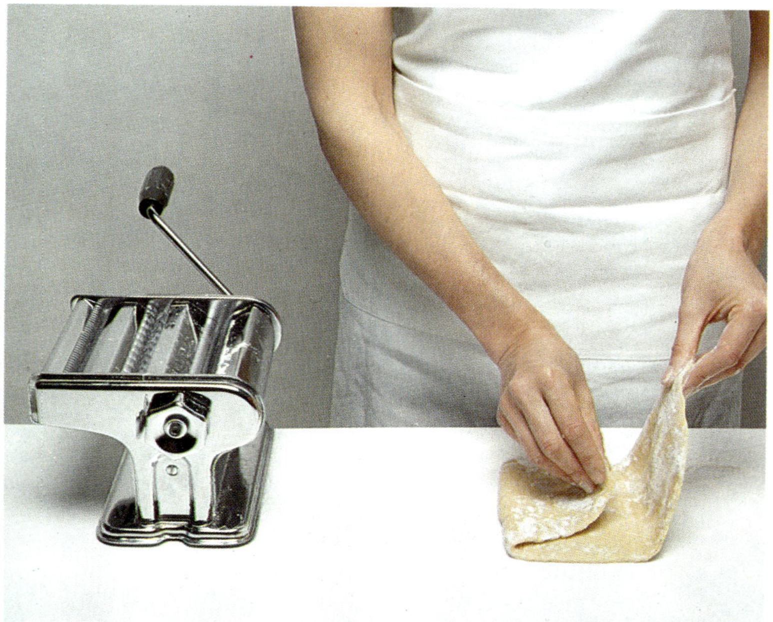

2 **Den durchgedrehten Teig zusammenlegen.** Eine glatte Arbeitsfläche mit etwas Mehl bestäuben. Den durchgedrehten Teig darauflegen. Ein Ende bis zur Mitte umschlagen, das andere darüberschlagen, so daß drei Teigschichten entstehen. Sie sollten zusammen etwa die gleiche Dicke wie vor dem Durchdrehen haben. Wieder etwas Mehl darüberstreuen.

3 **Den Teig mit der Maschine kneten.** Den Teig um 90 Grad drehen und wieder durch die glatten Walzen drehen. Mit Mehl bestäuben, zusammenlegen und unter gelegentlichen 90-Grad-Drehungen sieben- bis achtmal durchdrehen, bis der Teigstreifen glänzt und die Breite der Walzen hat.

5 **Den Teig dünn ausrollen.** Den Walzenabstand wieder um zwei oder drei Stufen verringern und den Teig durch die Maschine drehen. Da der Teigstreifen nun zunehmend länger wird, muß er mit einer Hand gehalten werden, während man ihn in die Maschine gibt (oben). Wenn er aus der Maschine herausgedreht wird, sollte man darauf achten, daß er in seiner ganzen Länge auf die Arbeitsplatte gleitet und sich nicht zusammenfaltet.

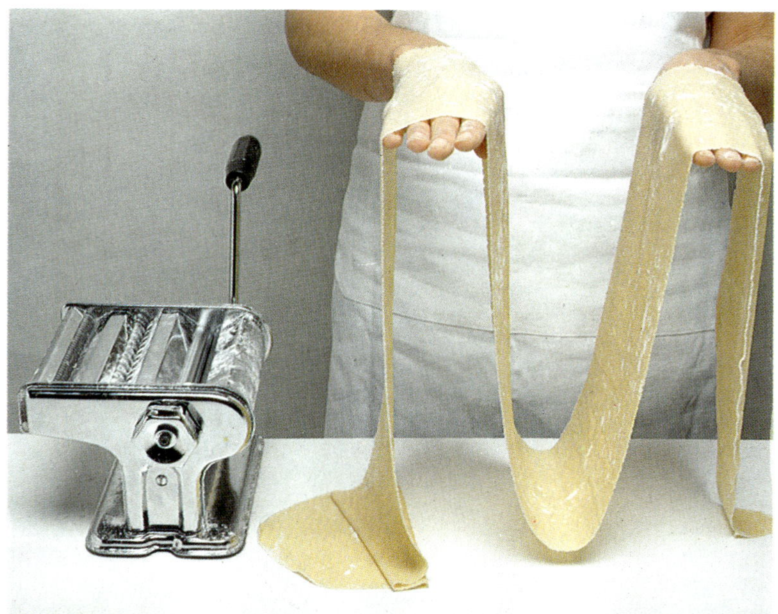

6 **Den ausgerollten Teig trocknen.** Den Teig immer wieder mit Mehl bestreuen, bevor man ihn in die Maschine gibt, und bis zur gewünschten Nudelstärke ausrollen. Falls der Teig nicht für gefüllte Nudeln gedacht ist, muß der Teigstreifen nun zum Trocknen aufgehängt werden. Am besten hängt man ihn über einen Besenstiel, der auf zwei Stühle aufgelegt wird. Wenn der Teig nicht mehr klebt, wird er zu Nudeln geformt. □

Verschiedene Methoden, Teig zu formen

Hausgemachter Nudelteig kann in die verschiedensten Formen geschnitten werden. Die Palette reicht von einfachen Bandnudeln bis hin zu komplizierten Phantasieformen. Einige Nudeln, die einfach und schnell zu formen sind, werden hier beschrieben.

Bandnudeln werden entweder mit der Nudelmaschine (rechts) oder einem Messer von Hand geschnitten (unten). Für kleine quadratische Teigwaren legt man am besten den Teig in mehreren Lagen übereinander und schneidet ihn dann (gegenüberliegende Seite unten rechts). Mit Hilfe eines Teigrädchens kann man den Teigwaren einen dekorativen gezackten Rand geben.

Der Nudelteig sollte beim Schneiden elastisch, aber auf keinen Fall klebrig sein. Damit er die richtige Festigkeit bekommt, muß man den ausgerollten Teig eventuell eine Zeitlang – je nach Temperatur und Luftfeuchtigkeit des Raumes ein paar Minuten bis zu 1 Stunde – trocknen lassen. Der Teig darf aber nicht zu lange stehen, da er sonst hart wird und beim Schneiden bricht. Nach dem Schneiden werden die Teigformen mit reichlich Grieß oder Mehl bestäubt, damit sie nicht aneinanderkleben.

Mit der Maschine schneiden

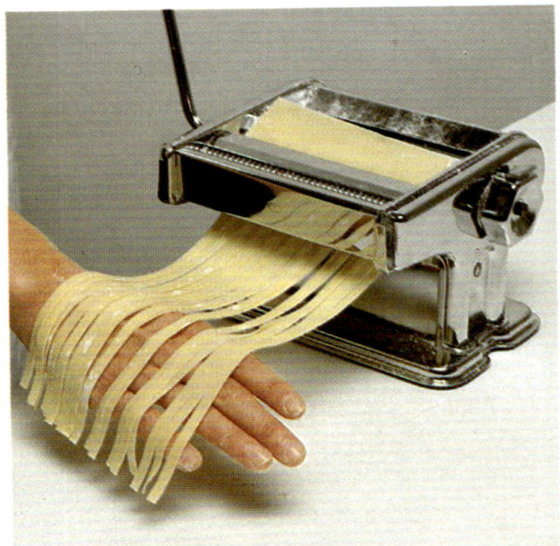

Bandnudeln schneiden. Neben den Walzen zum Kneten und Ausrollen des Teiges ist die Nudelmaschine noch mit zwei Schnittwalzen mit verschiedenen Schnittbreiten ausgerüstet. Für breite Bandnudeln steckt man die Kurbel in die Öffnung der Schnittwalze mit den breiten Rillen und dreht einen Teigstreifen hindurch. Die geschnittenen Nudeln werden mit der Hand aufgefangen (oben).

Schmale Bandnudeln schneiden. Für schmale Bandnudeln steckt man die Kurbel in die Öffnung der Schnittwalze mit den schmalen Rillen und dreht einen Teigstreifen hindurch. Sobald die Schnittwalzen den Teigstreifen erfaßt haben, braucht er oben nicht mehr gehalten zu werden. Mit der freien Hand kann man nur die geschnittenen Nudeln unten auffangen, damit sie sich nicht verwickeln (oben).

Von Hand schneiden

1 **Den Teig zusammenrollen.** Den Teig auf einem großen Brett zu einer dünnen runden Platte ausrollen. Mit Mehl bestreuen, damit er nicht klebt. Die Teigplatte von beiden Seiten locker zur Mitte hin zusammenfalten, so daß die beiden gefalteten Kanten in der Mitte zusammenstoßen. Den Teig nicht mehr drücken, da er sonst zusammenklebt.

2 **Die Bandnudeln schneiden.** Den Teig mit einem scharfen Messer in gleichmäßig breite Streifen schneiden (oben). Das Schneiden mit der Hand hat gegenüber dem Schneiden mit der Maschine den Vorteil, daß man die Nudelbreite selbst bestimmen kann.

3 **Die Teigstreifen auseinanderfalten.** Mit einem langen Messer an der Stelle, an der die beiden Faltkanten zusammenstoßen, unter den Teig fahren und die Klinge ganz darunterschieben; dann mit der stumpfen Seite der Klinge nach oben anheben. Dadurch wickeln sich die zusammengefalteten Nudeln wieder ab, so daß die langen Bandnudeln nun zu beiden Seiten der Klinge herabhängen.

Mit dem Rädchen schneiden

Kantenzacken formen. Einen rechteckigen, mit der Hand oder der Maschine ausgerollten Teigstreifen auf eine bemehlte Arbeitsfläche legen. Mit einem Teigrädchen an den Kanten des Teigstreifens entlangfahren, so daß ein gezackter Rand entsteht. Aus dem Teig mit dem Rädchen breite Bandnudeln (oben) oder – bis zu 12 cm breite – Lasagne schneiden.

Achten formen

Mit zwei Daumen drücken. Walnußgroße Teigstücke zu fingerdicken kurzen Rollen formen. Diese etwas flachdrücken und auf eine bemehlte Arbeitsfläche legen. Mit beiden Daumen gleichzeitig die Enden der Rolle eindrücken, so daß zwei Vertiefungen beiderseits einer kleinen Teigkuppe entstehen.

Pilzköpfe formen

In der flachen Hand pressen. Ein Stück Nudelteig auf einer bemehlten Arbeitsfläche zu einer etwa 2 cm dicken Wurst rollen. Diese in 3 mm dicke Scheiben schneiden. Die einzelnen Scheiben in die flache Hand legen, mit dem Daumen der anderen Hand eindrücken und dabei etwas drehen, so daß die Teigscheiben etwas größer und gleichzeitig in der Mitte dünner werden.

Schmetterlinge formen

Mit Daumen und Finger kniffen. Einen Teigstreifen auf eine Arbeitsfläche legen und mit einem Teigrädchen an den Kanten entlangfahren und dadurch verzieren. Anschließend mit dem Rädchen 2,5 mal 5 cm große Rechtecke ausschneiden. Die Rechtecke in der Mitte zusammendrücken und auf diese Weise kleine Schmetterlinge formen.

Mehrere Lagen gleichzeitig schneiden

Mehrere Teiglagen übereinanderschichten. Den Nudelteig zu dünnen Platten ausrollen und jeweils in lange, 5 cm breite Streifen schneiden, mit Mehl bestäuben und sauber übereinanderlegen. Den Stapel quer in kleine 2,5 cm breite Streifen schneiden. Diese schmalen, übereinanderliegenden Streifen noch einmal quer halbieren, so daß kleine Vierecke entstehen.

Aromatische Nudeln in natürlichen Farben

Die Herstellung von farbigen Nudeln erfordert etwas mehr Zeit und Mühe als die von einfachen Nudeln. Das Ergebnis, insbesondere wenn man verschiedenfarbige Nudeln in einem Gericht kombiniert (S. 56), lohnt jedoch in jedem Falle den Aufwand. Die Farbzutaten – beispielsweise Kräuter für grüngesprenkelte Nudeln, rote Rüben für rote Nudeln, Tomaten für orangefarbene, Spinat oder Mangold für grüne und Safran für gelbe Nudeln – geben den Nudeln außerdem noch ein feines Aroma.

Alle Farbzutaten, außer dem Safran, müssen vorbereitet werden, bevor sie mit den übrigen Teigzutaten – Mehl, Eier, Salz und Olivenöl – vermengt werden. Die Kräuter werden gehackt, die Gemüse gekocht und dann gehackt oder püriert, damit sie sich gleichmäßig im Teig verteilen. Wenn der Teig von Hand ausgerollt wird, muß der Spinat blanchiert und püriert werden. Verwendet man jedoch zum Ausrollen eine Nudelmaschine, braucht der blanchierte Spinat nur feingehackt zu werden. Der Spinat wird von den Walzen der Nudelmaschine gleichmäßig im Teig verteilt. Orangefarbener Teig wird einfach mit stark eingekochter Tomatensauce zubereitet (S. 15). Die rote Rübe muß in jedem Falle gekocht und püriert werden. Man kann sie im Mörser zerstoßen, am besten wird das Rübenfleisch aber in der Küchenmaschine püriert.

Damit sich das Safranpulver gleichmäßig im Teig verteilt, wird es zunächst mit dem Mehl verrührt, ehe die flüssigen Zutaten dazugegeben werden. Die pürierten Gemüse und Kräuter können dagegen gleichzeitig mit den anderen Zutaten hinzugefügt werden. Danach wird der Teig geknetet und ausgerollt. Da die meisten Farbzutaten Saft enthalten, muß während des Knetens wiederholt Mehl hinzugefügt werden. Einige Farbzutaten, wie Spinat und Kräuter, geben erst nach und nach ihren Saft ab, so daß der Teig beim Ausrollen mit mehr Mehl als gewöhnlich bestreut werden muß.

Breite Bandnudeln, die mit Kräutern, roten Rüben, Tomaten, Spinat und Safran gefärbt wurden (von links nach rechts), hängen zum Trocknen über einem Besenstiel.

Gedämpftes Grün durch Spinat

1 **Den Spinat vorbereiten.** Spinat 5 Minuten in gesalzenem Wasser kochen, in einem Sieb abtropfen lassen und mit kaltem Wasser abschrecken. Ausdrücken und feinhacken. Dann mit Mehl, Eiern, Salz und Öl vermengen.

2 **Den Teig kneten.** Alle Zutaten für den grünen Nudelteig gründlich mit einer Gabel vermengen. Den Teig zuerst kurz mit der Hand kneten (oben), dann mit der Nudelmaschine kneten und ausrollen.

Orangerot durch Tomaten

Das Tomatenpüree unterrühren. Für orangefarbene Nudeln eine dickflüssige Tomatensauce (S. 15) zubereiten und mit den übrigen Zutaten vermengen. Kneten und ausrollen.

Sprenkel durch frische Kräuter

1 **Die Kräuter hacken.** Eine Auswahl frischer Kräuter – hier sind es Petersilie, Sauerampfer, Thymian, Salbei, Estragon und Liebstöckel – feinhacken. Basilikum, Majoran, Ysop und Fenchel eignen sich ebenfalls.

2 **Die Kräuter unterrühren.** Mit einer Gabel die Kräuter mit den anderen Teigzutaten – Mehl, Olivenöl, Salz und Eiern – verrühren. Dann den Nudelteig kneten und ausrollen.

Goldgelb durch Safran

1 **Den Safran dazugeben.** Eine Messerspitze Safranpulver mit den trockenen Zutaten – Mehl und Salz – mit einer Gabel sorgfältig verrühren, damit sich die Farbzutat gleichmäßig verteilt.

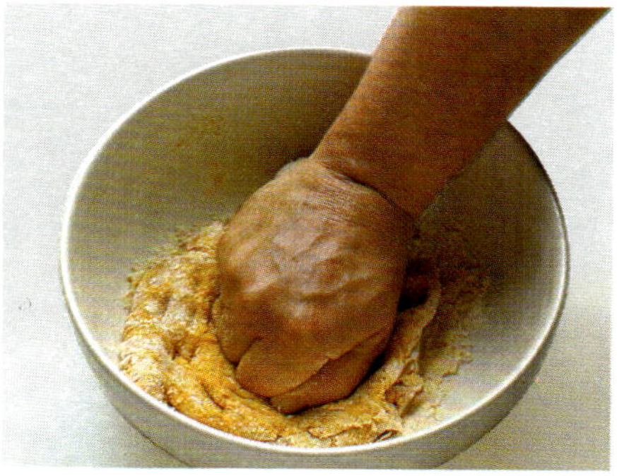

2 **Den gefärbten Teig kneten.** Nachdem das Safranpulver gründlich mit dem Mehl vermischt wurde, die flüssigen Zutaten – Eier und Öl – dazugeben. Den Teig kneten und ausrollen.

Kräftiges Rosa durch rote Rüben

1 **Die roten Rüben pürieren.** Ungeschälte rote Rüben in gesalzenem Wasser je nach Größe in 40 Minuten bis 2 Stunden garkochen. Anschließend die Haut entfernen, hacken und in der Küchenmaschine pürieren (oben).

2 **Die roten Rüben unterrühren.** Die pürierten Rüben mit den übrigen Zutaten in einer Schüssel oder auf einer Arbeitsplatte vermischen. Den Nudelteig kneten und ausrollen.

Delikate Füllungen für vielerlei Formen

Pürierte oder feingehackte Mischungen aus Fleisch, Fisch, Gemüsen oder Käse eignen sich ausgezeichnet zum Füllen von Teigwaren. Zwei ganz verschiedene Füllungen werden hier beschrieben, mit der Teigtaschen beliebiger Form gefüllt werden können (gegenüberliegende Seite und umseitig). Eine mild gewürzte Quark-Spinat-Füllung wird rechts und eine kräftigere Mischung aus geschmortem Fleisch und Spinat wird unten vorgestellt (Rezepte S. 136 und 139).

Beide Füllungen können sehr leicht abgewandelt werden. Man kann das Verhältnis der Zutaten nach Belieben variieren, den Spinat ganz weglassen oder durch andere grüne Gemüse, wie Kopfsalat oder Mangold, ersetzen und jedes beliebige Fleisch – auch Fleischreste – dazu verwenden. Mit Ei können die Zutaten etwas gebunden werden. Dies ist jedoch nicht unbedingt erforderlich, da die Füllung vom Nudelteig fest umschlossen ist. Da hausgemachte frische Teigwaren eine sehr kurze Garzeit haben, muß jede Zutat, die nicht auch roh gegessen werden kann, vorgegart werden. Die Spinatblätter müssen nach dem Blanchieren gut ausgedrückt werden, da die gefüllten Nudeln durch zuviel Flüssigkeit aufreißen würden.

Eine frische Quarkfüllung

1 **Käse und Ei vermischen.** Von den Spinatblättern die Stiele entfernen und 2 bis 3 Minuten blanchieren. Abgießen, unter kaltem Wasser abschrecken, ausdrücken und feinhacken. Magerquark mit Eiern und etwas geriebenem Parmesan vermischen (oben).

2 **Den Spinat unterrühren.** Den gehackten Spinat zu der Quarkmischung geben und gut verrühren (oben). Mit Salz, frisch gemahlenem Pfeffer und Piment würzen.

Eine würzige Fleischfüllung

1 **Das Fleisch braten.** Zwiebeln und Fleisch – hier ist es Kalbfleisch, Rindfleisch und gekochter Schinken – feinhacken. Zwiebeln in Öl glasig braten. Das Fleisch dazugeben und unter Rühren braun braten. Einen Stengel Thymian, ein Lorbeerblatt und je ein Glas Wein und Brühe dazugeben. Den Deckel halb auflegen und 1 bis $1\frac{1}{2}$ Stunden simmern lassen.

2 **Das Fleisch pürieren.** Geputzten Spinat 2 bis 3 Minuten in reichlich Wasser blanchieren. Abtropfen lassen, gut ausdrücken und feinhacken. Den Thymian und das Lorbeerblatt aus der Fleischmischung nehmen, die Mischung in eine große Schüssel geben und mit einer Gabel sorgfältig zerdrücken.

3 **Den Spinat unterrühren.** Eigelb und den gehackten Spinat zu der Fleischmischung geben und mit einer Gabel gut vermischen. Mit Salz und Pfeffer abschmecken.

Praktische Wege, Teig zu füllen

Es gibt zwei Methoden, um kleine Teigtaschen zu füllen: Man gibt entweder die Füllung zwischen zwei Teigstreifen und schneidet dann kleine Quadrate aus (unten), oder man häuft die Füllung auf kleine zugeschnittene Teigquadrate oder kleine runde Teigscheiben, deren Ränder dann eingeschlagen werden (umseitig).

Die Ravioli in dem Beispiel unten werden nach der ersten Methode gefüllt. Sie können schnell in großen Mengen hergestellt werden. Eine mit der Maschine oder mit der Hand ausgerollte Teigplatte wird zu einem großen Rechteck geschnitten. Darauf setzt man in regelmäßigen Abständen kleine Häufchen von der Füllmasse. Der Teig wird zwischen den Häufchen angefeuchtet, damit er besser klebt, dann wird ein zweiter Teigstreifen darübergelegt und zwischen den Häufchen angedrückt. Mit einem Messer oder Teigrädchen werden anschließend die Ravioli ausgeschnitten.

Für die umseitig beschriebenen komplizierteren Formen wird der Nudelteig zunächst in flache, runde Scheiben oder in Vierecke geschnitten. Darauf wird die Füllung und der Teig auf verschiedene Weise zusammengefaltet. Um einen Sichelmond zu formen, feuchtet man einfach eine runde Teigscheibe an den Rändern an, legt sie zu einem Halbkreis zusammen und drückt die gerade Kante ein wenig ein. Die Sichelmonde kann man anschließend noch zu *tortellini*, kompakteren Teigtaschen, formen (folgende Seiten oben). Eine runde Teigscheibe zu einem kleinen, rechteckigen Paket zu verwandeln ist eine weitere Möglichkeit. Der Teig wird dazu wie ein Umschlag gefaltet und zusammengedrückt. Wenn man bei einem Quadrat die gegenüberliegenden Ecken und die Kanten zusammendrückt, entsteht daraus eine dekorative Sternform (Kasten folgende Seite).

Aus kleinen Quadraten kann man aber auch Teigsterne formen, indem man einfach nur alle Ecken leicht zusammendrückt (übernächste Seite unten). Die meisten Füllungen würden allerdings aus solch einer offenen Teighülle herausfallen. Nimmt man jedoch eine feste Füllmasse, beispielsweise rohes Hackfleisch – wie hier – oder eine Mischung aus Quark und geriebenem Parmesankäse, und gibt nur ganz wenig davon auf den Teig, so wird die Teighülle beim Garen durch die Füllung zusammengehalten.

Der Teig für gefüllte Nudeln sollte etwa 3 mm dick ausgerollt werden. Er ist also etwas dicker als der Teig für ungefüllte Nudeln. Die Teighülle muß so stabil sein, daß sie den Inhalt zu halten vermag. Damit der Teig leicht um die Füllung gefaltet werden kann, sollte er so feucht und elastisch wie möglich sein. Der Teig sollte daher unmittelbar nach dem Ausrollen gefüllt werden. Für Ravioli rollt man am besten jeweils nur zwei Teigstreifen aus. Für die übrigen Formen kann man so viel Teig ausrollen und in runde Scheiben oder Quadrate schneiden, wie man verbrauchen will; sie werden dann mit reichlich Mehl bestäubt und übereinandergestapelt, damit sie nicht austrocknen, während man die Füllungen zubereitet.

Beim Belegen des Nudelteiges mit Füllmasse sollte man einen 5 mm breiten Rand freilassen, der dann rund um die Füllung zusammengedrückt wird, damit der Teig die Füllung fest umschließt.

Eine schnelle Methode, Ravioli zu formen

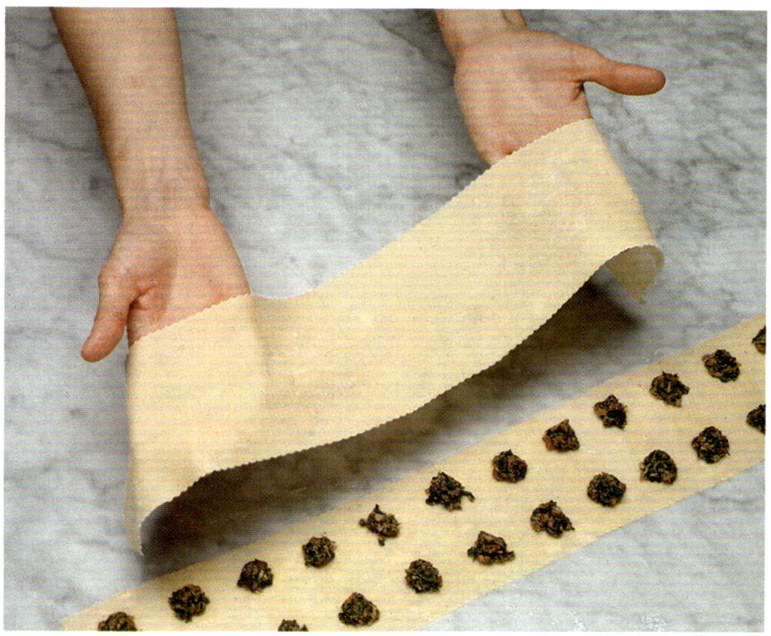

1 **Die Füllung mit Teig umschließen.** Zwei gleich große Teigstreifen ausrollen und die Ränder mit einem Teigrädchen verzieren. Auf den einen Teigstreifen im Abstand von etwa 5 cm jeweils etwa ½ TL Füllung (gegenüberliegende Seite) häufen. Dabei zur Kante des Teigstreifens einen 2,5 cm breiten Rand frei lassen. Den Teig zwischen den Häufchen mit Wasser bestreichen und den zweiten Teigstreifen darüberlegen (oben).

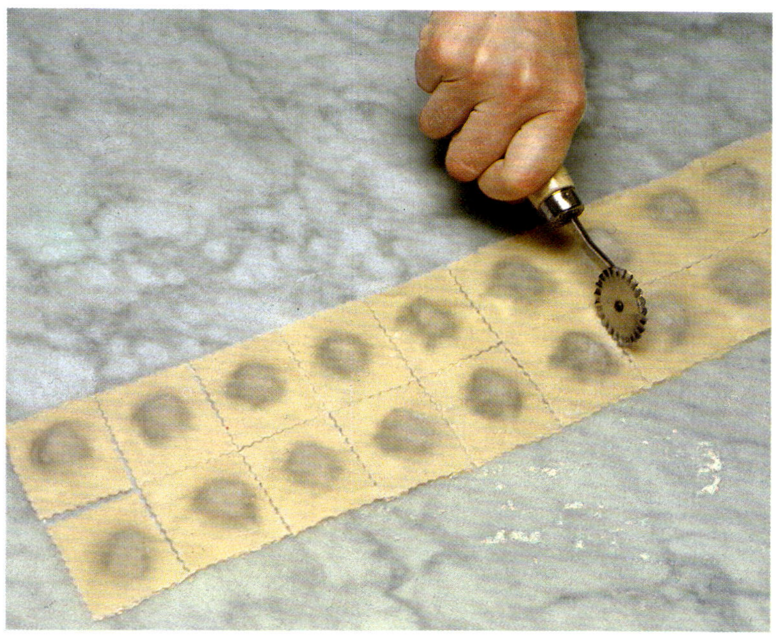

2 **Die Ravioli ausschneiden.** Mit der Handkante den Teig zwischen den Häufchen andrücken, so daß die angefeuchteten Teigschichten fest zusammenkleben. Mit einem Teigrädchen die einzelnen Ravioli jeweils zwischen den Häufchen ausschneiden (oben). □

Runde Teigscheiben zu Tortellini formen

1 **Die Füllung auf den Teig geben.** Mit einem Backförmchen aus einer Teigplatte runde Scheiben von etwa 3 cm Durchmesser ausstechen. In die Mitte der Scheiben jeweils 1 TL Füllmasse geben – hier ist es eine Mischung aus Spinat und Quark (S. 52). Mit einem Backpinsel oder dem Finger die Ränder der Teigscheiben mit Wasser befeuchten (oben).

2 **Einen Halbmond formen.** Die Teigscheibe zu einem Halbmond zusammenklappen. Den angefeuchteten Rand um die Füllung mit Daumen und Zeigefinger zusammendrücken. Man kann diese Halbmonde nach Belieben so kochen oder sie zu *tortellini* formen (Arbeitsgänge 3 und 4).

Zwei einfache Arten, Teigtaschen zu formen

Runde Scheiben zu Päckchen formen. Mit einem Backförmchen aus einer Teigplatte runde Teigscheiben von 8 cm Durchmesser ausstechen. 1 TL Füllung in die Mitte der Scheiben geben, den Rand mit etwas Wasser befeuchten, zwei gegenüberliegende Kanten locker über der Füllung zusammenlegen, darüber die anderen beiden Kanten schlagen und in der Mitte die überlappenden Kanten vorsichtig aneinanderdrücken.

Teigquadrate zu Sternen formen. Mit einem Teigrädchen aus einer Teigplatte etwa 8 cm große Quadrate schneiden. Jeweils in die Mitte 1 TL Füllung geben und die Ränder mit etwas Wasser befeuchten. Zwei gegenüberliegende Ecken der Quadrate über der Füllung zusammendrücken, dann die beiden anderen Ecken und schließlich die Ränder zusammendrücken, so daß die Füllung fest vom Teig umschlossen ist.

3 **Die Halbmonde ringförmig zusammenlegen.** Die Halbmonde mit beiden Händen greifen und vorsichtig um einen Finger zu einem Ring biegen, bis sich die beiden Enden fast berühren. Gleichzeitig den zusammengedrückten Teigrand nach oben biegen, so daß sich eine grabenähnliche Vertiefung um die Füllung herum bildet (oben).

4 **Die Enden zusammendrücken.** Die Enden der gebogenen Halbmonde fest zusammendrücken, so daß sich ein geschlossener Ring bildet. Die fertigen *tortellini* auf ein bemehltes Tuch legen; dabei darauf achten, daß sie sich nicht berühren, da sie sonst zusammenkleben würden. Die *tortellini* einige Minuten auf dem Tuch trocknen lassen. □

Eine kompakte Füllung in lockerer Teighülle

1 **Die Füllung vorbereiten.** Von einem Stück Lammschulter das Fett und die Sehnen abschneiden. Das Fleisch hacken und anschließend im Mörser zusammen mit Knoblauch, Salz, Pfeffer und Kräutern – hier sind es Pfefferminze, Oregano und Petersilie – zu einer glatten Paste zerstoßen.

2 **Die Ecken einschlagen.** Einen Teigstreifen in 3 cm große Quadrate schneiden. Auf jedes Teigquadrat etwas Füllung häufen. Die jeweils gegenüberliegenden Ecken über der Füllung zusammenschlagen (oben) und dann fest zusammendrücken (rechts). Die Ränder brauchen nicht verbunden zu werden, da die Füllung die Teighülle zusammenhält. □

3
Zubereiten von Teigwaren
Vom Einfachen zum Extravaganten

Nudeln richtig kochen
Geschichtete Nudeln überbacken
Knusprig gebratene Eiernudeln
Ein gestürzter Makkaroni-Auflauf
Nudeln in einer Teighülle
Zwei pikante Soufflés

Von allen Getreideprodukten sind Teigwaren wohl die interessantesten und vielseitigsten. Ihre feste und doch geschmeidige Beschaffenheit machen sie zu einer Gaumenfreude – wie einfach sie auch zubereitet sein mögen. Bißfest gekocht, nur in Butter, Sahne oder Olivenöl geschwenkt und mit frisch geriebenem Käse oder mit Kräutern bestreut, werden Teigwaren zu einer Delikatesse. Eine solche schlichte Zubereitung paßt besonders gut zu gefüllten Teigtaschen, deren pikante Füllungen jede weitere aromatische Zutat überflüssig machen. Wenn die Teigwaren jedoch nicht gar so im Mittelpunkt eines Gerichts stehen sollen, kann man sie mit einer Vielzahl von Beilagen und Saucen servieren.

Viele Saucen für Teigwaren und für Klöße – den nahen Verwandten der Teigwaren (S. 60) – sind oft nur Varianten der klassischen weißen Sauce und der Tomatensauce. Die Tomatensauce kann zu einer Fleischsauce abgewandelt werden: Man läßt feingehacktes Rindfleisch oder anderes Fleisch zusammen mit Tomaten und anderen aromatischen Gemüsen simmern. Die Fleischsauce kann mit Sahne verfeinert und durch die Zugabe von gebratener Hühnerleber und Gemüsen, wie Erbsen oder Champignons, geschmacklich abgewandelt werden. Auch in Saucen aus Meeresfrüchten findet man häufig Tomaten. Sie werden beispielsweise mit Miesmuscheln oder Klaffmuscheln oder zusammen mit einem aromatischen Fisch, etwa Thunfisch oder Sardellen, gegart.

Teigwaren kann man aber auch mit anderen Zutaten kombiniert zu einem anspruchsvollen, großen Gericht verarbeiten. Man kann mit ihnen eine Pastete füllen (links und S. 72) oder einen Auflauf zubereiten, bei dem die Auflaufform mit gebratenen Auberginen- oder Zucchinischeiben (S. 71) ausgelegt wird. Die Auflaufform kann sogar mit Nudeln ausgelegt werden. Allerdings geben bei einer flüssigen Füllung die Nudeln allein dem Auflauf nicht genügend Festigkeit. Wird er jedoch mit einer Füllung zubereitet, die beim Backen fest wird, so erhält er etwa durch aufgerollte Makkaroni am Boden der Auflaufform nach dem Stürzen eine interessante Oberflächenstruktur (S. 68).

Nicht ganz so aufwendig sind Gerichte, bei denen große, flache Teigwaren mit Sauce und Käse in eine Form geschichtet und überbakken werden (S. 62). Der Reiz dieser Gerichte liegt darin, daß die Füllung weich und die Nudeln bißfest sind.

Diese saftige Füllung – Nudeln in verschiedener Färbung, mit Käse und Spinat gefüllte Teigtaschen, gehackter Schinken, Käse und Sahne – bildet einen reizvollen Gegensatz zu dem goldbraunen, knusprigen Pastetenteig, der mit Olivenöl zubereitet wurde.

Die Kunst, Nudeln zu kochen und zu servieren

Teigwaren lassen sich sehr schnell und einfach zubereiten: Man kocht sie in gesalzenem Wasser und vermischt sie anschließend in einer vorgewärmten Servierschüssel mit Sauce. Man kann die Teigwaren aber auch nur in etwas Butter oder Olivenöl schwenken oder sie mit einer kräftigen, pikanten Fleischsauce servieren (S. 14).

Frische selbst hergestellte Teigwaren schmecken am besten, wenn man sie mit einer ganz einfachen Sauce reicht. Ihr feines Aroma würde von einer Sauce mit ausgeprägtem Geschmack zu sehr überdeckt. Im nebenstehenden Beispiel werden frische Teigwaren in gesalzenem Wasser gekocht und anschließend in Butter und geriebenem Parmesankäse geschwenkt (rechts oben). Darunter wird gezeigt, wie getrocknete *trenette* (gewellte Nudeln) zusammen mit Kartoffeln und Bohnen gekocht werden. Die Nudeln und die Gemüse werden mit *pesto,* einer würzigen Basilikum- Knoblauchsauce, serviert (Kasten gegenüberliegende Seite: Rezept S. 122).

Damit die Teigwaren beim Kochen nicht zusammenkleben, werden sie in reichlich Salzwasser – mindestens 4 Liter auf 500 Gramm Teigwaren – gekocht und nach dem Einlegen in den Topf noch einmal vorsichtig umgerührt. Dem Wasser fügt man einen Löffel Öl zu. Das Wasser sollte sprudelnd kochen, wenn die Nudeln in den Topf gegeben werden: Die Bewegung des sprudelnden Wassers verhindert ebenfalls, daß die Teigwaren aneinanderkleben.

Die Nudeln sollen nach dem Kochen bißfest – oder, wie die Italiener sagen, *al dente* – sein. Das bedeutet, daß sie innen noch fest und etwas elastisch sein sollen. Frische gefüllte (S. 52) wie ungefüllte (S. 48) Teigwaren werden in 2 bis 5 Minuten bißfest gekocht. Getrocknete Nudeln brauchen mindestens doppelt so lange. Die genaue Garzeit hängt von der Dicke und dem Grundbestandteil der Teigwaren ab: Teigwaren aus Grieß zum Beispiel haben eine längere Garzeit als Teigwaren aus Mehl. Am sichersten geht man, wenn man in regelmäßigen Abständen ein paar Nudeln aus dem Topf nimmt und probiert, ob sie bißfest sind.

Sobald sie gar sind, werden die Teigwaren aus dem Wasser genommen. Bei langen Nudeln kann man dazu eine hölzerne Nudelgabel (Arbeitsgang 2 oben) nehmen. Man kann sie aber auch in ein Sieb geben und abtropfen lassen. Kleine Nudeln gießt man dagegen immer in ein Sieb ab.

Frische Eiernudeln mit Butter und Käse

1 **Die Nudeln ins Wasser geben.** In einem großen Topf reichlich Wasser zum Kochen bringen. Salz und 1 EL Öl hinzufügen. Wenn das Wasser sprudelnd kocht, die Nudeln hineingeben. Einmal umrühren, um sicherzugehen, daß sie nicht aneinanderkleben. Das Wasser weiterhin sprudeln lassen.

2 **Die Nudeln abtropfen lassen.** In Abständen von etwc einer 1/2 Minute mit einer Nudelgabel ein paar Nudeln aus dem Topf nehmen und die Festigkeit prüfen. Wenn die Nudeln bißfest gekocht sind, werden sie mit der Nudelgabel aus dem Topf genommen. Dabei hält man die Gabel immer ein paar Sekunden über den Topf, damit sie abtropfen können.

Getrocknete Teigwaren mit Gemüse

1 **Trenette kochen.** Kartoffeln schälen und in Scheiben schneiden und grüne Bohnen putzen. In einem großen Topf reichlich Salzwasser zum Kochen bringen und 1 EL Öl hinzufügen. Die Kartoffeln in das Wasser geben und 5 Minuten später die Bohnen. Sobald das Wasser wieder sprudelnd kocht, die *trenette* in den Topf geben und leicht gegen den Topfboden drücken, bis sie sich biegen.

2 **Die Bißfestigkeit prüfen.** Etwa 7 Minuten nachdem man die Nudeln in den Topf gegeben hat, prüfen, ob sie gar sind. Sollte das nicht der Fall sein, in Abständen von etwa 30 Sekunden erneut prüfen. Sobald die Nudeln bißfest sind, gibt man ein paar Löffel von der Kochflüssigkeit in die *pesto*-Sauce (Kasten rechts). Die *trenette* und die Gemüse anschließend in ein Sieb geben.

3 **Die Nudeln in Butter und Käse schwenken.** Etwas Parmesankäse reiben (kleines Photo). Käse und etwas Butter zu den Nudeln geben. Mit Löffel und Gabel die Nudeln wenden. Sofort servieren. □

3 **Die Sauce unterheben.** Die Nudeln und die Gemüse in eine vorgewärmte Schüssel geben oder auf Teller verteilen. Die *pesto*-Sauce dazugeben (kleines Photo) und mit den Nudeln und dem Gemüse gut vermischen. □

Eine Kräutersauce

Pesto ist eine Sauce, die nicht gekocht wird. Basilikum, Knoblauch und Pinienkerne werden mit Olivenöl zu einer glatten Paste verarbeitet. Geriebener Parmesankäse macht die Sauce sämig und verleiht ihr noch mehr Aroma. Sie wird mit etwas Garflüssigkeit verdünnt, damit sie sich leichter mit den Nudeln vermischen läßt.

1 **Die Zutaten zerstoßen.** Knoblauchzehen, Pinienkerne und grobkörniges Salz zu einer glatten Paste zerstoßen. Dann Basilikumblätter hinzufügen und zerreiben. Geriebenen Parmesankäse und einige Tropfen Öl dazugeben.

2 **Die Sauce fertigstellen.** Weitere Tropfen Olivenöl dazugeben und die Sauce im Mörser mit einem Stößel glatt und sämig rühren (oben). Bevor man die Sauce zu den Nudeln gibt, wird sie mit etwas Garflüssigkeit verdünnt.

Zwei ausgefallene Nudelvarianten

Kleine Klößchen (rechts unten) und Spätzle (rechts) werden ähnlich zubereitet wie Nudeln und fast genauso gekocht. Oft werden dazu auch die gleichen Saucen gereicht.

Spätzle macht man aus den gleichen Zutaten wie andere Teigwaren – Mehl, Eiern und manchmal etwas Öl. Durch den größeren Anteil an Eiern (Rezept S. 118) wird der Teig jedoch so flüssig, daß man ihn nicht mehr kneten und ausrollen kann. Man drückt ihn vielmehr durch einen Spritzbeutel oder durch ein Sieb direkt in simmerndes Wasser und erhält so Eierteigwaren in der typischen Spätzleform. Echte schwäbische Spätzle werden allerdings noch ein wenig anders hergestellt. Man rührt mit etwas mehr Mehl einen festeren Eierteig an und streicht diesen auf ein befeuchtetes Brett. Mit einem Spätzleschaber oder einem Messer wird der Teig dann in schwach kochendes Wasser geschabt (Rezept S. 121). In sprudelnd kochendem Wasser würden die Spätzle auseinanderfallen; deshalb läßt man es nur schwach simmern. Spätzle brauchen nur so lange zu garen, bis sie fest sind – eine Minute oder weniger. Hier werden sie mit einer Sauce aus Butter und Semmelbröseln serviert (Arbeitsgang 4). Dabei bilden die knusprigen Semmelbrösel einen reizvollen Gegensatz zu den weichen, elastischen Nudeln.

Klöße können aus den gleichen Zutaten hergestellt werden wie Nudeln; man kann das Mehl auch ganz oder teilweise durch Hartweizengrieß, Maisgrieß, gekochte Kartoffeln oder geriebene rohe Kartoffeln ersetzen und sie mit etwas Käse oder gehacktem, gekochtem Spinat würzen (Rezepte S. 142–145). Die Klößchen hier werden aus Kartoffelpüree, Eiern, etwas Mehl und Butter zubereitet (rechts unten). Die Masse wird kurz geknetet, zu langen Würsten gerollt und dann in kleine Stücke geschnitten. Jedes Teigstück wird mit den Zinken einer Gabel verziert (Arbeitsgang 3 rechts unten).

Damit die Klößchen beim Kochen nicht zusammenkleben, sollten sie in einem möglichst großen Topf in reichlich Wasser simmern. Wenn der Topf nicht mindestens $3\frac{1}{2}$ l faßt, sollte man jeweils nur 20 bis 30 Klöße auf einmal garen. Bei großen Klößen nimmt man entsprechend weniger. Die Klößchen sinken zunächst auf den Boden und steigen an die Oberfläche, wenn sie gar sind.

Mit dem Spritzbeutel Spätzle formen

1 **Eierteig anrühren.** Mehl in ein große Schüssel geben. In einer zweiten Schüssel Eier und Olivenöl verrühren. Mit einem Schneebesen die Ei-Öl-Mischung unter das Mehl schlagen (oben links). Weiter schlagen, bis sich Blasen bilden und der Teig glatt ist. Nach und nach mehr Mehl dazugeben, bis die Masse dick und cremig ist (oben rechts).

Kartoffelklößchen formen

1 **Kartoffeln pürieren.** Kartoffeln in gesalzenem Wasser kochen, abgießen und abziehen. Die Kartoffeln über einer großen Schüssel mit einem Stößel durch ein Sieb drücken (oben). Butter – wie hier – oder Schweineschmalz zu den heißen Kartoffeln geben, Mehl, geschlagene Eier, Salz und Pfeffer einrühren. Falls notwendig, mehr Mehl dazugeben, damit der Teig fest wird.

2 **Den Teig rollen.** Den Teig in einer Schüssel etwa 2 Minuten leicht kneten und in etwa faustgroße Stücke teilen. Auf eine bemehlte Arbeitsfläche geben und die Teigstücke zu fingerdicken Würstchen rollen. Jede Rolle in 2,5 cm lange Stücke schneiden.

2 **Den Spritzbeutel füllen.** Eine Rundtülle in den Beutel einsetzen. Die Spitze umknicken, damit der Teig beim Füllen nicht aus dem Beutel herausläuft. Die obere Hälfte des Beutels nach unten umschlagen und in den unteren Teil die Teigmasse geben. Den oberen Teil wieder hochschlagen und zusammennehmen.

3 **Die Spätzle formen.** Den Beutel oben fest verschlossen halten und vorsichtig drücken, bis der Teig durch die Tülle austritt. In einen großen Topf mit schwach kochendem, leicht gesalzenem Wasser ungefähr 8 bis 10 cm lange Teigfäden drücken. Den Deckel auflegen und die Spätzle etwa 1 Minute simmern lassen.

4 **Servieren.** Die Nudeln in ein Sieb gießen und abtropfen lassen. Dann auf eine vorgewärmte Servierplatte geben. Für die Sauce frische Semmelbrösel in reichlich Butter goldbraun braten. Die Brösel über die Spätzle geben. □

3 **Die Klöße formen.** Die Klößchen auf eine Gabel legen und mit dem Finger gegen die Zinken der Gabel drücken (oben links) und rollen, so daß rundum eine geriffelte Oberfläche entsteht (oben rechts).

4 **Die Klößchen kochen.** In einem großen Topf gesalzenes Wasser zum Kochen bringen. Die Klöße in das Wasser geben und im offenen Topf bei schwacher Hitze etwa 3 Minuten simmern lassen, bis sie an der Oberfläche schwimmen. Zum Abtropfen in ein Sieb geben oder mit einem Schaumlöffel aus dem Topf heben (oben) und in eine Schüssel geben.

5 **Mit Sauce überziehen.** Eine Sauce zubereiten – in diesem Fall ist es eine Fleischsauce (S. 14) – und über die Klößchen geben (oben). Die Klößchen so servieren oder vor dem Servieren über die Sauce geriebenen Käse streuen und im Backofen bei 200° C (Gasherd Stufe 3 – 4) überbacken, bis der Käse geschmolzen und hellbraun ist. □

Nudeln geschichtet und überbacken

Grundsätzlich können alle Arten von Teigwaren mit Sauce zubereitet und überbacken werden. Ganz besonders geeignet dafür sind jedoch die als Lasagne bekannten großen, flachen Teigwaren. Für das gleichnamige Gericht werden die quadratischen oder rechteckigen Lasagne meist abwechselnd mit Saucen in eine Form geschichtet und anschließend überbacken. Vorgekochte grüne Lasagne werden unten mit einer Fleischsauce, einer weißen Sauce (S. 14) und geriebenem Käse schichtweise in eine Form gegeben. Damit die Saucen nicht herauslaufen, belegt man mit der ersten Schicht Lasagne nicht nur den Boden, sondern auch den Rand der Auflaufform und läßt sie noch etwas über den Rand hängen. Wenn die Auflaufform gefüllt ist, werden die überhängenden Lasagneplatten zum Schluß zur Mitte hin umgeschlagen.

Will man kleine Nudeln überbacken, werden diese einfach mit Sauce vermischt, bevor man sie in die Auflaufform gibt. Für geschichtete Teigwarengerichte kann man außer Sauce auch noch andere Zutaten, wie Tomaten, Pilze oder Schinken, verwenden. Auf der gegenüberliegenden Seite werden Nudeln mit Eigelb, saurer Sahne und Butter vermischt. Darunter wird steifgeschlagenes Eiweiß gehoben. Diese Mischung wird mit gehacktem Schinken in eine Auflaufform geschichtet (Rezept S. 127).

1 **Die Lasagne vorkochen.** In einem großen Topf reichlich Salzwasser zum Kochen bringen. Die Lasagne – hier sind es mit Spinat gefärbte Lasagne (S. 51) – nach und nach in das Wasser geben und fast garkochen (frische Lasagne etwa 1 1/2 bis 2 Minuten, getrocknete etwa 5 Minuten).

2 **Die Lasagne abschrecken und abtropfen lassen.** Die Lasagne mit einem großen Schaumlöffel aus dem Topf nehmen und kurz in eine Schüssel mit kaltem Wasser tauchen. Anschließend die Nudeln zum Abtropfen nebeneinander auf ein Tuch legen (oben). Die Teigquadrate dürfen nicht aneinanderstoßen, sonst kleben sie zusammen.

3 **Die Lasagne schichten.** Eine flache, feuerfeste Form mit Butter ausstreichen und den Boden mit Fleischsauce (S. 14) bedecken. Am Rand so mit Lasagne belegen, daß die Teigplatten noch etwa 1 cm über den Rand der Auflaufform hängen. In der Mitte ebenfalls mit Lasagne belegen.

4 **Weiße Sauce dazugeben.** Grobgeriebenen *mozzarella*-Käse und feingeriebenen Parmesankäse mit den Händen vermischen. Auf die Lasagne eine Schicht Fleischsauce und dann eine Schicht weiße Sauce (S. 14) geben (oben). Etwas von dem geriebenen Käse darüberstreuen.

Kleine Nudeln mit Schinken und Sahne

1 **Eiweiß dazugeben.** Kleine viereckige Nudeln (S. 48) in Salzwasser kochen. Abtropfen lassen und kurz in kaltem Wasser abschrecken. Ein paar Eier aufschlagen und das Eigelb mit zerlassener Butter und saurer Sahne schlagen; dann mit den Nudeln vermischen. Das Eiweiß steifschlagen und vorsichtig mit einem Löffel unter die Nudeln heben (oben).

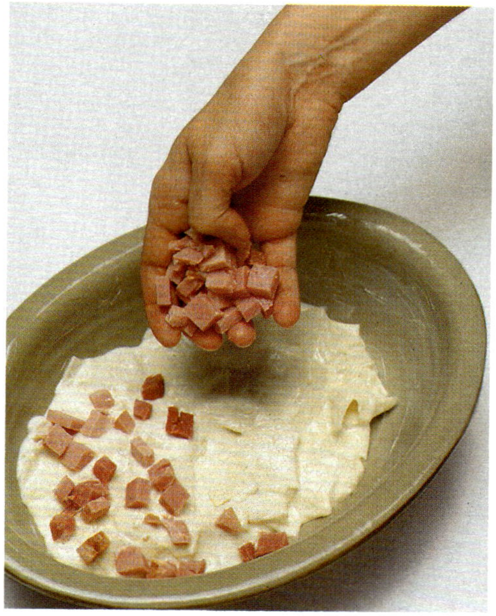

2 **Den Schinken hinzufügen.** Den Boden einer mit Butter ausgestrichenen feuerfesten Form mit der Mischung bedecken. Darüber in Würfel geschnittenen gekochten Schinken verteilen (oben). Abwechselnd weitere Schichten Nudeln und Schinken in die Form geben; mit einer Schicht Nudeln abschließen.

3 **Den Auflauf backen.** Den Auflauf im vorgeheizten Backofen bei mittlerer Hitze etwa 1 Stunde backen, bis die oberste Schicht goldbraun ist. Vor dem Servieren (oben) etwa 15 Minuten fest werden lassen.

5 **Weitere Schichten in die Form geben.** Auf den Käse wieder eine Schicht Lasagne legen. Anschließend wiederum Fleischsauce, weiße Sauce und geriebenen Käse schichtweise darübergeben und zum Schluß die überhängenden Lasagneränder über die Käseschicht schlagen.

6 **Die Lasagne backen.** Den umgeschlagenen Lasagnerand mit zerlassener Butter bepinseln und die Form mit Alufolie abdecken. Im vorgeheizten Backofen bei 180° C (Gasherd Stufe 2 – 3) 25 Minuten backen, die Folie nach 12 Minuten abnehmen. Das Gericht vor dem Servieren (oben) ein paar Minuten bei Zimmertemperatur fest werden lassen. □

Gefüllte Rollen in verschiedenen Größen

Gefüllte Nudelteigrollen kann man in jeder beliebigen Größe zubereiten: von Cannelloni, kleinen, portionsgroßen Rollen (gegenüberliegende Seite ganz rechts), bis zu einer großen Rolle, die aufgeschnitten Scheiben mit spiralförmigem Muster ergibt (rechts). Die genaue Zubereitung und Garmethode hängen von der Größe der Teigrollen ab.

Eine große Teigrolle (Rezept S. 140) kann man nur aus hausgemachtem Teig herstellen; die dafür notwendigen großen Teigplatten sind im Handel nicht erhältlich. Die Teigplatte wird am besten von Hand mit dem Nudelholz ausgerollt; sie sollte ziemlich dick sein, damit sie nicht so leicht reißt.

Die Teigplatte wird auf ein großes Nesseltuch gelegt und gleichmäßig mit einer Füllung bestrichen, die sich farblich vom Teig abhebt. Hier ist es eine Quark-Spinat-Füllung (S. 52). Man kann aber auch eine Fleischfüllung nehmen. Der Teig mit der Füllung wird fest aufgerollt, und zwar möglichst ohne ihn dabei direkt mit den Händen zu berühren. Dazu hebt man am besten ein Ende des Nesseltuches an, so daß sich der Teig fast von selbst aufrollt.

Solch große Teigrollen kann man nur garziehen lassen. Wollte man sie backen, müßte der Teig in Wasser vorgegart werden; dabei würde die große Teigplatte aber mit Sicherheit reißen. Damit sie ihre Form behält, wird die große Rolle vor dem Kochen in ein Nesseltuch eingeschlagen. Am besten gart man sie in einem Fischkessel (Arbeitsgang 5), da nur dieser lang genug ist, eine solche Teigrolle aufzunehmen. Außerdem erleichtert der dazugehörende Einsatz auch das Einsetzen und Herausnehmen der Teigrolle. Wenn man keinen Fischkessel hat, sollte man die Teigrolle nur so lang machen, daß man sie ohne Schwierigkeit mit zwei Schaumlöffeln aus dem Topf nehmen kann.

Kleine Teigrollen – Cannelloni – können aus getrockneten oder, wie hier, aus hausgemachten, mit Safran gefärbten viereckigen Teigplatten (S. 51) bereitet werden. Man kann dazu auch die fertigen dicken Röhrennudeln nehmen, die in den Geschäften als Cannelloni verkauft werden. Sie lassen sich jedoch nicht so leicht füllen wie die Teigvierecke, die man selbst aufrollt. Kleine Teigquadrate können einfach ohne Tuch mit den Händen um die Füllung gerollt werden. Sie werden in der Regel gebacken. Das Vorgaren der Teigquadrate ist unproblematisch. Sie können mit einer Sauce, beispielsweise einer weißen Sauce oder – wie hier – mit einer Tomatensauce, gebacken werden.

Eine große Nudelteigrolle füllen und kochen

1 **Eine große Teigplatte ausrollen.** Den Teig für eine große Rolle anrühren, kneten und 5 mm dick ausrollen (S. 44). Ein Nesseltuch leicht mit Mehl bestäuben. Die Teigplatte locker um das Nudelholz wickeln; dann vorsichtig auf dem Nesseltuch wieder abrollen.

2 **Die Füllung verstreichen.** Eine Füllung zubereiten – hier ist es eine Mischung aus Spinat, Quark (S. 52) und gehacktem Schinken. Die Füllung mit einem Löffel auf den Teig geben und gleichmäßig 1 cm dick verstreichen. Einen etwa 2 cm breiten Rand frei lassen.

5 **Die Teigrolle garziehen lassen.** Die in Nessel eingewickelte Rolle auf den Einsatz eines Fischkessels legen und den Einsatz in den Kessel einhängen. Die Rolle mit kochendem Wasser bedecken. Den Fischkessel auf zwei Herdplatten stellen und die Rolle etwa 40 Minuten simmern lassen. Anschließend den Einsatz herausnehmen und die Teigrolle abtropfen lassen. Das Küchengarn entfernen und das Tuch abwickeln (kleines Photo).

3 **Eine Rolle formen.** Das Nesseltuch an einem Ende etwas anheben, so daß der Rand der Teigplatte umklappt. Nach und nach das Nesseltuch weiter anheben und den Teig wie eine Biskuitrolle aufwickeln. Dabei die Rolle immer wieder mit den Händen drücken, damit sie kompakter wird. Nach dem Aufrollen auf dem Nesseltuch liegenlassen.

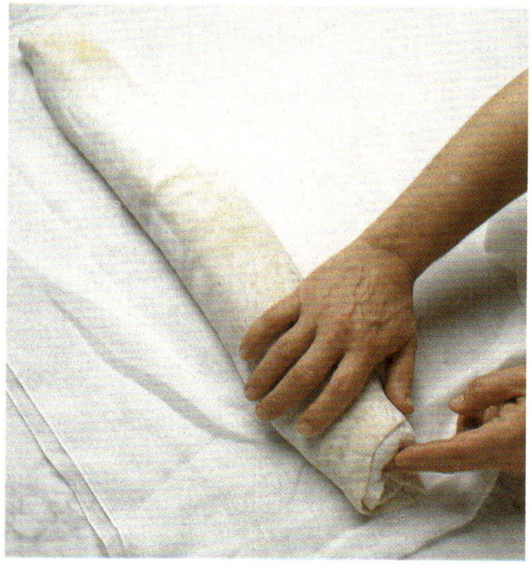

4 **Die Enden einschlagen.** Die Enden der Teigrolle eindrücken, damit die Füllung fest eingeschlossen ist. Anschließend das Nesseltuch um die Teigrolle wickeln, die beiden Enden des Tuches mit Küchengarn zubinden.

6 **Die Teigrolle aufschneiden und servieren.** Die Rolle vom Tuch auf eine vorgewärmte Platte gleiten lassen und sehr heiß servieren. Die Rolle mit einem scharfen Messer in Scheiben schneiden. Dabei die Klinge zwischendurch immer wieder in heißes Wasser tauchen, damit der Teig nicht daran kleben bleibt. Dazu eine Sauce reichen. Hier ist es eine kräftige, mit Basilikum gewürzte Tomatensauce (S. 15). □

Cannelloni füllen und backen

1 **Eine Füllung zubereiten.** *Ricotta* oder Quark in eine Schüssel geben und nach und nach geschlagene ganze Eier und Eigelb unterrühren. Etwas geriebenen Parmesankäse und gehackte Petersilie dazugeben und die Mischung mit Salz, Pfeffer und Muskat würzen.

2 **Die Teigvierecke aufrollen.** Die Teigplatten kochen und abtropfen lassen. Nach Belieben mit Schinken belegen. Die Füllung auf ein Ende der Teigplatten geben und den Teig aufrollen. Mit zerlassener Butter bepinseln und in eine gefettete feuerfeste Form legen.

3 **Die Cannelloni servieren.** Zwischen die Rollen Tomatensauce gießen und geriebenen Parmesankäse darüberstreuen. Bei 190° C (Gasherd Stufe 3) 20 Minuten backen. In den ersten 10 Minuten mit Alufolie abdecken, damit die Cannelloni nicht hart werden. □

Gebratene Nudeln – goldgelb und knusprig

Alle Teigwaren – von kleinen Hörnchennudeln bis zu den langen Bandnudeln – kann man in der Pfanne goldbraun und knusprig braten; man muß sie nur vorher durch Wässern oder Kochen weich werden lassen. Sie werden dann entweder als Beilage oder – wie hier – als wesentlicher Bestandteil eines Pfannengerichts serviert. Im nebenstehenden Beispiel werden chinesische Eiernudeln mit Garnelen, Taschenkrebsen und Schweinefleisch gebraten und mit Sesamöl und Essig gewürzt (Rezept S. 124).

Teigwaren aus Weizenmehl oder Weizengrieß sollten so vorgekocht werden, daß sie außen weich, innen jedoch noch fest sind. Die Kochzeit hängt von der verwendeten Teigwarenart ab. Frische Teigwaren sind in ein paar Sekunden vorgekocht; manchmal werden sie sogar auch ohne jedes Vorkochen gebraten und als Beilage zu gekochten, in Butter geschwenkten Nudeln serviert. Die hier verwendeten dünnen getrockneten Nudeln müssen etwa 3 Minuten vorgekocht werden. Dickere trockene Teigwaren brauchen in der Regel etwa 7 bis 8 Minuten. Getrocknete Reisnudeln werden lediglich 15 Minuten in kaltem Wasser eingeweicht; sie sind dann weich genug, um anschließend gebraten zu werden.

Vor dem Braten sollte man die Teigwaren gut abtropfen lassen. Währenddessen kann man die anderen Zutaten vorbereiten. Hier werden ein Stück Schweineschulter ohne Knochen in kleine Würfel geschnitten und gekochte Taschenkrebse und Nordseegarnelen aus den Schalen gelöst.

Das Schweinefleisch, Krebsfleisch und die Garnelen werden zunächst getrennt von den Nudeln gebraten. Sie müssen beim Braten ständig gerührt und häufig gewendet werden; die dünnen Nudeln würden dabei leicht zerbrechen. Die Nudeln rührt man vorsichtig mit einem Spatel oder Holzlöffel, damit sie gleichmäßig braun werden und nicht am Boden der Pfanne ansetzen. Wenn die Nudeln goldbraun gebraten sind, werden die übrigen Zutaten untergemengt. Alles zusammen wird noch einmal erhitzt, dann gewürzt und sofort sehr heiß serviert.

1 **Die Nudeln kochen.** Die Nudeln in reichlich sprudelnd kochendes Salzwasser geben und bei starker Hitze kochen. Das sprudelnde Wasser verhindert, daß die Nudeln aneinanderkleben und am Topfboden ansetzen.

2 **Die Garprobe machen.** Die Nudeln etwa 3 Minuten kochen, bis sie bißfest sind. Zuvor von Zeit zu Zeit ein paar Nudeln herausnehmen und ihre Bißfestigkeit prüfen. Die fertig gekochten Nudeln in einem Sieb abtropfen lassen, unter fließendem kaltem Wasser abschrecken und im Sieb beiseite stellen.

6 **Würzen.** Sesamöl über die Nudeln und das Fleisch und die Schaltiere geben (oben links) und etwas Essig und nach Belieben Salz hinzufügen. Alle Zutaten mit dem Öl vermengen (oben rechts). Das Öl darf nicht zu lange erhitzt werden, sonst verliert es sein feines Aroma.

3 **Das Fleisch anbraten.** Öl in einer Pfanne erhitzen und die aus den Schalen gelösten Garnelen etwa 2 Minuten goldbraun braten. In eine Schüssel geben und beiseite stellen. Das Krebsfleisch 2 Minuten braten und zu den Krabben geben. Das Schweinefleisch in die Pfanne geben und unter häufigem Wenden auf allen Seiten goldbraun braten (oben) und dann ebenfalls beiseite stellen.

4 **Die Nudeln braten.** In einer großen Pfanne Öl erhitzen und die Nudeln hineingeben. 3 Minuten unter häufigem Wenden mit einem hölzernen Spatel goldbraun braten.

5 **Fleisch und Schaltiere dazugeben.** Das Krebsfleisch, die Garnelen und das Schweinefleisch mit einem Spatel unter die Nudeln heben. Alles zusammen unter gelegentlichem Rühren 3 Minuten erhitzen.

7 **Servieren.** Die Nudeln sollten so heiß wie möglich serviert werden. Mit einem Spatel oder Löffel auf eine gut vorgewärmte Servierplatte geben oder gleich auf vorgewärmte Teller verteilen und servieren. □

Ein außergewöhnlicher Makkaroni-Auflauf

Aus Makkaroni lassen sich nicht nur äußerst leckere, sondern auch ganz ungewöhnliche Gerichte zaubern. Ein Beispiel dafür ist die hier beschriebene Timbale. Eine mit Butter ausgestrichene feuerfeste Schüssel wird mit spiralförmig aufgerollten langen Makkaroni ausgelegt und anschließend mit einer pikanten Füllung bedeckt. Nach dem Backen wird die Schüssel gestürzt, und man erhält eine Nudelpastete, die die Form eines Bienenkorbes hat (übernächste Seite; Rezept S. 132).

Die Makkaroni bilden nicht nur eine Hülle für die Füllung, sondern sind auch Teil der Füllung selbst. Man schneidet die Makkaroni, die nach dem Auslegen übrigbleiben, klein und vermischt sie mit anderen Zutaten, beispielsweise mit gegartem gehacktem Fleisch, Fisch und Gemüse oder mit Fisch und Schaltieren in einer Sauce. Hier werden die zerkleinerten Makkaroni mit Kalbsbries in einer dicken Sauce vermengt. Das Kalbsbries – die Thymusdrüse des Kalbes – muß zunächst vorbereitet werden. Als erstes wird es gewässert, damit das Blut herausgespült wird; dann läßt man es für kurze Zeit simmern, zieht die Haut ab und drückt es flach. Schließlich wird es mit Wein und aromatischen Gemüsen geschmort. Die Schmorflüssigkeit wird mit einem Roux aus Mehl und Butter zu einer Sauce angedickt.

Die Makkaronihülle wird von einer Mousseline aus gehacktem Fleisch gestützt und gehalten. Diese Füllung aus sehr feingehacktem Fleisch, mit Eiweiß gebunden und mit Sahne angereichert, wird beim Garen fest. Die Makkaronihülle wird von innen dick mit dieser Fleisch-Mousseline bestrichen.

Die hier verwendete Hühnerfleisch-Mousseline kann man gut mit jeder anderen Fleischfüllung kombinieren. Will man die Fleisch-Mousseline durch eine Fisch-Mousseline ersetzen, sollte man sie aus Wittling, Seehecht oder Hecht zubereiten. Die Zusammensetzung der Mousseline kann in gewissen Grenzen abgewandelt werden. Mit mehr Sauce wird sie gehaltvoller und feiner im Geschmack. Das Eiweiß jedoch gibt der Timbale den festen Halt. Die Mousseline gelingt immer, wenn man auf 250 Gramm Fleisch das Eiweiß von einem großen Ei und höchstens 1/4 Liter Sahne nimmt.

1 **Das Kalbsbries vorbereiten.** Das Kalbsbries in kaltem Wasser 1 Stunde wässern. Dann in einen Topf geben, mit frischem Wasser bedecken, zum Kochen bringen und 2 Minuten simmern lassen. In einem Sieb abtropfen lassen und in kaltem Wasser abschrecken. Anschließend Fett und Knorpel entfernen und die äußere Haut abziehen.

2 **Das Kalbsbries flachdrücken.** Die einzelnen Briese nebeneinander auf ein Tuch legen. Darüber ein zweites Tuch und darüber ein Brett legen. Das Brett mit Gewichten oder Konserven beschweren und auf diese Weise die Briese etwa 2 Stunden flachdrücken.

6 **Die Schmorflüssigkeit passieren.** Das Kalbsbries herausnehmen und abkühlen lassen. Den restlichen Inhalt des Topfes in ein Sieb über einer Schüssel abgießen. Mit einem großen Stößel die Gemüse ohne zu rühren vorsichtig durch das Sieb drücken. Die Rückstände im Sieb entfernen. Die Briese in Scheiben schneiden und beiseite stellen.

7 **Die Sauce zubereiten.** In einer kleinen Pfanne einen Roux herstellen; dafür etwas Butter und Mehl unter Rühren erhitzen. Die durch das Sieb passierte Schmorflüssigkeit unter ständigem Rühren dazugießen. Die Sauce bei mittlerer Hitze etwa 40 Minuten simmern lassen und auf die Hälfte einkochen. Die Fetthaut, die sich am Rand der Saucenoberfläche bildet, immer wieder abschöpfen.

3 **Das Hühnerfleisch pürieren.** Von einer Hühnerbrust Knochen und Haut entfernen. Das Fleisch kleinhacken und anschließend im Mixgerät pürieren. Das Fleisch mit Eiweiß vermengen und dann durch ein Haarsieb in eine Schüssel passieren, Haushaltsfolie auf das Püree legen und fest andrücken. Dann die Schüssel auf zerstoßenes Eis stellen.

4 **Die Sahne einrühren.** Das Fleischpüree 1 Stunde gut kühlen und dann so viel ungeschlagene Sahne dazugeben, bis sich die Mischung gut rühren läßt. Den Rest der Sahne halb steif schlagen und unterheben (oben). Die Mousseline in der Schüssel auf Eis stellen.

5 **Das Kalbsbries schmoren.** Möhren und Zwiebeln feinhacken und mit gemischten Kräutern in Butter 10 Minuten sautieren, bis die Zwiebeln glasig sind. Die Briese in die Pfanne geben, Weißwein dazugießen und bis auf die Hälfte einkochen. Ein Lorbeerblatt hinzufügen, das Kalbsbries mit Brühe bedecken und zugedeckt 40 Minuten simmern lassen.

8 **Die Form mit den Makkaroni auslegen.** In einem großen Topf reichlich Salzwasser zum Kochen bringen, lange Makkaroni hineingeben und bißfest kochen. In einem Sieb abtropfen lassen und zum Trocknen auf ein Tuch legen. Dabei dürfen sich die einzelnen Makkaroni nicht berühren, sonst kleben sie zusammen. Eine feuerfeste runde Form dick mit Butter ausstreichen. Die Form von der Mitte her (oben) bis zum oberen Rand (kleines Photo) spiralförmig mit Makkaroni auslegen. Die Makkaroni müssen dicht nebeneinanderliegen und keine Lücken freilassen.

9 **Mit Mousseline dick bestreichen.** Die Form in den Kühlschrank stellen, bis die Butter hart ist und die Makkaroni fest am Rand der Schüssel haften. Dreiviertel der Mousseline mit einem Löffel in die Form geben und gleichmäßig über die Makkaroni verteilen. ▶

10 **Die Füllung zubereiten.** Die restlichen Makkaroni in etwa 5 cm lange Stücke schneiden, in einer Schüssel mit dem Kalbsbries vermischen und mit etwas Sauce binden (oben).

11 **Die Füllung in die Form geben.** Die Masse mit einem Löffel in die mit Makkaroni ausgelegte Form geben. Dabei etwas drücken, damit sich keine Luftblasen bilden. Die Oberfläche mit einem Spatel glattstreichen und die restliche Mousseline darüber verteilen.

12 **Die Timbale garen.** Einen runden, mit Butter bestrichenen Bogen Pergamentpapier über die Mousseline legen. Die Form auf ein Gitter in einen großen Topf stellen und den Topf zur Hälfte mit heißem Wasser füllen. Im Wasserbad bei 180° C (Gasherd Stufe 2 – 3) 45 Minuten im Backofen garen. Den Topf aus dem Ofen nehmen und die Form herausheben.

13 **Die Timbale stürzen und servieren.** Das Pergamentpapier abnehmen und die Timbale 10 Minuten stehenlassen. Eine vorgewärmte Platte auf die Form legen. Die Form mit der Platte wenden und dann die Form abheben. So bleibt die Timbale gestürzt auf der Platte zurück. Mit einer Tomatensauce (S. 15), die mit Sahne verfeinert wurde, servieren. □

Eine aromatische Füllung unter einer Auberginenhülle

In Scheiben geschnittene, gebratene Auberginen bilden eine interessante Alternative zu den auf den vorhergehenden Seiten beschriebenen in Spiralen gelegten Makkaroni. Die großen, flexiblen Auberginenscheiben eignen sich gut als Mantel für eine Nudelfüllung. Sie sind außerdem fest genug, um einer Timbale Halt zu geben. Statt der Auberginen kann man auch Zucchini verwenden, nur daß die Scheiben kleiner sind.

Da Auberginen einen ausgeprägten Eigengeschmack haben, sollte auch die Füllung über ein kräftiges Aroma verfügen. Die feine, mild gewürzte Kalbsbriesfüllung auf S. 68 würde neben den Auberginen kaum zur Geltung kommen. Die unten beschriebene Füllung ist dagegen herzhafter; sie besteht aus vorgekochten Röhrennudeln, verschiedenen Gemüsen, hartgekochten Eiern, mehreren Fleischsorten und einer Tomatensauce (Rezept S. 128).

Die Auberginenscheiben müssen vorgegart werden, damit man eine Form mit ihnen auslegen kann. Durch einfaches Braten werden sie so weich, daß sie sich leicht der Form anpassen. Hier werden die gebratenen Auberginenscheiben außerdem noch in Mehl und anschließend in geschlagenem Ei und Käse gewendet und noch einmal kurz gebraten. Der Käse macht die Auberginen noch aromatischer und der Mehl-Ei-Überzug die Timbalehülle fester.

Mit den Auberginen kann man mehrere kleine oder – wie hier – eine große Form auslegen. Sie werden zu einem dekorativen Muster in die Form gelegt (Arbeitsgang 2 unten). Anschließend wird die Füllung hineingegeben und mit weiteren Auberginenscheiben vollkommen bedeckt. Die Timbale muß nun lange genug gebacken werden, damit sich alle Aromen vermischen.

1 **Die Auberginen braten.** Die Auberginen in Scheiben schneiden und in Olivenöl bei mittlerer Hitze braten. Sobald sie weich sind, die Scheiben herausnehmen und auf Küchenkrepp abtropfen lassen. Dann die Scheiben in Mehl und anschließend in mit geriebenem Parmesankäse verschlagenem Ei wenden.

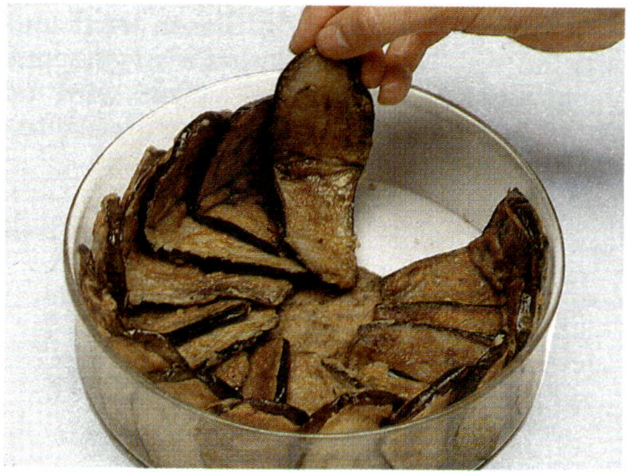

2 **Die Form mit den Auberginen auslegen.** Die panierten Auberginenscheiben noch einmal braten. Dann eine Auberginenscheibe rund schneiden und in die Mitte der Form legen. Dreiviertel der Auberginenscheiben ringförmig überlappend so in die Form legen, daß Boden und Rand bedeckt sind.

3 **Die Füllung zubereiten.** In einer Schüssel gekochte Röhrennudeln mit gehackter gekochter Zunge, weißem Hühnerfleisch, kurzgebratener Hühnerleber und hartgekochtem Ei vermischen. Gebratenes Schweinemett, gekochte Erbsen und geriebenen Käse hinzufügen. Mit Tomatensauce (S. 15) binden.

4 **Die Form füllen.** Die Füllung in die mit den Auberginenscheiben ausgelegte Form geben (oben). Die Oberfläche glattstreichen und die restlichen Auberginenscheiben ringförmig überlappend darauflegen. Die Enden dieser Auberginenscheiben etwas unter die Auberginenscheiben schieben, mit denen der Rand der Timbaleform ausgelegt wurde.

5 **Mit Sauce überziehen.** Die Tomatensauce mit einem Löffel auf den Auberginen verteilen, Parmesankäse darüberstreuen. Die Form mit Alufolie abdecken und bei 190° C (Gasherd Stufe 3) 25 bis 30 Minuten backen.

6 **Die Timbale servieren.** Die Form aus dem Backofen nehmen und 10 Minuten stehenlassen. Anschließend die Folie abnehmen und die Timbale auf eine Servierplatte stürzen. Um den Rand der Timbale mit einem Löffel Tomatensauce geben (oben). □

Saftige Nudeln in vorgebackenem Teig

Der Kontrast zwischen knusprigem Teig und weicher Teigwarenfüllung macht den Reiz einer Nudelpastete aus. Die Pastete wird hier mit verschieden gefärbten vorgekochten Teigwaren gefüllt, die mit Sahne, geriebenem Käse und Schinken vermischt werden. Die Pastete kann ebensogut mit Teigwaren und Fleischsauce (S. 68 – 71) gefüllt werden, oder man kann die Nudeln mit sautierten Gemüsen wie Champignons, Zucchini oder in Viertel geschnittene Artischokkenherzen kombinieren. Auch gefüllte Teigtaschen können für die Pastete verwendet werden. Mit einer Quark-Spinat-Mischung gefüllte *tortellini* (S. 54) verleihen dieser Pastete eine besondere Note.

Der Pastetenteig wird im Grunde aus denselben Zutaten – Mehl, Eiern und Öl (Rezept S. 166) – wie die Nudeln zubereitet. Man verwendet nur etwas mehr Öl als für den Nudelteig – in diesem Fall Olivenöl; aber auch Butter und Schweineschmalz sind geeignet –, um ihm die zum Backen erforderliche Geschmeidigkeit und einen ausgeprägten Geschmack zu geben.

Da die Pastete nach dem Backen aus der Form herausgenommen wird, sollte der Teig so dick ausgerollt werden, daß er die Füllung sicher hält und die Pastete später wie ein Kuchen serviert werden kann. Die Pastete wird in einer Springform gebacken. Man kann die Form mit frisch ausgerolltem Teig auslegen und sofort füllen und backen. Knuspriger wird der Teig jedoch, wenn er vor dem Füllen vorgebacken wird. Bei dem Vorbacken beschwert man den Boden am besten mit getrockneten Bohnen, um zu verhindern, daß der Teig Blasen wirft und sich aufwölbt. Der Teigdeckel wird getrennt vorgebacken. Nach dem Füllen wird er aufgelegt, damit die Teigwaren in der Sahnesauce beim Backen nicht austrocknen.

1 **Die Teigzutaten mischen.** Etwas Mehl in eine große Rührschüssel sieben. 1 Ei, Salz und Olivenöl hinzufügen. Etwas lauwarmes Wasser dazugießen (oben) und die Zutaten mit einer Gabel gut miteinander vermischen.

5 **Den Boden auslegen.** Die Springform zusammensetzen und schließen. Mit Öl auspinseln. Den restlichen Teig zu einer großen, runden Platte ausrollen. Den Teig locker um ein Nudelholz wickeln, in die Form abrollen und vorsichtig an Rand und Boden andrücken. Den überschüssigen Teig bis auf einen 2 cm breiten überstehenden Rand abschneiden (oben).

6 **Den Teig beschweren.** Den überstehenden Teigrand einschlagen und mit dem Daumen in diesen doppelten Rand kleine Kerben eindrücken. Teigboden und Teigrand mit einem großen Bogen Pergamentpapier belegen und mit einer dicken Schicht getrockneter Bohnen beschweren (oben). Den Boden und den Teigdeckel getrennt bei 180° C (Gasherd Stufe 2 – 3) etwa 15 Minuten backen, bis sie hellbraun sind. Die Bohnen und das Pergamentpapier herausnehmen und den Boden anschließend noch ein paar Minuten in den Backofen stellen und trocken werden lassen.

2 **Den Teig kneten.** Den Teig mit der Faust kneten. Wenn er klebrig wird, weiteres Mehl darüberstreuen. Den Teig zu einem Kloß formen und mit einem Tuch bedeckt 1 Stunde in der Schüssel ruhen lassen, damit er sich anschließend besser ausrollen läßt.

3 **Den Teigdeckel ausschneiden.** Etwas weniger als die Hälfte von dem Teig abtrennen und auf einer glatten, bemehlten Arbeitsfläche zu einer runden Platte ausrollen. Den Boden der Springform darauflegen und mit einem Messer eine Scheibe ausschneiden, die einen etwa 2 cm größeren Durchmesser als der Boden der Springform hat.

4 **Den Teigdeckel fertigstellen.** Den Springformboden abnehmen. Den 2 cm breiten Teigrand umschlagen, damit der Deckel stabiler wird. Zur Verzierung den Rand mit dem Daumen (oben) oder mit einer Gabel eindrücken. Anschließend den Deckel vorsichtig mit den Händen auf ein mit Öl ausgestrichenes Backblech legen.

7 **Die Pastete füllen.** Verschiedene Teigwaren bißfest kochen. (Gefüllte Teigtaschen – wie *tortellini* (S. 54) – getrennt kochen.) Abtropfen lassen und mit Sahne und gehacktem Schinken vermischen. Die Nudelfüllung mit reichlich geriebenem Parmesankäse (oben) und noch etwas Sahne in die Pastetenform geben. Den Rand und den Teigdeckel mit Olivenöl bestreichen, damit sie beim Backen schön braun werden. Den Teigdeckel auflegen (kleines Photo) und die Pastete im vorgeheizten Backofen bei 180° C (Gasherd Stufe 2 – 3) etwa 20 Minuten backen.

8 **Die Pastete servieren.** Sobald sie goldbraun gebacken ist, die Pastete aus dem Backofen nehmen. Den Teigdeckel abheben. Den Rand der Springform öffnen und abnehmen (oben). Die Pastete auf dem Springformboden auf eine Servierplatte geben. Vor dem Servieren den Teigdeckel auflegen, vor dem Aufschneiden jedoch wieder abnehmen. □

Nudelsoufflés reizvoll komponiert

Mit hausgemachten, geriebenen Nudeln (S. 44) kann man ganz ungewöhnliche Soufflés zubereiten. Als Grundlage für ein Soufflé wählt man normalerweise eine weiße Sauce (S. 14), die man mit Eigelb verfeinert, würzt und schließlich mit geschlagenem Eiweiß lockert. Da geriebene Nudeln beim Kochen in Milch zu einem dickflüssigen, fast saucenartigen Brei werden, kann man sie an Stelle der weißen Sauce verwenden. Die Nudelfäden behalten beim Kochen ihre Form und geben dadurch diesem Soufflé eine ungewöhnliche Konsistenz.

Bei dem beschriebenen Soufflé rechts unten werden die gekochten Nudeln mit Eigelb vermischt. Anschließend wird das geschlagene Eiweiß untergehoben. Die Würzzutaten werden erst zum Schluß, wenn die Masse bereits in der Form ist, in die Mitte des Soufflés gegeben und nicht, wie sonst üblich, mit der Masse verrührt. Hier gibt man in die Mitte des Soufflés gebratene gehackte Kalbslunge (Rezept S. 133). Statt dessen kann man auch jedes andere mit Sauce gebundene gehackte Fleisch nehmen. Auch blanchierte, kleingeschnittene oder pürierte Gemüse, zum Beispiel Champignons oder Erbsen, eignen sich als Zutat.

Zum Schluß wird das Soufflé mit saurer Sahne bedeckt. Beim Backen zieht die saure Sahne in die Masse ein und gibt dem Soufflé außerdem eine goldbraune Farbe. Auf der gegenüberliegenden Seite (Kasten oben) werden einfache, also nicht geriebene Nudeln in einem schlichteren Soufflé verarbeitet. Sie sind jedoch nicht die Hauptzutat der Soufflémasse, sondern werden nur zusätzlich verwendet. Die weiße Sauce, die Grundlage der Soufflémasse, wird hier mit dünnen grünen Nudeln, Schinken und geriebenem Käse vermischt (Rezept S. 134). Das geschlagene Eiweiß wird ganz zum Schluß unter die Soufflémasse gehoben. Da der Eischnee sehr schnell wieder flüssig wird, muß das Soufflé unverzüglich in den heißen Backofen gestellt werden. Bevor man also die Eier schlägt, muß der Backofen vorgeheizt und die Form mit Butter ausgestrichen sein. Wenn man diese Grundregeln beachtet, wird das Soufflé sehr schön aufgehen.

1 **Die zerkleinerte Lunge braten.** Die Kalbslunge etwa 30 Minuten kochen und abkühlen lassen. In große Stücke schneiden und durch die mittelfeine Scheibe des Fleischwolfes drehen. Etwas Schweineschmalz in einer Bratpfanne zerlassen und die Lunge mit einer feingehackten Zwiebel braten. Die Pfanne von der Kochstelle nehmen und das Fleisch mit einem leicht geschlagenen Ei binden.

2 **Die geriebenen Nudeln kochen.** Einen festen Nudelteig zubereiten und reiben (S. 44). Die geriebenen Nudeln in kochende Milch geben und etwa 30 Minuten unter ständigem Rühren simmern lassen, bis sie den größten Teil der Milch aufgenommen haben.

3 **Das Eigelb hinzufügen.** Gehackte Petersilie mit Nudeln vermischen. Eier in Eigelb und Eiweiß trennen, den Topf von der Kochstelle nehmen und anschließend das Eigelb mit einem Holzlöffel unter die Nudeln rühren.

4 **Den Eischnee unterheben.** Das Eiweiß in einer Kupferschüssel sehr steif schlagen. Zunächst einen großen Löffel Eischnee unter die Soufflémasse rühren und dann die Soufflémasse vorsichtig, aber schnell unter den restlichen Eischnee heben.

Grüne Nudeln in einem Käsesoufflé

1 **Die Würzzutaten hinzufügen.** Hausgemachte frische grüne Nudeln 20 Sekunden kochen und abtropfen lassen. Das Eigelb mit einem Holzlöffel unter eine dicke weiße Sauce (S. 14) rühren. Gewürfelten Schinken, Parmesankäse und die Nudeln dazugeben. Die Sauce mit Salz, Pfeffer und etwas geriebener Muskatnuß abschmecken.

2 **Den Eischnee unterheben.** Eiweiß in einer Kupferschüssel sehr steif schlagen. Etwas von dem Eischnee unter die Sauce rühren und dann die Sauce vorsichtig, aber schnell unter den restlichen Eischnee heben.

3 **Das Soufflé servieren.** Eine Souffléform mit Butter ausstreichen und die Masse mit einem Löffel in die Form geben. Das Soufflé im vorgeheizten Backofen bei 190° C (Gasherd Stufe 3) etwa 40 Minuten backen, bis die Oberfläche braun ist. Sofort servieren.

5 **Mit saurer Sahne bestreichen.** Die Soufflémasse in eine gut gefettete Backform füllen. Die zerkleinerte Kalbslunge mit einem Löffel in die Mitte des Soufflés geben. Danach das Soufflé dick mit saurer Sahne überziehen (oben) und in den auf 190° C (Gasherd Stufe 3) vorgeheizten Backofen stellen.

6 **Das Soufflé servieren.** Das Soufflé kann nach 45 Minuten, wenn es aufgegangen und leicht gebräunt ist, serviert werden. Mit einem großen Löffel jeweils etwas von der Fleischfüllung und der Soufflémasse aus der Backform heben und auf Teller füllen. □

4

Zubereiten von Hülsenfrüchten

Saftige Gerichte durch langes Simmern

Methoden des Einweichens und Kochens
Feine und grobe Pürees
Ein Cassoulet zusammenstellen
Bohnen über viele Stunden garen

Durch ihre feinen Unterschiede in Geschmack und Beschaffenheit bieten die vielen im Handel erhältlichen Hülsenfrüchte dem Koch eine Fülle von Möglichkeiten. Er kann sie ganz einfach zubereiten: Nur mit Butter und Olivenöl überzogen, ergeben weiße Bohnen oder zarte Linsen bereits ein köstliches Gericht. Er kann sie auch mit verschiedenen Arten von Getreiden vermischen – beliebt sind beispielsweise Hülsenfrüchte mit Reis (Rezept S. 163). Rote, schwarze oder hellbraune Bohnen heben sich dabei dekorativ von den weißen Reiskörnern ab. Werden Hülsenfrüchte mit Fleisch kombiniert, erhält man ein sehr herzhaftes Gericht. Besonders häufig werden Hülsenfrüchte zusammen mit konserviertem Fleisch, wie gepökeltem Schweinefleisch, serviert. Der Grund hierfür liegt in der Vergangenheit: Als es früher noch keine Kühlschränke gab, war dies oft das einzige, was man in der Vorratskammer hatte. Hülsenfrüchte schmecken jedoch auch gut mit frischem Fleisch, und ihre mehlige Beschaffenheit bildet eine ausgezeichnete Grundlage für fettes Fleisch, ganz gleich ob es sich dabei um konserviertes Fleisch oder um frisches Fleisch handelt.

Unabhängig von der jeweiligen Zubereitungsart haben die meisten Hülsenfrüchte eine lange Garzeit. Oft müssen sie vorher auch noch eingeweicht werden, damit sie das Wasser wieder aufnehmen können, das ihnen beim Trocknen entzogen wurde. Damit sie nicht zerfallen, dürfen sie nur bei ganz schwacher Hitze ohne viel Rühren gegart werden. Geschälte Hülsenfrüchte zerfallen jedoch auch bei dieser vorsichtigen Garmethode. Daher macht man am besten aus der Not eine Tugend und serviert sie als Püree.

Wenn man Hülsenfrüchte mit Fleisch serviert, sollte man das Fleisch im allgemeinen getrennt garen, damit die Hülsenfrüchte ihr eigenes Aroma behalten und sich von dem Fleisch geschmacklich abheben. Einen herzhaften Eintopf erhält man jedoch, wenn die Hülsenfrüchte zusammen mit dem Fleisch gekocht werden. Man kann sie über Stunden im geschlossenen Topf im Backofen garen (S. 86) oder die fertigen Hülsenfrüchte im offenen Topf knusprig überbacken – wie das berühmte Cassoulet (S. 82). Das Cassoulet ist die Krönung aller Hülsenfrucht-Gerichte, dessen köstlicher Geschmack die langwierige Zubereitung schnell vergessen läßt.

In einen Topf mit roten Kidneybohnen wird hier neben Senfpulver, braunem Zucker und Salz ein Löffel Rübensirup gegeben. Daneben steht das Wasser, in dem die Bohnen zum Kochen gebracht wurden. Es wird zu den Bohnen gegossen, damit sie bei dem langen Garen im Backofen nicht austrocknen.

Der grundlegende Schritt: Kochen

Hülsenfrüchte werden gewöhnlich ganz einfach – meist nur mit ein paar Kräutern und aromatischen Gemüsen – bei schwacher Hitze in Wasser gekocht. Nach dem Garen kann man sie in etwas Butter oder Öl schwenken oder mit einer Garnierung servieren. Hier werden gekochte Augenbohnen mit sautierten Tomaten, Petersilie und Knoblauch zubereitet.

Zunächst werden die Hülsenfrüchte auf ein Tablett gegeben und verlesen. Die verlesenen Hülsenfrüchte werden dann unter fließendem Wasser gewaschen.

Nach dem Waschen müssen die meisten Hülsenfrüchte noch in Wasser eingeweicht werden, damit sie wieder Flüssigkeit aufnehmen und quellen können. Größere Bohnen und Erbsen müssen meist bis zu 8 Stunden eingeweicht werden, kleinere Sorten nur etwa 1 Stunde. Geschälte Hülsenfrüchte haben eine ähnlich kurze Einweichzeit, und Linsen brauchen überhaupt nicht eingeweicht zu werden.

In der Tabelle rechts werden für die auf S. 12–13 abgebildeten Hülsenfrüchte die Einweichzeiten in kaltem Wasser angegeben. In heißem Wasser (Arbeitsgang 1 unten) quellen die Hülsenfrüchte schneller. Die Ergebnisse sind bei beiden Methoden gleich. Das Quellen wird beschleunigt, wenn man dem Wasser noch eine Prise Natron zusetzt. Da die Hülsenfrüchte beim Einweichen verschiedene unverdauliche Substanzen an das Wasser abgeben, sollte man es anschließend abgießen und zum Kochen frisches Wasser nehmen. Viele Bohnen der Nierenbohnenfamilie, besonders rote und schwarze, enthalten ein potentiell gefährliches Gift, das durch Kochen seine Wirkung verliert. Nach dem Einweichen sollten diese Bohnen 10 Minuten gekocht werden, bevor man sie simmern läßt. Die Tabelle gibt die ungefähren Garzeiten für Hülsenfrüchte an, die in kochendes Wasser gegeben werden. Die genauen Garzeiten hängen sowohl vom Alter als auch von der Sorte ab. Einige Rezepte empfehlen außerdem, die Hülsenfrüchte über die eigentliche Garzeit hinaus noch 1 Stunde oder länger simmern zu lassen, damit sie noch weicher und sämiger werden.

Die Garzeit ist erheblich länger, wenn in dem Wasser Mineralien – einschließlich Salz – gelöst sind. Wenn man nur hartes, kalkreiches Wasser zur Verfügung hat, sollte man das Wasser vorher abkochen und wieder abkühlen lassen, bevor man die Hülsenfrüchte damit aufsetzt. Auch säurehaltige Gemüse, wie zum Beispiel Tomaten, verlängern die Kochzeit und sollten deshalb erst zum Schluß dazugegeben werden.

Einweich- und Garzeiten

Hülsenfrucht	Einweichzeit bei kaltem Wasser	Garzeit
Ackerbohnen	7 – 8 Stunden	1 – 1½ Stunden
Augenbohnen	7 – 8 Stunden	1 – 1½ Stunden
Azukibohnen	1 Stunde	1 – 1½ Stunden
Borlottibohnen	7 – 8 Stunden	1 – 2 Stunden
Braune Bohnen	7 – 8 Stunden	1 – 2 Stunden
Cannellinibohnen	7 – 8 Stunden	1 – 2 Stunden
Dicke Bohnen	7 – 8 Stunden	1 – 2 Stunden
Erbsen: geschälte	1 Stunde	45 – 60 Minuten
ungeschälte	7 – 8 Stunden	1 – 1½ Stunden
Flageoletbohnen	7 – 8 Stunden	1 – 2 Stunden
Kichererbsen	7 – 8 Stunden	1 – 1½ Stunden
Limabohnen	7 – 8 Stunden	1 – 2 Stunden
Linsen: Braune	–	1 Stunde
Puy	–	1 Stunde
Rote	–	20 – 30 Minuten
Mungobohnen	1 Stunde	45 – 60 Minuten
Pintobohnen	7 – 8 Stunden	1 – 2 Stunden
Rote Kidneybohnen	7 – 8 Stunden	1 – 2 Stunden
Schwarze Bohnen	7 – 8 Stunden	1 – 2 Stunden
Sojabohnen	7 – 8 Stunden	45 – 60 Minuten
Strauchbohnen	7 – 8 Stunden	45 – 60 Minuten
Weiße Bohnen	7 – 8 Stunden	1 – 2 Stunden

1 **Hülsenfrüchte einweichen.** Die Hülsenfrüchte, hier sind es Augenbohnen, verlesen und waschen. Dann mit der doppelten Menge kaltem Wasser in einen schweren Topf geben. Das Wasser langsam zum Kochen bringen; dann den Topf von der Kochstelle nehmen und die Augenbohnen etwa 1 Stunde einweichen. Anschließend in einem Sieb abtropfen lassen.

2 **Würzzutaten hinzufügen.** Die Bohnen wieder in den Topf geben und mindestens die doppelte Menge frisches Wasser dazugießen. Eine Zwiebel mit ein oder zwei Nelken bestecken und zusammen mit ein paar Knoblauchzehen, einer Möhre und einem *bouquet garni* aus Petersilie, Thymian, Lorbeerblatt und Bleichsellerie in den Topf geben.

3 **Die Bohnen kochen.** Die Augenbohnen langsam zum Kochen bringen, dann die Temperatur herunterschalten und simmern lassen. Den Deckel auflegen und die Bohnen bei schwacher Hitze etwa $1^1/_2$ Stunden garen. Dabei darauf achten, daß stets genügend Flüssigkeit im Topf ist. Wenn die Augenbohnen gar sind, mit einer Prise Salz abschmecken und die Gemüse und das *bouquet garni* herausnehmen und fortwerfen.

4 **Die Augenbohnen garnieren.** Tomaten abziehen, entkernen und grobhacken. In etwas Butter kurz sautieren und mit Salz und Pfeffer abschmecken. Die Bohnen abtropfen lassen und in eine vorgewärmte Schüssel geben. Die Tomaten kranzförmig um die Bohnen geben.

5 **Servieren.** Abgezogene Knoblauchzehen feinhacken oder im Mörser zerstoßen. Ein großes Bund Petersilie feinhacken und mit dem Knoblauch gut vermischen. Petersilie und Knoblauch über die Augenbohnen und die Tomaten streuen und servieren. ☐

Pürees aus der Pfanne

Aus weichgekochten Hülsenfrüchten kann ein schmackhaftes und sättigendes Püree zubereitet werden, das mit Butter oder anderem Fett angereichert und verfeinert wird. Die Hülsenfrüchte werden dabei entweder bei starker Hitze zu einem Brei verrührt oder zu einem glatten Püree durch ein Sieb passiert.

Für einen einfachen Brei braucht die Schale der Hülsenfrüchte nicht entfernt zu werden. Rechts (Rezept S. 157) wird gezeigt, wie gekochte rote Kidneybohnen nach und nach mit in Schweineschmalz gebratenen Zwiebeln in einer großen Pfanne verrührt werden. Man gießt etwas Bohnenkochwasser in die Pfanne, damit die Bohnen nicht anbrennen, und zerdrückt die Mischung mit einem großen, hölzernen Stößel. Die Bohnen können als dickflüssiger Brei serviert werden; man kann die Pfanne mit den Bohnen aber auch – wie hier – so lange auf der Kochstelle lassen, bis die Flüssigkeit verdampft und der Brei so trocken ist, daß er sich wie ein Pfannkuchen umschlagen oder aufrollen läßt.

Ein sämiges Püree wird am besten in zwei Arbeitsgängen zubereitet. Zunächst werden die gekochten Hülsenfrüchte durch ein Passiersieb gedreht. Dabei kann etwas Kochflüssigkeit dazugegeben werden, wenn sie sich nur schwer durchdrehen lassen.

Danach wird die Masse durch ein feines Haarsieb passiert. Die Schale bleibt dabei im Sieb zurück, und das Püree wird glatt und sämig. Bei geschälten Hülsenfrüchten, etwa geschälten Erbsen, ist dieser Arbeitsgang überflüssig.

Das Linsenpüree (Kasten gegenüberliegende Seite) wird mit Butter angereichert, die die Linsen bindet und außerdem den Geschmack verfeinert. Ein Püree aus geschälten Hülsenfrüchten kann mit feingehackten Zwiebeln oder Knoblauch gewürzt oder mit Ei gebunden im Wasserbad gegart werden (Rezept S. 156).

1 **Die Bohnen mit Zwiebeln braten.** Die Bohnen – hier sind es rote Kidneybohnen – bei schwacher Hitze garkochen (S. 78). In einer großen Bratpfanne etwas Schweineschmalz zerlassen und eine feingehackte Zwiebel bei schwacher Hitze darin glasig braten. Einen Schöpflöffel voll Bohnen mit dem Kochwasser zu der Zwiebel geben (oben).

2 **Die Bohnen verrühren.** Die Temperatur heraufschalten und die Flüssigkeit zum Kochen bringen. Die Bohnen mit einem großen, hölzernen Stößel zu einem dicken Brei verrühren.

3 **Weitere Bohnen dazugeben.** Nach und nach mit dem Schöpflöffel weitere Bohnen und Kochwasser dazugeben (oben) und mit dem Stößel verrühren. Man kann die Bohnen so als Brei servieren; man kann sie aber auch weiter einkochen, so daß sie zu einem immer festeren Brei werden (Arbeitsgang 4).

Ein sämiges Linsenpüree

1 **Die Linsen durch das Passiersieb drehen.** Die Linsen mit Kräutern und aromatischen Gemüsen kochen (S. 78). Gut abtropfen lassen und die Kochflüssigkeit aufbewahren. Die Linsen löffelweise in ein Passiersieb geben und durch die mittlere Scheibe drehen. Zum Schluß die Linsenreste mit etwas Kochflüssigkeit aus dem Passiersieb spülen.

2 **Die Linsen durch ein Haarsieb passieren.** Ein feinmaschiges Sieb über eine flache Schüssel halten und die durchgedrehten Linsen mit einem Plastikschaber nach und nach durch das Sieb streichen. Dabei die im Sieb befindlichen Schalen entfernen.

3 **Das Püree wieder erhitzen.** Das Püree bei starker Hitze unter ständigem Rühren erhitzen. Wenn es zu fest und zu trocken wird, etwas Kochflüssigkeit dazugeben. Die Pfanne von der Kochstelle nehmen, reichlich Butter in Stücken dazugeben und verrühren.

4 **Die Flüssigkeit verdampfen lassen.** Bei starker Hitze den Brei einkochen, bis er immer trockener wird und einem Pfannkuchen ähnelt. Dabei die Pfanne häufig über der Flamme schwenken, damit der Brei nicht ansetzt.

5 **Den Brei auf eine Schüssel geben.** Sobald sich der Rand des Breies zu kräuseln beginnt, die Pfanne schräg halten und den Brei an den Rand der Pfanne gleiten lassen. Dann die Pfanne über einer Servierplatte wenden und den Bohnenbrei in die Schüssel stürzen.

6 **Den Brei servieren.** Der gebackene Bohnenbrei kann ohne weitere Zutat oder mit geriebenem oder zerbröckeltem Käse garniert serviert werden. Als Beilage eignet sich dazu grüner Salat, der einen reizvollen Kontrast zu dem recht trockenen Bohnenbrei bildet. □

Cassoulet: Vielfalt in Vollendung

Bohnen oder andere Hülsenfrüchte, die zusammen mit verschiedenen Sorten von Fleisch gegart werden, ergeben einen wohlschmeckenden und sättigenden Eintopf. Besonders kräftig wird der Eintopf mit fettem Fleisch. Das Fett zieht in die Bohnen ein, und das Fleischaroma verbindet sich so mit dem Geschmack der Bohnen. Ein solcher Eintopf braucht nur aus Bohnen und einer Scheibe Schinken oder Lammfleisch zu bestehen. Er kann aber auch so reichhaltig sein wie das französische Cassoulet, das auf diesen und den folgenden Seiten beschrieben wird. Hier werden weiße Bohnen, Gans, Lamm und verschiedene Sorten Schweinefleisch getrennt vorgegart, und zwar so, daß ihr Aroma am besten zur Geltung kommt. Anschließend wird das Fleisch mit den Bohnen geschichtet und das Ganze mehrere Stunden im Backofen gegart.

Konserviertes Gänsefleisch – gesalzen, gegart und dann im eigenen Fett eingelegt – ist eine traditionelle Zutat für das Cassoulet. Eingelegtes Gänsefleisch ist jedoch nicht immer erhältlich. Dieses Cassoulet wird mit frischem Gänsefleisch bereitet. Es wird einfach mit Salz bestreut und über Nacht stehengelassen, damit es den pikanten Geschmack von gepökeltem Gänsefleisch erhält. Dann gart man es im eigenen Fett.

Die Bohnen läßt man mit Schweineschwarte, gepökeltem Schweinebauch, Schweinspfote und Würstchen simmern. Durch den Gelatinegehalt der Schweineschwarte und der Schweinspfote wird die Garflüssigkeit besonders kräftig. Das Lammfleisch wird angebraten und dann mit etwas Flüssigkeit von Schweinefleisch und Bohnen mit Gemüsen geschmort. Nach dem Schmoren wird die Schmorflüssigkeit durch ein Sieb passiert und später dann als Sauce für die übrigen Zutaten verwendet.

Wenn alle Zutaten vorgegart sind, wird das Cassoulet zusammengestellt: Die Bohnen werden mit den verschiedenen Fleischsorten in einen großen Schmortopf geschichtet und die Garflüssigkeit von Bohnen, Schweinefleisch und Lammfleisch dazugegeben. Damit sich beim Backen eine Kruste bildet, bestreut man das Ganze mit Semmelbröseln und träufelt Gänsefett darüber. Von Zeit zu Zeit wird die Oberfläche mit einem Löffel aufgebrochen und begossen. Man erhält so eine dicke, knusprige Kruste, die einen reizvollen Gegensatz zu dem saftigen Fleisch und den sämigen Bohnen bildet.

1 **Das Gänsefleisch salzen.** Das Fett aus der Bauchhöhle der Gans entfernen. Die Gans in acht oder zehn Stücke zerteilen. Mit Salz und Kräutern bestreuen und über Nacht stehenlassen. Am nächsten Tag das Gänsefett langsam mit einem Glas Wasser erhitzen, bis das Fett schmilzt. Dann das Fett durch ein mit Nessel ausgelegtes Sieb in einen großen Topf passieren. Die Gänsestücke trockentupfen (oben) und in das Fett legen.

2 **Das Gänsefleisch garen.** Wenn das Gänsefett nicht ausreicht, um alle Stücke zu bedecken, etwas Schweineschmalz dazugeben. Die Gänsestücke langsam in dem Fett im offenen Topf etwa 2 Stunden simmern lassen, bis das Fleisch gar ist. Anschließend mit einer Gabel herausnehmen, abtropfen lassen (oben) und das Fett aufbewahren.

5 **Das Schweinefleisch herausnehmen.** Das Wasser zum Kochen bringen, 10 Minuten kochen lassen; dann die Temperatur herunterschalten und simmern lassen. Nach 40 Minuten die Würstchen und nach weiteren 20 Minuten das Schweinefleisch herausnehmen (oben). Beiseite stellen. Die übrigen Zutaten noch eine Stunde simmern lassen. Die Bohnen sollten weich, aber nicht zerfallen sein.

6 **Die Schweinspfote kleinschneiden.** Die Bohnen und das Schweinefleisch abtropfen lassen und die Flüssigkeit aufbewahren. Die Pfote der Länge nach halbieren und die Knochen entfernen. Das Fleisch in kleine Stücke schneiden. Die Schwartenrollen auseinanderwickeln und in kleine Quadrate schneiden. Die Möhren hacken. Die Zwiebel und das Lorbeerblatt entfernen.

3 **Schweineschwarte aufrollen.** Von einem großen Stück gepökeltem Schweinefleisch die Schwarte dünn abschneiden. Die Schwarte in mehrere Rechtecke teilen und die Rechtecke fest aufrollen und zusammenbinden (oben). Die Schwartenrollen mit der Schweinspfote und dem gepökelten Schweinefleisch in einen Schmortopf geben. Um das Fleisch von den eiweißhaltigen Substanzen zu befreien, die beim Kochen einen grauen Schaum bilden, das Fleisch mit kaltem Wasser bedecken, zum Kochen bringen und einige Minuten simmern lassen. Anschließend das Fleisch herausnehmen und unter fließendem kaltem Wasser abspülen.

4 **Die Bohnen dazugeben.** Das Schweinefleisch in einen sauberen Topf geben. Eingeweichte (S. 78), abgetropfte weiße Bohnen (oben) zusammen mit Kräutern und aromatischen Gemüsen – hier Thymian, Lorbeerblatt, Knoblauch, Möhren und eine mit Nelken besteckte Zwiebel – hinzufügen. Zwei oder drei Knoblauchwürstchen einstechen und in den Topf geben. Mit kaltem oder lauwarmem Wasser bedecken.

7 **Das Lammfleisch anbraten.** Frische Möhren und Zwiebeln grobhacken. Das Gänsefett in einer schweren Bratpfanne erhitzen und die Möhren und Zwiebeln darin goldbraun braten. Die Gemüse herausnehmen und über der Pfanne abtropfen lassen. Eine Lammschulter in große Stücke schneiden, in die Pfanne geben, salzen und von allen Seiten braunbraten. Mehl über das Fleisch streuen (oben). Nach 2 bis 3 Minuten die Möhren und die Zwiebel wieder in die Pfanne geben. Abgezogene, entkernte und gehackte Tomaten, Knoblauch und ein *bouquet garni*, bestehend aus einem Lorbeerblatt, Thymian und Petersilie, hinzufügen.

8 **Das Lammfleisch ablöschen.** Ein oder zwei Gläser Rotwein oder Weißwein in die Pfanne gießen (oben). Mit einem Holzlöffel vorsichtig rühren und den Bratensatz vom Boden der Pfanne lösen. Das Fleisch und die Gemüse mit Garflüssigkeit von den Bohnen bedecken. Den Deckel auflegen und 1½ Stunden simmern lassen. Dabei zwei- oder dreimal das Fett abschöpfen. Zum Schluß das Kräuterbündel herausnehmen. ▶

9 **Eine Sauce zubereiten.** Das Lammfleisch und die Möhren beiseite stellen. Den restlichen Pfanneninhalt durch ein Sieb in einen Topf streichen (oben). Den Topf nur halb auf eine Kochplatte stellen und 15 Minuten simmern lassen. Das Fett, das sich an der kühleren Seite der Sauce sammelt, abschöpfen.

10 **Die erste Schicht des Cassoulet zusammenstellen.** Einen großen, tiefen Keramikschmortopf mit Knoblauchzehen ausreiben. Den Boden mit den kleinen Schwartenstücken belegen. Darauf die Gänsestücke legen und mit einem Schöpflöffel ein Drittel der Bohnen über die Gänsestücke gleichmäßig verteilen (oben).

13 **Mit Sauce überziehen.** Die entfettete Sauce löffelweise vorsichtig über den Eintopf geben; zum Schluß soll sich so viel Sauce im Topf befinden, daß sie gerade bis zu den Semmelbröseln reicht. Falls die Sauce nicht ausreicht, etwas von der Garflüssigkeit von den Bohnen und dem Schweinefleisch hinzugeben.

14 **Gänsefett darüberträufeln.** Weitere Semmelbrösel darüberstreuen und 2 oder 3 EL Gänsefett über die Semmelbrösel träufeln. Das Cassoulet im offenen Topf im vorgeheizten Backofen bei 170° C (Gasherd Stufe 2) garen.

15 **Die Kruste aufbrechen.** Das Cassoulet etwa alle 20 Minuten mit Lammfleischsauce begießen. Falls diese verbraucht ist, Garflüssigkeit von Schweinefleisch und Bohnen oder Flüssigkeit von dem Cassoulet selbst darübergießen. Wenn sich nach 1½ Stunden eine goldbraune Kruste gebildet hat, diese mit einem Löffel aufbrechen.

11 **Die zweite Schicht anordnen.** Die Lammfleischstücke auf die erste Bohnenschicht geben. Die gehackten Möhren, die mit dem Schweinefleisch und den Bohnen gekocht wurden, und die Pfotenstücke hinzufügen. Darüber etwa die Hälfte der restlichen Bohnen verteilen.

12 **Die dritte Schicht anordnen.** Die Knoblauchwürstchen in 1 cm dicke Scheiben schneiden und mit dem gepökelten Schweinefleisch auf die zweite Bohnenschicht legen (oben). Darauf die restlichen Bohnen verteilen. Anschließend Semmelbrösel darüberstreuen.

16 **Eine dicke Kruste backen.** Die aufgebrochene Kruste mit Garflüssigkeit von Schweinefleisch und Bohnen begießen. Das Cassoulet weitere $1\frac{1}{2}$ Stunden garen. Dabei noch zwei- oder dreimal die Kruste aufbrechen und begießen, bis sich eine dicke Kruste gebildet hat (oben). Das Cassoulet servieren. Auf jeden Teller von allen Fleischsorten sowie etwas Kruste und reichlich Bohnen geben (rechts). □

Eine Synthese verschiedener Aromen

Läßt man Bohnen zusammen mit Fleisch lange Zeit – mehrere Stunden oder über Nacht – bei schwacher Hitze im Backofen garen, so gehen die Aromen dieser beiden Zutaten vollkommen ineinander über. Auch die übrigen Würzzutaten können während des langen Garens ihr Aroma voll entfalten und die Bohnen ganz durchdringen. Rübensirup, brauner Zucker, Senf und Zwiebeln geben in dem nebenstehenden Beispiel roten Kidneybohnen, die mit gepökeltem Schweinefleisch gegart werden (Rezept S. 164), einen süßlich-scharfen Geschmack.

Vor dem Garen müssen die Bohnen gewässert werden, damit sie weich werden (S. 78). Sie werden dann in frischem Wasser gekocht und anschließend langsam gegart.

Die Bohnen dürfen während des langen Garens nicht trocken werden. Traditionelle Bohnentöpfe haben eine bauchige Form, die sich nach oben verjüngt, damit möglichst wenig Dampf entweichen kann. Man kann die Bohnen in jedem ähnlich geformten Topf garen, wenn man nur darauf achtet, daß die Bohnen von dem Wasser, in dem sie kurz aufgekocht wurden, gut bedeckt sind.

1 **Die Zutaten vorbereiten.** Bohnen, etwa – wie hier – rote Kidneybohnen, in kaltem Wasser einweichen. Abtropfen lassen, mit frischem Wasser bedecken und 10 Minuten kochen. Wiederum abtropfen lassen und die Kochflüssigkeit aufheben. Gepökeltes Schweinefleisch in Stücke schneiden (oben) und zusammen mit einer abgezogenen Zwiebel, Rübensirup, Senfpulver, braunem Zucker und grobkörnigem Salz bereitstellen.

2 **Den Bohnentopf zusammenstellen.** Die Bohnen in einen Bohnentopf oder irgendeinen anderen Schmortopf geben und braunen Zucker und Salz, Senfpulver und Rübensirup hinzufügen. So viel von der Garflüssigkeit dazugießen, daß die Bohnen etwa 2–3 cm mit Wasser bedeckt sind. Die Zwiebel und das Schweinefleisch dazugeben.

3 **Die Bohnen garen.** Den Deckel auflegen und den Eintopf bei 140° C (Gasherd Stufe 1) 7 bis 8 Stunden garen, bis die Bohnen weich sind, aber noch nicht zerfallen. Die Zwiebel vor dem Servieren herausnehmen □.

Rezepte

Aus der Kochbuchliteratur von 36 Ländern haben die Herausgeber und Berater dieses Bandes die folgenden Rezepte für Nährmittel- und Hülsenfruchtgerichte ausgewählt. Die Auswahl reicht vom Einfachen bis zum Außergewöhnlichen – vom schlichten Erbsenpüree bis zum extravaganten Wildreis-Gratin mit Austern. Die Sammlung umspannt einen Zeitraum von mehr als drei Jahrhunderten und enthält Rezepte von 112 Autoren, unter denen sich zahlreiche Berühmtheiten der Kochkunst befinden. Nur wenige dieser Rezepte sind bereits zuvor in deutscher Sprache veröffentlicht worden. Bei dieser Rezeptsammlung liegt die Betonung immer auf Gerichten, die mit frischen, natürlichen Zutaten in harmonischer Zusammenstellung zubereitet werden. Gerichte aus der Küche fremder Länder sind in großer Zahl vertreten, so Couscous aus Nordafrika, Falafel aus dem Nahen Osten und *frijoles refritos* aus Mexiko. Eine Fülle von Rezepten für Teigwarengerichte stammt natürlich aus Italien; daneben enthält die Sammlung aber auch Teigwarenrezepte aus dem Nahen Osten, Osteuropa und Südostasien. Die Auswahl wurde durch Rezepte für Klöße ergänzt.

In früheren Zeiten haben viele Autoren in ihren Rezepten keine genauen Zutatenmengen angegeben; diese sind hier mit Bedacht ergänzt worden. Außerdem wurden einer Reihe von Rezepten zusätzlich noch Erläuterungen und Hinweise – durch kursive Schrift gekennzeichnet – vorangestellt. Veraltete Ausdrücke wurden durch moderne ersetzt. Im Interesse einer echten Anthologie und um den Originalcharakter zu erhalten, sind die Texte der Autoren jedoch sowenig wie möglich verändert worden. Einige Arbeitsanleitungen wurden erweitert; in Fällen aber, in denen die Anleitungen nicht ausführlich genug erscheinen, braucht der Leser nur das entsprechende Kapitel im ersten Teil des Buches aufzuschlagen, wo alle Zubereitungsmethoden in Wort und Bild erklärt werden. Küchentechnische Ausdrücke und nicht allgemein bekannte Zutaten werden am Ende des Buches im kombinierten Register und Glossar erklärt.

Die Rezeptsammlung ist ebenso aufgebaut wie der erste Teil des Buches: in Rezepte für Gerichte aus Reis und anderen Getreidearten, aus Teigwaren und Hülsenfrüchten. Um den Umgang mit dem Buch zu erleichtern, wurden die Gruppen noch weiter unterteilt. Die Grundrezepte für Teige, Brühen und Saucen erscheinen am Ende der Rezeptsammlung. Die in manchen Rezepten enthaltenen Serviervorschläge sind natürlich nur als Anregung gedacht und können nach Belieben abgewandelt werden.

In den Zutatenlisten der Rezepte werden zunächst die Hauptzutaten genannt. Die übrigen Zutaten folgen in der Reihenfolge, in der sie bei der Zubereitung des Gerichts verwendet werden. Bei allen in Löffeln angegebenen Mengen ist der gestrichen volle Löffel gemeint.

Unzerkleinertes Getreide

Roter Reis

Red Rice

Statt Milchreis kann man italienischen Rundkornreis nehmen.

	Für 8 bis 10 Personen
1 kg	Milchreis, gewaschen und abgetropft
30 g	Azukibohnen, 1 Stunde eingeweicht und abgetropft
Etwa 1¾ l	Wasser
1 EL	Salz
3 EL	schwarze Sesamkörner, mit 1 TL Salz gemischt

Die Bohnen in 1¾ l Wasser im offenen Topf 1½ bis 2 Stunden kochen, bis sie weich sind. Eventuell kochendes Wasser nachgießen. In einem Sieb abtropfen lassen; die Garflüssigkeit zum Färben des Reises aufbewahren.

Den Reis mit den Bohnen vermengen. 1¼ l von dem Bohnenwasser dazugießen, Salz hinzufügen und zugedeckt bei schwacher Hitze etwa 30 Minuten garen.

Den Reis auf Tellern oder in Schalen anrichten und mit den Sesamkörnern bestreuen.

AYA KAGAWA
JAPANESE COOKBOOK

Pilaw mit Pinienkernen

Pilaff with Pine-Nuts

	Für 6 Personen
375 g	Langkornreis
150 g	Butter
1 l	kochendes Wasser
	Salz
60 g	Korinthen
60 g	Pinienkerne oder abgezogene, blättrig geschnittene Mandeln
2 EL	gehackte Petersilie
1 EL	Orangenschale, in feine Streifen geschnitten

In einem großen Topf 30 g Butter zerlassen. Den Reis hineingeben, in der Butter schwenken und dann das kochende Wasser dazugießen. Salz hinzufügen, den Deckel auflegen und 25 Minuten simmern lassen. Die Korinthen dazugeben und mit einer Gabel unter den Reis heben. Den Topf von der Kochstelle nehmen. Die restliche Butter in einer kleinen Pfanne erhitzen, die Pinienkerne hineingeben und braten, bis die Pinienkerne und die Butter braun sind. Die Pinienkerne mit der Butter über den Reis geben und vorsichtig vermischen. In eine Schüssel füllen und mit Petersilie und Orangenschale bestreut servieren.

JOSÉ WILSON (HERAUSGEBERIN)
HOUSE AND GARDEN'S PARTY MENU COOKBOOK

Reis mit Linsen

Khichhari

	Für 6 Personen
175 g	Reis, gewaschen und abgetropft
250 g	braune Linsen oder geschälte grüne Erbsen oder Mungobohnen, 1 Stunde eingeweicht und abgetropft
2 EL	gehackte frische Korianderblätter
1	Stück frische Ingwerwurzel, etwa 2,5 cm lang, geschält und gehackt
4	Knoblauchzehen
½ TL	Kurkumapulver
½ TL	Paprikapulver oder Cayennepfeffer
½ TL	*garam masala*
2 EL	*ghee*
1	Zwiebel, feingehackt
½ TL	Kreuzkümmel
2	grüne Chilischoten, entkernt und feingehackt (nach Belieben)
2	Tomaten, abgezogen, entkernt und in Viertel geschnitten
1	Kartoffel, in Würfel geschnitten
1 TL	Salz

In einem Mörser 1 EL Korianderblätter mit dem Ingwer, Knoblauch, Kurkumapulver, Paprika oder Cayennepfeffer und *garam masala* zerstoßen. *Ghee* erhitzen und die Zwiebel kurz darin braten. Die *garam-masala*-Mischung, den Kreuzkümmel und die gehackten Chilischoten einrühren. Einige Minuten braten, dann den Reis, die Hülsenfrüchte und die Tomaten dazugeben. Weitere 5 Minuten braten und mit Wasser bedecken. Die Kartoffelwürfel hinzufügen, mit Salz würzen und zum Kochen bringen. Die Temperatur herunterschalten und 20 Minuten simmern lassen, bis der Reis gar ist. Falls erforderlich, etwas Wasser nachgießen, damit der Reis nicht trocken wird. Mit den restlichen Korianderblättern bestreuen und servieren.

JACK SANTA MARIA
INDIAN VEGETARIAN COOKERY

Blumenkohl-Pilaw

Phūlgobi Pulau

Für 6 Personen

275 g	Langkornreis, 1 Stunde eingeweicht und abgetropft
250 g	Blumenkohl, in Röschen zerteilt
	Salz und frisch gemahlener Pfeffer
30 g	*ghee* oder geklärte Butter
1	Zwiebel, feingehackt
6	Knoblauchzehen, feingehackt
2	grüne Kardamomkapseln
1	Zimtstange, etwa 5 cm lang, in Stücke gebrochen
6	Nelken
1	Stück frische Ingwerwurzel, etwa 2 cm lang, feingehackt
2	grüne Chilischoten, Stengel entfernt, entkernt und gehackt (nach Belieben)
½ TL	Paprikapulver oder Cayennepfeffer
1 TL	Kreuzkümmel
½ TL	*garam masala*
¼ l	Joghurt
90 cl	heißes Wasser

Die Blumenkohlröschen mit Salz und Pfeffer bestreuen und in *ghee* goldgelb braten. Herausnehmen, Zwiebelstücke und Knoblauch in den Topf geben und kurz braten, bis die Zwiebeln weich sind. Dann Kardamomkapseln, Zimt, Nelken und Reis hinzufügen. Unter Rühren etwa 5 Minuten sautieren, bis der Reis glasig wird. Anschließend Blumenkohlröschen, Ingwer, Chilischoten, Paprika, 2 TL Salz, Kreuzkümmel und *garam masala* in den Topf geben und weitere 5 Minuten braten. Den Joghurt einrühren. Das heiße Wasser dazugießen, zum Kochen bringen und zugedeckt 20 bis 30 Minuten simmern lassen, bis der Reis gar ist und die Flüssigkeit aufgenommen hat.

JACK SANTA MARIA
INDIAN VEGETARIAN COOKERY

Lammpilaw mit Joghurt

Yakhni Pilau

Die Gelierbrühe wird aus etwas Hammelfleisch und gelatinehaltigen Knochen wie Bein, Kniestück und Füßen zubereitet. Die Brühe wird durch ein Sieb gegeben und das Fett abgeschöpft. Sie kann mit einigen Streifen Zitronenschale oder einer Handvoll Zitronenblättern, Petersilie oder Korianderblättern, mit einer 2 cm langen, frisch gehackten Ingwerwurzel, einer 5 cm langen Zimtstange, 1 oder 2 grünen Chilischoten oder einer grünen Paprikaschote, 1 TL Pfefferkörnern und etwas gehacktem Schnittlauch verfeinert werden. Der Pilaw kann mit abgezogenen, blättrig geschnittenen und gerösteten Mandeln, gesalzenen und dann gebratenen oder gegrillten Paprikaringen, gebratenen Zwiebelringen oder eingeweichten, abgetropften und leicht gebratenen Rosinen garniert werden.

Für 4 Personen

250 g	Langkornreis, 1 Stunde eingeweicht und abgetropft
600 g	Lammfleisch ohne Knochen, in Würfel geschnitten
2	Limetten, Saft ausgepreßt
8	Anis- oder Fenchelsamen, gemahlen
15 cl	Sahne, leicht geschlagen
15 cl	Joghurt
125 g	geklärte Butter
4	Nelken, zerstoßen
60 cl	Gelierbrühe
7	Kardamomkapseln, zerdrückt
5 cm	Zimtstange
2 EL	Mohn, geröstet und gemahlen
2	Lorbeerblätter
	Salz
6 EL	gehackter roher Spinat oder Brunnenkresse

Die Lammfleischwürfel an mehreren Stellen mit einer Gabel einstechen und mit Limettensaft und Anis oder Fenchel einreiben. Die Sahne mit dem Joghurt verrühren, über das Lammfleisch geben und das Fleisch darin marinieren.

In einer kleinen Pfanne 60 g geklärte Butter erhitzen und die Nelken hineingeben. Die Gelierbrühe dazugießen und umrühren. Den Deckel auflegen und bei niedriger Temperatur 5 Minuten erhitzen. In einem Topf die restliche geklärte Butter erhitzen und Kardamom, Zimt, Mohn und Lorbeerblätter hineingeben, den Reis hinzufügen und bei mittlerer Hitze unter Rühren 6 bis 8 Minuten glasig braten. Das Fleisch aus der Sahne-Joghurt-Marinade herausnehmen und abtropfen lassen. Die Marinade in den Topf geben und so viel Brühe dazugießen, daß der Reis 3 cm hoch bedeckt ist. Zum Kochen bringen, mit Salz würzen und den gehackten Spinat oder die Brunnenkresse dazugeben. Den Deckel auflegen und im vorgeheizten Backofen bei 180° C (Gasherd Stufe 2–3) 12 Minuten garen. In der Zwischenzeit das Lammfleisch in der restlichen Butter braun anbraten und dann mit dem Reis vermischen. Den Deckel wieder auflegen und weitere 15 Minuten bei 170° C (Gasherd Stufe 2) im Backofen garen. Vor dem Servieren den Pilaw 5 Minuten warm stellen.

DHARAMJIT SINGH
INDIAN COOKERY

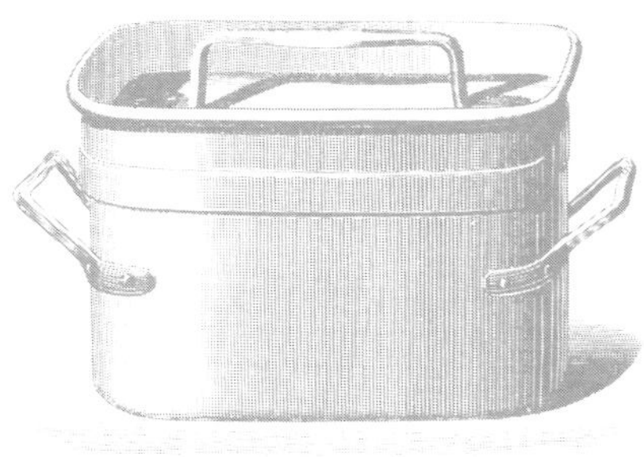

Fisch mit Reis auf tunesische Art

Riz au Poisson à la Tunisienne

Wie man die scharf gewürzte nordafrikanische „harissa"-Sauce zubereitet, wird auf S. 39 gezeigt.

Für dieses Gericht eignet sich jeder große weißfleischige Fisch wie etwa Engelfisch, Seeteufel, Schwertfisch, Seebarsch und Sackbrassen. Man kann auch Thunfisch oder Pelamide nehmen.

	Für 4 Personen
300 g	Reis, gewaschen und abgetropft
750 g	Fisch, gesäubert und in 4 dicke Scheiben geschnitten
	Salz und frisch gemahlener Pfeffer
10 cl	Öl
1	kleine Zwiebel, gehackt
1 EL	Tomatenpüree
1 TL	*harissa,* mit 10 cl Wasser vermischt
Etwa 8 EL	Wasser
30 g	Butter

Den Fisch mit Salz und Pfeffer einreiben. In einem Topf, der so groß ist, daß die vier Fischscheiben darin nebeneinander Platz haben, das Öl erhitzen. Den Fisch und die Zwiebelstücke hineingeben und den Fisch auf beiden Seiten goldbraun braten. Das Tomatenpüree und *harissa* hinzufügen, 10 Minuten simmern lassen und dann den Fisch mit Wasser bedecken. Zum Kochen bringen, die Temperatur herunterschalten und etwa 12 bis 15 Minuten simmern lassen, bis der Fisch gar ist.

Den Fisch aus der Garflüssigkeit nehmen und warm halten. So viel Wasser zu der Garflüssigkeit gießen, daß man insgesamt ¾ l Flüssigkeit erhält. Zum Kochen bringen und den Reis hineingeben. Die Temperatur herunterschalten und zugedeckt etwa 20 Minuten simmern lassen, bis der Reis die ganze Flüssigkeit aufgesogen hat. Dann die Butter dazugeben.

Eventuell nachwürzen. Den Reis auf eine Servierplatte häufen, die Fischscheiben darauf anrichten und heiß servieren.

MOHAMED KOUKI
POISSONS MÉDITERRANÉENS

Paella Valenciana

Wie man Kalmare säubert und vorbereitet, wird auf S. 28 gezeigt. Von den Miesmuscheln werden zunächst die Bärte entfernt und dann die Schalen gründlich abgebürstet. Anschließend legt man die Miesmuscheln etwa 3 Stunden in frisches, kaltes gesalzenes Wasser, damit Sand und Schlamm ausgespült werden. Das Wasser wechseln, wenn es trübe zu werden beginnt. Geöffnete Muscheln, die sich bei Berührung nicht mehr schließen, entfernen. Falls rohe Garnelen nicht erhältlich sind, kann man statt dessen auch gekochte nehmen. Sie werden 5 Minuten vor Ende der Garzeit in die Pfanne gegeben.

	Für 8 bis 10 Personen
600 g	Reis
1 kg	Huhn, in Portionsstücke zerlegt
⅛ l	Öl
	Salz
200 g	mageres Schweinefleisch, gehackt
200 g	Kalmar, gesäubert und gehackt
100 g	Zwiebeln, gehackt
1	rote Paprikaschote, abgezogen, entkernt und gehackt
300 g	Tomaten, abgezogen, entkernt und gehackt
200 g	lebende Miesmuscheln
200 g	*chorizo* oder eine andere stark gewürzte Bratwurst, in Scheiben geschnitten
60 cl	kochendes Wasser
200 g	rohe Tiefseegarnelen
100 g	junge, grüne Bohnen
200 g	enthülste Erbsen, 5 Minuten in gesalzenem Wasser blanchiert
4	Knoblauchzehen
	Safranpulver

In einem großen Topf die Hühnerfleischstücke in 2 EL Öl anbraten und mit Salz würzen. Nach etwa 10 Minuten das Schweinefleisch und die Kalmare dazugeben, den Deckel auflegen und weitere 10 Minuten bei schwacher Hitze garen. Dann die Zwiebeln und die Paprikaschote hinzufügen. Sobald sie angebraten sind, die Tomaten in die Pfanne geben. Ohne Deckel etwa 10 Minuten simmern lassen, bis die Tomaten zerfallen. Die Miesmuscheln und die Wurst hinzufügen, den Deckel auflegen und etwa 2 bis 3 Minuten kochen, bis sich die Muscheln geöffnet haben. Die Pfanne von der Kochstelle nehmen.

In einer Paella-Pfanne oder einer großen Bratpfanne 4 EL Öl erhitzen. Wenn das Öl anfängt zu rauchen, den Reis in die Pfanne geben und kurz anbraten. Dann den Inhalt des Topfes in die Paella-Pfanne geben. Umrühren und 60 cl kochendes Wasser dazugießen. Die Tiefseegarnelen, die grünen Bohnen und die Erbsen dazugeben. Den Knoblauch mit einer Prise Safranpulver und dem restlichen Öl zerstoßen. In die Paella-Pfanne geben, den Deckel auflegen und weitere 15 Minuten garen. Anschließend 5 Minuten stehenlassen und in der Paella-Pfanne servieren.

VICTORIA SERRA SUÑOL
SABORES: COCINA DEL HOGAR

Gelber Reis auf nepalesische Art

Yellow Rice, Nepalese Style

	Für 4 Personen
250 g	Langkornreis, 30 Minuten eingeweicht und abgetropft
4 EL	Öl
3	Frühlingszwiebeln, in Scheiben geschnitten
1	Zimtstange, 5 cm lang
3	Kardamomkapseln, Schalen entfernt
4	Nelken
	Kurkumapulver
¼ l	heißes Wasser
300 g	frisches Kokosnußfleisch, geschält, geraspelt, 30 Minuten in ¼ l Wasser gewässert und durch ein Tuch gepreßt, um die Kokosmilch herauszufiltern
	Salz
3 oder 4	Stengel frischer Koriander

Das Öl in einer Pfanne erhitzen und die Frühlingszwiebeln darin goldbraun braten. Auf Küchenkrepp abtropfen lassen.

Den Reis zusammen mit Zimt, Kardamomsamen, Nelken und etwas Kurkumapulver 3 Minuten braten. Das heiße Wasser, die Kokosmilch und etwas Salz hinzufügen und zugedeckt bei schwacher Hitze 20 Minuten garen. Dann den Koriander dazugeben. Den Deckel abnehmen und etwa 5 bis 10 Minuten in den auf 150° C (Gasherd Stufe 1) vorgeheizten Backofen stellen, bis die überschüssige Flüssigkeit verdampft ist. Mit den gebratenen Frühlingszwiebeln garnieren und heiß servieren.

E. MAHESWARI DEVI
HANDY RICE RECIPES

Paella mit Hühnchen, Schweinefleisch und Meeresfrüchten

Paella Valenciana

Die Zutaten für diese Paella können je nach Geschmack variiert werden. Anstelle des Hühnchens kann man Kaninchen nehmen, die Miesmuscheln können durch Klaffmuscheln ersetzt werden, und die Schnecken und der Aal können ganz weggelassen werden.

Lebender Aal wird zunächst zum Betäuben mit dem Kopf gegen eine harte Fläche geschlagen. Dann wird er durch einen Stich in den Kopf getötet und die Haut unterhalb des Kopfes rundum eingeschnitten und im ganzen nach hinten abgezogen. Wie man Kalmare säubert, wird auf S. 28 gezeigt. Miesmuscheln werden wie Klaffmuscheln gekocht und aus der Schale gelöst (S. 29); wie man sie vorbereitet, wird im Paella-Rezept auf der gegenüberliegenden Seite beschrieben.

	Für 6 bis 8 Personen
400 g	Reis
1	Hühnchen (etwa 1,5 kg), in 6 bis 8 Portionsstücke zerlegt
200 g	mageres Schweinefleisch, in Würfel geschnitten
100 g	Schinken, in dünne Scheiben geschnitten
8	kleine geräucherte Würstchen, eingestochen und gekocht
2	Kalmare, gesäubert und in Ringe geschnitten
12	Schnecken, gekocht und aus den Häusern gelöst
1	kleiner frisch getöteter Aal, abgezogen, gesäubert und in 6 bis 8 Stücke geschnitten
24	Miesmuscheln, gekocht und aus der Schale gelöst, die Kochflüssigkeit aufgehoben
8	Sägegarnelen
20 cl	Olivenöl
2	mittelgroße Zwiebeln, feingehackt
4	rote Paprikaschoten, abgezogen, entkernt und gehackt
2	Artischocken, geputzt, in Viertel geschnitten und Heu entfernt
100 g	grüne Bohnen, geputzt und in kleine Stücke geschnitten
2	Tomaten, abgezogen entkernt und gehackt
2	Knoblauchzehen, gehackt
6 bis 8 EL	gehackte Petersilie,
	Frisch gemahlener weißer Pfeffer
	Frisch geriebene Muskatnuß
	Salz
½ TL	Safranpulver
1 TL	Paprika
200 g	Erbsen, enthülst und blanchiert
1	Lorbeerblatt

In einer Paellapfanne das Olivenöl erhitzen und die Hühnerstücke, Fleischwürfel, Schinkenscheiben und Würstchen bei mittlerer Hitze darin goldbraun braten. Die Zwiebeln, Paprika, Artischocken und Bohnen hinzufügen, ein paar Minuten sautieren und dann die Kalmare, Schnecken und Aalstücke dazugeben. Sägegarnelen und Tomaten hinzufügen.

Bei schwacher Hitze weitergaren. Knoblauch und Petersilie hinzufügen und mit weißem Pfeffer, Muskat und Salz abschmekken. Den Reis einrühren und mit etwas Safran und Paprika würzen. Das Muschelkochwasser dazugießen; eventuell mit frischem Wasser auffüllen. Es sollte etwa 1 l Flüssigkeit – die doppelte Menge wie Reis – in der Pfanne sein. Die Erbsen und das Lorbeerblatt hinzufügen und aufkochen lassen. Anschließend im vorgeheizten Backofen bei 180° C (Gasherd Stufe 2–3) 15 bis 20 Minuten garen. Ein paar Minuten vor Ende der Garzeit die Muscheln unterheben. In der Paellapfanne servieren.

CANDIDO LOPEZ
EL LIBRO DE ORO DE LA GASTRONOMÌA

Risotto nach Mailänder Art

Risotto alla Milanese

Für 5 oder 6 Personen

500 g	Rundkornreis
1	kleine Zwiebel, feingehackt
40 g	Rindermark
75 g	Butter
15 cl	trockener Weißwein
1/4 TL	Safranpulver, mit 2 El Brühe vermischt
1 1/4 l	Brühe (S. 166)
Etwa 90 g	Parmesankäse, frisch gerieben

In einem flachen, großen Topf die Zwiebel und das Rindermark in 40 g Butter braten, bis die Zwiebelstücke glasig sind. Den Reis einrühren und nach ein paar Minuten den Wein, 15 cl Brühe und den Safran dazugeben. Bei schwacher Hitze unter vorsichtigem Rühren garen, bis der Reis die Flüssigkeit aufgesogen hat. Etwas Brühe nachgießen und wieder behutsam rühren, bis auch diese Flüssigkeit aufgesogen ist. In dieser Weise nach und nach die ganze Brühe dazugießen. Sobald der Reis gar ist, von der Kochstelle nehmen, die restliche Butter und den Parmesankäse unter den Reis mischen und servieren. Weiteren geriebenen Parmesankäse getrennt dazu reichen.

PELLEGRINO ARTUSI
LA SCIENZA IN CUCINA E L'ARTE DI MANGIAR BENE

Reisauflauf

Country Dirty Rice

Für 4 bis 6 Personen

400 g	Langkornreis
10 cl	Öl
3 EL	Mehl
125 g	Zwiebeln, feingehackt
750 g	Hühnerleber, feingehackt
60 g	Bleichsellerie, gehackt
30 g	Petersilie, feingehackt
100 g	Frühlingszwiebeln, gehackt
75 g	grüne Paprikaschoten, gehackt
1 TL	Knoblauch, feingehackt
	Salz und frisch gemahlener Pfeffer
	Cayennepfeffer
1 l	Brühe (S. 166)

In einem gußeisernen Topf aus dem Öl und dem Mehl bei schwacher Hitze einen braunen Roux zubereiten. Die Zwiebeln dazugeben und unter Rühren goldbraun braten. Hühnerleber, Bleichsellerie, Petersilie, Frühlingszwiebeln, Paprika und Knoblauch hinzufügen, mit Salz, Pfeffer und einer Prise Cayennepfeffer würzen und unter Rühren 5 Minuten braten. 10 cl Brühe dazugießen und weitere 15 Minuten garen. Das an der Oberfläche schwimmende Öl abschöpfen und den Topf vom Herd nehmen.

In einem zweiten Topf den Reis in der restlichen Brühe etwa 18 bis 20 Minuten garen, bis die Flüssigkeit verdampft ist. Den Reis mit dem Gemüse vermischen und eventuell nachwürzen. Vor dem Servieren im vorgeheizten Backofen bei 180° C (Gasherd Stufe 2–3) 20 Minuten erhitzen.

THE JUNIOR LEAGUE OF NEW ORLEANS
THE PLANTATION COOKBOOK

Katalanischer Reis

Arros à la Catalane

Für 6 Personen

500 g	Reis
400 bis 500 g	Schweinekotelett, Schweinefilet oder Schweinefiletkotelett, entbeint
2 EL	Olivenöl
1	Zwiebel, gehackt
2 bis 3 EL	Tomatenpüree
150 g	*chorizo* oder eine andere mit Knoblauch gewürzte Bratwurst, in Würfel geschnitten
30 g	enthülste Erbsen
3	Knoblauchzehen, gehackt
1/4 TL	Safranpulver
1 bis 1 1/2 l	Brühe (S. 166) oder Wasser
	Salz und frisch gemahlener Pfeffer

In einem großen Topf das Schweinefleisch in Olivenöl bei mittlerer Hitze etwa 2 Minuten anbraten. Die Zwiebel dazugeben und in weiteren 3 Minuten glasig braten. Das Tomatenpüree, die Wurststücke und etwas Wasser hinzufügen. 10 Minuten garen, dann die Erbsen und den Knoblauch in den Topf geben. Aufkochen lassen und den Reis, Safran und Brühe oder Wasser hineinfüllen. Etwa 15 bis 20 Minuten garen, bis der Reis weich ist und die Flüssigkeit aufgenommen hat. Mit Salz und frisch gemahlenem Pfeffer würzen.

MARIE-THÉRÈSE CARRÉRAS UND GEORGES LAFFORGUE
LES BONNES RECETTES DU PAYS CATALAN

Risotto mit Parmesankäse

Risotto alla Parmigiana

	Für 4 Personen
500 g	Rundkornreis
1	kleine Zwiebel, gehackt
80 g	Butter
1½ l	Brühe (S. 166)
60 g	Parmesankäse, gerieben

In einer Pfanne die Zwiebel in 40 g Butter glasig braten. Den Reis hinzufügen und nach ein paar Minuten 15 cl Brühe dazugießen. Sobald der Reis die Flüssigkeit aufgesogen hat, weitere Brühe nachgießen. Auf diese Weise nach und nach die ganze Brühe dazugeben und den Reis unter ständigem Rühren garen, bis er bißfest und nicht zu trocken ist. Von der Kochstelle nehmen, den Parmesankäse und die restliche Butter in Flöckchen darübergeben. Vermischen und dann servieren.

STELLA DONATI
LE FAMOSE ECONOMICHE RICETTE DI PETRONILLA

Chilenischer Aal-Curry

Einen lebenden Aal schlägt man zunächst mit dem Kopf gegen eine Tischkante,um ihn zu betäuben, und tötet ihn dann durch einen Stich in den Kopf. Dann die Haut unterhalb des Kopfes ringsum einschneiden, mit einer Zange einen Zipfel Haut lösen und nun die Haut wie einen Handschuh zum Schwanz hin abziehen. Den Kopf und den vorderen Teil des Aalkörpers, in dem die Eingeweide liegen, abschneiden (mit dem Kopf etwa 7 cm).

	Für 6 Personen
500 g	Reis
500 g	frisch getöteter Aal
½ l	trockener Weißwein
2	Lorbeerblätter
3	Nelken
6	Wacholderbeeren
30 g	Butter
	Salz
3 TL	Currypulver
1 EL	gehackter Dill

Den Weißwein mit den Lorbeerblättern, Nelken und Wacholderbeeren zum Kochen bringen und 5 Minuten simmern lassen. Den Aal hineingeben und 10 Minuten ziehen lassen. Herausnehmen und beiseite stellen, die Flüssigkeit aufbewahren.

Den Reis waschen und kurz in der Butter sautieren. Die Fischbrühe durch ein Sieb geben und zu dem Reis gießen. Etwa 10 Minuten simmern lassen, bis die Flüssigkeit fast ganz aufgenommen ist. Salzen und mit Currypulver würzen. Den Aal entgräten und in 3 cm lange Stücke schneiden. Die Aalstücke und den Dill mit dem Reis vermischen. Den Deckel auflegen und 10 Minuten bei ganz schwacher Hitze garen.

LILO AUREDEN
WAS MÄNNERN SO GUT SCHMECKT

Reis mit Hühner- und Schweinefleisch

Diabo

Für dieses Gericht aus Macao sollte der Reis wie für einen Pilaw (S. 20) gegart werden. Senfgemüse erhält man in Orientgewürzläden. Es ist normalerweise in Lake eingelegt und muß vor der Weiterverwendung gewässert werden.

	Für 6 bis 8 Personen
300 g	Reis
1	Huhn von 1 kg, in 10 Stücke zerlegt
400 g	mageres Schweinefleisch ohne Knochen, in große Würfel geschnitten
1	große Zwiebel, gehackt
125 g	Schweineschmalz
	Salz und frisch gemahlener Pfeffer
2	Lorbeerblätter
3	Nelken, in ein Stück Nesseltuch eingebunden
1 EL	Essig
	Frisch gemahlener Piment
10 cl	Tomatenpüree
750 g	Senfgemüse oder anderes, frisches Blattgemüse

In einer großen Pfanne die Zwiebel in dem Schweineschmalz braten, bis sie Farbe angenommen hat. Dann das Fleisch, Salz und Pfeffer, die Lorbeerblätter, Nelken, Essig, eine Prise Piment und das Tomatenpüree dazugeben. Den Deckel auflegen und etwa 45 Minuten garen, bis das Fleisch zart ist. Eventuell etwas Wasser dazugießen, damit das Gericht nicht anbrennt.

Während das Fleisch gart, den Reis 30 Minuten kochen und die Senfblätter 10 Minuten blanchieren. Den Reis auf einer vorgewärmten Servierplatte anrichten und mit dem Senfgemüse belegen. Die Nelken aus der Pfanne nehmen, das Fleisch mit der Sauce über den Reis und das Gemüse geben und servieren.

MARIA ODETTE CORTES VALENTE
COZINHA REGIONAL PORTUGUESA

Risotto mit Pfifferlingen

Risotto de Chanterelles

	Für 4 Personen
400 g	Rundkornreis
500 g	Pfifferlinge
3	Zwiebeln, feingehackt
1	Knoblauchzehe, feingehackt
	Paprika
3 EL	Olivenöl
100 g	Butter
200 g	Möhren, geraspelt
	Salz und frisch gemahlener Pfeffer
	Safranpulver
1 l	kochende Fleischbrühe (S. 166)
2 EL	Petersilie, Estragon, Kerbel und Schnittlauch, gehackt
60 g	Parmesankäse oder Greyerzer Käse, frisch gerieben

Eine gehackte Zwiebel mit dem Knoblauch und einer Prise Paprika kurz in Öl sautieren. Die Pfifferlinge hinzufügen, den Deckel auflegen und 12 Minuten bei schwacher Hitze garen. Anschließend in der Pfanne warm halten.

In einem schweren Schmortopf 40 g Butter erhitzen und unter ständigem Rühren die restlichen gehackten Zwiebeln dazugeben. Den Reis hinzufügen und unter weiterem ständigem Rühren hellgelb werden lassen. Die Möhren und dann die Pilze einrühren. Mit Salz, Pfeffer und einer Prise Safran würzen. Etwa doppelt soviel kochende Brühe wie Reis dazugießen, den Deckel auflegen und im vorgeheizten Backofen bei 180° C (Gasherd Stufe 2–3) etwa 20 Minuten garen.

Aus dem Ofen nehmen und vorsichtig die restliche Butter, die Petersilie, Estragon, Kerbel, Schnittlauch und den geriebenen Käse unterrühren. Den Topf ohne Deckel in den Ofen stellen und weitere 5 Minuten garen. Den Risotto noch einmal gut umrühren und sehr heiß servieren.

F. UND T. RARIS
LES CHAMPIGNONS. CONNAISSANCE ET GASTRONOMIE

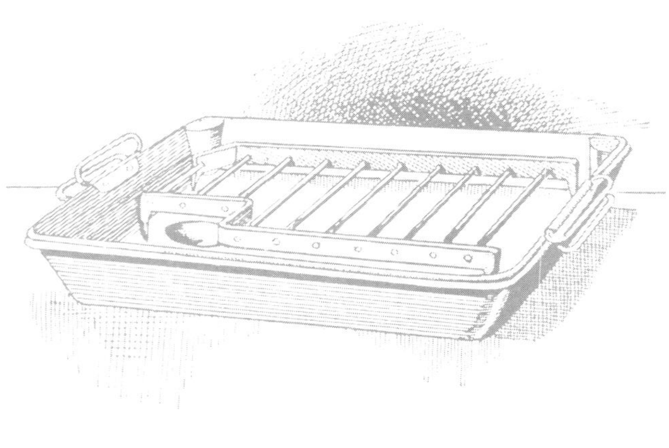

Reis mit Erbsen

Risi e Bisi

Risi e bisi ist ein venezianisches Reisgericht, zu dem man mehr Flüssigkeit nimmt als zu einem normalen Risotto. Man sollte nur wenig rühren, damit die Erbsen ganz bleiben. Da das Gericht mit der Gabel und nicht mit dem Löffel gegessen wird, darf es auch nicht zu flüssig werden. Anstelle von Brühe kann man auch leicht gesalzenes Wasser verwenden.

	Für 4 bis 6 Personen
400 g	Rundkornreis
1 kg	grüne Erbsen, enthülst
1	kleine Zwiebel, gehackt
45 g	Butter
60 g	Parmaschinken mit breitem Fettrand, gehackt
Etwa 1³/₄ l	heiße Hühner- oder Rinderbrühe (S. 166)
60 g	Parmesankäse, frisch gerieben

In einem großen Topf die Zwiebel in 15 g Butter glasig braten. Den Schinken hinzufügen und leicht anbraten. Die Erbsen hinzufügen und in der Butter schwenken. Eine Tasse Brühe dazugießen und aufkochen lassen. Dann den Reis in den Topf geben, etwa 60 cl Brühe zugießen und ohne zu rühren simmern lassen. Gelegentlich Brühe nachgießen und darauf achten, daß nicht die ganze Flüssigkeit vom Reis aufgesogen wird. Wenn der Reis gar ist, je 30 g Butter und Parmesankäse unterrühren. Den restlichen geriebenen Käse getrennt dazu reichen.

ELIZABETH DAVID
ITALIAN FOOD

Weißkohlrisotto

Riz au Chou

	Für 4 Personen
300 g	Langkornreis
750 g	Weißkohl, halbiert, Strunk, äußere Blätter und Rippen entfernt, gehobelt
	Olivenöl
125 g	geräucherter durchwachsener Speck, in kleine Würfel geschnitten
2	Zwiebeln, grobgehackt
	Salz und frisch gemahlener Pfeffer
60 g	Greyerzer Käse, frisch gerieben

In einer großen Pfanne das Öl erhitzen und den Speck und die Zwiebeln darin goldbraun braten. Den Weißkohl hinzufügen und unter ständigem Rühren 15 Minuten garen.

Den Reis unterrühren und 10 Minuten in der offenen Pfanne garen. So viel kochendes Wasser dazugießen, daß der Reis gut bedeckt ist. Mit Salz und Pfeffer würzen, den Deckel auflegen und bei schwacher Hitze 25 Minuten simmern lassen. Gegen Ende der Garzeit den geriebenen Käse vorsichtig mit einer Gabel unterheben. In eine vorgewärmte Schüssel füllen und sehr heiß servieren.

MYRETTE TIANO
PÂTES ET RIZ

Risotto mit weißer Trüffel

Risotto aux Truffes

Das feine Aroma der Trüffel kommt am besten zur Geltung, wenn man sie mit einfachen Beilagen serviert, z. B. mit gekochtem Reis, der nur mit etwas Butter und Käse verfeinert wird. Zieht man jedoch Risotto als Beilage vor, so ist hier ein Rezept dafür.

	Für 4 Personen
400 g	Rundkornreis
1	weiße Trüffel, in dünne Scheiben geschnitten
1	Zwiebel, feingehackt
90 g	Butter
	Salz und frisch gemahlener Pfeffer
10 cl	Weißwein
1½ l	heiße Fleischbrühe (S. 166)
75 g	Parmesankäse oder Greyerzer Käse, frisch gerieben

In einem Topf die Zwiebel in 70 g Butter sautieren. Den Reis dazugeben und einige Minuten rühren, dann mit Salz und Pfeffer abschmecken. Die Temperatur heraufschalten, den Wein dazugießen und so lange kochen, bis der Wein verdampft ist. Mit einem Schöpflöffel nach und nach unter ständigem Rühren die heiße Brühe dazugeben und den Risotto 15 bis 18 Minuten garen. Von der Kochstelle nehmen und den geriebenen Käse und die restliche Butter unterrühren. Mit den Trüffelscheiben belegt servieren.

F. UND T. RARIS
LES CHAMPIGNONS. CONNAISSANCE ET GASTRONOMIE

Schwarzer Reis mit Tintenfisch

Risotto al Nero di Seppie

Tintenfische werden wie Kalmare zerlegt (S. 28). Der Tintensack ist zwischen den übrigen Eingeweiden, die man fortwirft, deutlich sichtbar. Bei frischem Tintenfisch ist die Tinte flüssig und fließt heraus, wenn der Sack angestochen wird. Bei tiefgefrorenem Tintenfisch ist sie fest und muß aus dem Sack herausgedrückt werden und in 1 EL kochendem Wasser, Brühe oder Wein aufgelöst werden.

Für die Fischbrühe 1 kg Fischköpfe, Gräten und sonstige Fischabfälle abspülen und grob hacken. Mit 1 Zwiebel, 1 Möhre, 1 Stange Porree, 1 Stengel Bleichsellerie, 1 Bouquet garni und 2 l Wasser in einen Topf geben. Mit Salz würzen und bei schwacher Hitze kochen, bis sich Schaum auf der Oberfläche sammelt. Allen Schaum sorgfältig abschöpfen, bis sich kein Schaum mehr bildet; dann die Temperatur herunterschalten und etwa 30 Minuten simmern lassen. Die Fischbrühe vor der Weiterverwendung durch ein Sieb geben.

	Für 6 Personen
600 g	Rundkornreis
850 g	Tintenfische, gesäubert und in Streifen geschnitten, 1 Tintensack aufbewahrt
¼ l	trockener Weißwein
1	Knoblauchzehe, feingehackt
2	Lorbeerblätter
⅛ l	Olivenöl
1	Zwiebel, gehackt
Etwa 1½ l	kochende Fischbrühe
	Salz und frisch gemahlener Pfeffer
2 EL	gehackte Petersilie
100 g	Butter, in kleine Stücke geschnitten
75 g	Parmesankäse, frisch gerieben

Die Tinte mit der Hälfe des Weißweins verdünnen. Den Knoblauch mit den Lorbeerblättern in der Hälfte des Öls bei schwacher Hitze braten, bis der Knoblauch goldgelb ist. Die Lorbeerblätter herausnehmen und feinhacken. Die Temperatur etwas heraufschalten, die Tintenfischstreifen in den Topf geben und nach einigen Minuten die Tinte und die gehackten Lorbeerblätter einrühren. Die Temperatur herunterschalten und im offenen Topf 15 Minuten garen.

Inzwischen in einem zweiten Topf den Risotto zubereiten. Die Zwiebeln im restlichen Öl glasig braten, den Reis dazugeben und bei mittlerer Hitze unter ständigem Rühren mit einem Holzlöffel sautieren. Den restlichen Wein dazugießen, einkochen und dann etwas kochende Fischbrühe hinzufügen. Unter gelegentlichem Rühren etwa 15 Minuten simmern lassen, bis der Reis halb gar ist. Eventuell etwas Fischbrühe nachgießen.

Den Tintenfisch mit der Tinte unter den Reis rühren, mit Salz und Pfeffer abschmecken und im offenen Topf weitere 18 bis 20 Minuten simmern lassen. Anschließend die gehackte Petersilie, die Butterstückchen und den frisch geriebenen Parmesankäse dazugeben und gut vermischen.

LUIGI VOLPICELLI UND SECONDINO FREDA
L'ANTIARTUSI: 1000 RICETTE

Risotto mit Kalmaren und Garnelen

Risotto con Moscardini e Scampi

„Moscardini" sind kleine Kalmare, die man in der Gegend von Genua fängt. Sie können durch andere kleine Kalmare ersetzt werden, sie sollten möglichst nicht länger als 5 cm sein. Wie man Kalmare säubert und vorbereitet, wird auf S. 28 gezeigt.

Die Sauce für diesen Risotto schmeckt auch sehr gut zu Spaghetti oder anderen Nudeln.

	Für 6 Personen
600 g	Rundkornreis
3	*moscardini*
10	Tiefseegarnelen oder große Sägegarnelen, roh oder gekocht
2	Möhren, geputzt und in Würfel geschnitten
1	Zwiebel, in Würfel geschnitten
4	Stengel Bleichsellerie, in Würfel geschnitten
$1^1/_2$ l	Wasser
	Salz
110 g	Butter
5 bis 6 EL	Öl
350 g	Tomaten, abgezogen und gehackt
4 EL	feingehackte Petersilie
2	Knoblauchzehen, feingehackt
2 EL	feingehacktes Basilikum
500 g	frische Erbsen
35 cl	trockener Weißwein
30 g	Parmesankäse, frisch gerieben (nach Belieben)

Für die Brühe, in der der Reis gekocht werden soll, zunächst die Möhren, die Zwiebel und den Bleichsellerie in dem gesalzenen Wasser ½ Stunde simmern lassen.

Die *moscardini* ausnehmen, die Köpfe abschneiden und den Tintensack herausnehmen. Die Köpfe ganz lassen, die Mäntel und die Tentakel in Ringe und Streifen schneiden.

50 g Butter und das Öl in einem großen Topf erhitzen, Tomaten, Petersilie, Knoblauch und Basilikum hinzufügen und unter ständigem Rühren braten, bis der Knoblauch braun wird. Die *moscardini* mit den Köpfen und die Erbsen in den Topf geben und die Temperatur herunterschalten. Falls die Sauce zu dick wird, etwas heiße Gemüsebrühe dazugießen.

Wenn rohe Garnelen verwendet werden, diese jetzt in die Gemüsebrühe geben und 5 Minuten kochen. Mit einem Schaumlöffel herausnehmen, abtropfen und abkühlen lassen. Die Köpfe vorsichtig ablösen (sie werden für die Garnierung gebraucht), die Schwänze aus den Schalen lösen und zu der Sauce geben. Die Sauce bei schwacher Hitze weiterkochen, dabei darauf achten, daß sie nicht anbrennt. Wenn die *moscardini* und die Erbsen gar sind, den Reis dazugeben und rühren, bis er gleichmäßig mit der Sauce überzogen ist. Den Weißwein in dünnem Strahl dazugießen. Die Brühe durch ein Sieb geben und sobald der Reis den Wein aufgesogen hat, die passierte Brühe nach und nach hinzufügen. Den Reis bei schwacher Hitze simmern lassen, bis er gar ist. Er sollte zart, aber noch bißfest sein.

Den Risotto kurz vor dem Servieren flöckchenweise mit der restlichen Butter belegen und mit geriebenem Parmesankäse bestreuen. Viele Feinschmecker ziehen es jedoch vor, bei Fischgerichten auf den Käse zu verzichten. Den Risotto in eine vorgewärmte Schüssel geben. Die Garnelenköpfe kranzförmig um den Risotto legen und sehr heiß servieren.

MARIÙ SALVATORI DE ZULIANI
LA CUCINA DI VERSILIA E GARFAGNANA

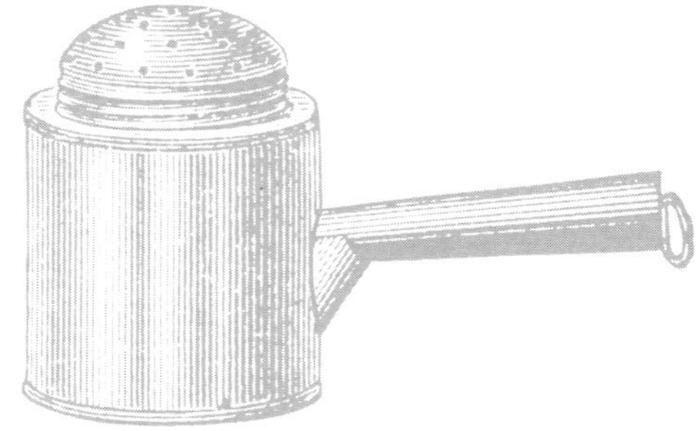

Spinat mit Reis

Spanakorizo

Will man *prassorizo,* ein ähnliches Gericht wie *spanakorizo,* zubereiten, nimmt man statt des Spinats 750 g in Scheiben geschnittenen Porree und gibt ihn – da der Porree eine längere Garzeit hat – bereits zusammen mit den Tomaten in den Topf.

	Für 6 bis 8 Personen
125 g	Langkornreis
1 kg	Spinat, Stiele entfernt, gewaschen und abgetropft
2 EL	Olivenöl oder 30 g Butter
1	kleine Zwiebel, gehackt
$^1/_8$ l	Tomatensauce oder Tomaten aus der Dose, abgetropft
10 cl	Wasser
4 EL	gehackte Petersilie
2	Stengel frische Pfefferminze, gehackt
	Salz und frisch gemahlener Pfeffer
	Geriebene Muskatnuß
3	Scheiben durchwachsener Speck, knusprig gebraten und zerbröckelt (nach Belieben)
4	hartgekochte Eier, in Scheiben geschnitten (nach Belieben)
1	Zitrone, in Achtel geschnitten

Das Öl oder die Butter in einer emaillierten Bratpfanne erhitzen und die Zwiebelstücke darin glasig braten. Den Reis hinzufügen und einige Minuten unter ständigem Rühren braten. Die Tomatensauce oder die abgetropften Tomaten und das Wasser hinzufügen. Den Deckel auflegen und etwa 10 Minuten simmern lassen, bis der Reis fast gar ist. Spinat, Petersilie und Pfefferminze unterrühren und mit Salz und Pfeffer abschmecken. Den Deckel wieder auflegen – dabei aber einen Spalt offenlassen – und weitergaren. Hin und wieder mit einem Holzlöffel umrühren, bis der Spinat zusammengefallen ist. Etwas Muskat darübergeben und so lange garen, bis die Flüssigkeit aufgesogen und das *spanakorizo* weich, aber noch nicht breiig ist. Von der Kochstelle nehmen und bis zum Servieren mit einem trockenen Tuch abdecken, das zwischen Topf und Topfdeckel gelegt wird. Zum Servieren in eine vorgewärmte Schüssel geben, nach Belieben knusprig gebratenen Speck und Eierscheiben darübergeben und mit Zitronenspalten garnieren. Heiß servieren.

VILMA LIACOURAS CHANTILES
THE FOOD OF GREECE

Schwarzer Reis von Ibiza

Arroz a la Bruta

Der Reis erhält seine schwarze Farbe dadurch, daß er mit der Tinte des Kalmars gegart wird. Anleitungen für das Säubern von Kalmaren werden auf S. 28 gegeben. Der Tintensack ist zwischen den übrigen Eingeweiden, die man fortwirft, deutlich sichtbar.

	Für 4 Personen
250 g	Reis
1	großer Kalmar oder Tintenfisch, etwa 500 bis 750 g schwer, gesäubert, Tintensack aufbewahrt, Mantel und Tentakel in Ringe geschnitten
	Öl
1	große Zwiebel, gehackt
1	Tomate, abgezogen, entkernt und gehackt
3 oder 4	Knoblauchzehen, gehackt
3 EL	gehackte Petersilie
	Salz und frisch gemahlener schwarzer Pfeffer
	Cayennepfeffer
	Gemahlener Zimt
Etwa ½ l	kochendes Wasser

Das Öl in einem Schmortopf erhitzen und darin Zwiebel, Tomate, Knoblauch und Petersilie kurz sautieren. Die Kalmarringe dazugeben und mit etwas Salz, schwarzem Pfeffer, Cayennepfeffer und Zimt würzen. 30 Minuten zugedeckt garen. Den Reis hinzufügen und einige Minuten mitgaren, dann mit kochendem Wasser bedecken und bei starker Hitze noch einmal zum Kochen bringen. In der Zwischenzeit den Tintensack aufstechen, die Tinte in einer Tasse auffangen und mit ein paar Eßlöffeln der Garflüssigkeit verdünnen. Sobald der Reis kocht, die Tinte dazugießen, gut vermischen und zugedeckt 15 bis 20 Minuten garen; eventuell noch etwas kochendes Wasser dazugeben. Der Reis sollte am Ende der Garzeit sehr trocken und körnig sein.

JUAN CASTELLÓ GUASCH
BON PROFIT! EL LIBRO DE LA COCINA IBICENCA

Lachsauflauf mit Reis

Laxpudding med Risgryn

Wenn gepökelter Lachs nicht erhältlich ist, nimmt man statt dessen frischen Lachs, der mit grobkörnigem Salz, Pfeffer und etwas Zucker bestreut und dann 1 bis 2 Tage in der sich bildenden Flüssigkeit mariniert wird.

In Schweden legt man Lachs in einer Mischung aus Salz, Zucker und Pottasche ein und nennt den so behandelten Fisch *salt lax* oder *rimmad lax*. Der so eingelegte Lachs hält sich monatelang. Das hier beschriebene Rezept zeigt eine gute Möglichkeit, wie man mit einer relativ geringen Menge Lachs eine köstliche Mahlzeit zubereiten kann.

	Für 3 oder 4 Personen
175 g	Reis
350 g	gepökelter Lachs, abgespült und in Scheiben geschnitten
1 l	entrahmte Milch
15 cl	Milch
100 g	Butter, gekühlt
2	Eier, Eigelb von Eiweiß getrennt, Eigelb leicht geschlagen, Eiweiß steifgeschlagen
2 TL	Salz
½ TL	frisch gemahlener weißer Pfeffer
2 TL	Zucker
3 EL	Semmelbrösel

Den Lachs 3 Stunden in entrahmter Milch einlegen. Herausnehmen, mit einem Tuch trockentupfen und in Würfel schneiden. Die entrahmte Milch wegschütten.

Die frische Milch zum Kochen bringen. Den Reis hineingeben und unter gelegentlichem Rühren in etwa 15 Minuten fast garkochen. Falls erforderlich, etwas frische Milch nachgießen. Den Reis von der Kochstelle nehmen, 60 g Butter einrühren und abkühlen lassen.

Wenn der Reis kalt geworden ist, das geschlagene Eigelb, den Lachs, Salz, Pfeffer und Zucker unterrühren.

Zum Schluß das steifgeschlagene Eiweiß unterheben, eventuell nachwürzen. Eine 1 l fassende Auflaufform mit Butter ausstreichen und mit 2 EL Semmelbrösel ausstreuen. Die Masse hineingeben und mit den restlichen Semmelbröseln bestreuen. Im vorgeheizten Backofen bei 180° C (Gasherd Stufe 2–3) in etwa 1 Stunde hellbraun überbacken. Die restliche Butter zerlassen und getrennt zu dem Auflauf servieren.

ALAN DAVIDSON
NORTH ATLANTIC SEAFOOD

Persischer Reis mit Hühnerfleisch und Linsen

Persian Rice with Lentils and Chicken

	Für 4 bis 6 Personen
250 g	Langkornreis
3	Hühnerbrüste, Knochen und Haut entfernt und in 1 cm große Würfel geschnitten
150 g	Linsen
60 g	getrocknete Aprikosen, grobgehackt
2¼ l	Wasser
3 EL	Salz
60 g	Mandeln, abgezogen und blättrig geschnitten, oder gesalzene Pekannüsse, grobgehackt
300 bis 350 g	Butter
1	mittelgroße Zwiebel, gehackt
1 TL	frisch gemahlener Pfeffer
3 TL	gehackter frischer Dill

Die Aprikosen 30 Minuten in warmem Wasser einweichen. Falls sie sehr weich sind, die Einweichzeit entsprechend verkürzen.

¾ l Wasser mit 1 EL Salz zum Kochen bringen. Die Linsen hineingeben und ungefähr 30 Minuten kochen, bis sie etwa halbgar sind. Von der Kochstelle nehmen, in einem Sieb abtropfen lassen und in warmem Wasser warm halten.

Die Mandeln in 60 g Butter goldgelb rösten. Mit einem Schaumlöffel aus der Pfanne nehmen. Dann die gehackte Zwiebel in der Butter braten, bis sie weich ist und braun zu werden beginnt; eventuell etwas mehr Butter dazugeben. Von der Kochstelle nehmen und mit den Mandeln beiseite stellen.

1½ l Wasser mit 2 EL Salz zum Kochen bringen. Den Reis hineinstreuen, mit einem Holzlöffel umrühren, damit er nicht am Boden ansetzt, und in 7 bis 8 Minuten, ohne zu rühren, halbgar kochen. In ein Sieb geben und mit sehr heißem Wasser abspülen.

Den Reis und die Linsen gut abtropfen lassen, Pfeffer darüberstreuen und mit zwei Gabeln vorsichtig vermischen.

250 g Butter zerlassen. Ein Viertel davon in einen schweren, 4 l fassenden Topf geben. Die Reis-Linsen-Mischung locker einstreuen, so daß dabei eine Art Pyramide entsteht. Die restliche zerlassene Butter darübergeben. Den Topf mit einem sauberen gefalteten Tuch bedecken und einen festschließenden Deckel auflegen. Zugedeckt bei schwacher Hitze 1 Stunde garen. Anschließend den Deckel abnehmen und die Reis-Linsen-Mischung in etwa 5 Minuten trocken werden lassen. Eventuell noch etwas Salz hinzufügen.

Während der Reis und die Linsen garen, die Aprikosen abtropfen lassen und ausdrücken. Das Hühnerfleisch zu dem Reis und den Linsen geben und vorsichtig mit einer Gabel vermischen. Die kleinen rohen Fleischwürfel sollen Raumtemperatur haben und werden durch den heißen Reis ausreichend gegart.

Mandeln, Zwiebel, Aprikosen und Dill hinzufügen und vorsichtig vermischen, ohne die knusprige Kruste am Boden des Topfes zu beschädigen. Sofort auf Teller verteilen und jede Portion mit etwas knuspriger Kruste garnieren.

JOSÉ WILSON (HERAUSGEBERIN)
HOUSE AND GARDEN'S PARTY MENU COOKBOOK

Gebratener Risotto

Risotto al Salto

Gebratener Risotto schmeckt oft noch besser als frisch zubereiteter Risotto. Deshalb sollte man *risotta alla Milanese* (S. 23) stets in größeren Mengen zubereiten, damit man die Reste dann für ein zweites Gericht braten kann. *Risotto al Salto* ist eine der vielen Möglichkeiten, diese Reste zu verwerten.

	Für 8 Personen
1 kg	Risotto nach Mailänder Art
60 bis 90 g	Butter

Einen Bogen Pergamentpapier mit Butter bestreichen und darauf aus dem Risotto acht Fladen formen. In einer schweren Bratpfanne 15 g Butter erhitzen und vorsichtig einen Reisfladen hineingeben. Dabei darauf achten, daß er nicht auseinanderfällt. Den Reisfladen braten und die Pfanne rütteln, damit er nicht ansetzt. Auf einen Teller gleiten lassen, umgedreht wieder in die Pfanne geben und auf der anderen Seite braten. Die restlichen Reisfladen ebenso braten, eventuell etwas Butter dazugeben.

Sofort servieren.

OTTORINA PERNA BOZZI
VECCHIA MILANO IN CUCINA

Gebratener Reis

Fried Rice

	Für 4 Personen
600 g	Reis, mindestens 1 Tag vorher gekocht
60 g	Rinderfilet, gekühlt
¼	Knoblauchzehe, feingehackt
	Salz und frisch gemahlener Pfeffer
½ TL	Maisstärke
½ TL	Zucker
2 EL	Sojasauce
5 EL	Pflanzenöl
2	Scheiben Ingwerwurzel, geschält und in sehr feine Streifen geschnitten
1	grüne Paprikaschote, entkernt und in sehr feine Streifen geschnitten
2	Scheiben geräucherter durchwachsener Speck, in Würfel geschnitten
6	Frühlingszwiebeln, in dünne Scheiben geschnitten
4	Scheiben Schinken, in Würfel geschnitten
2 bis 4 EL	gehackte Petersilie oder Koriander
6	Eier

Das Filet in sehr dünne Scheiben schneiden. Knoblauch, etwas Salz und Pfeffer, Maisstärke, Zucker, 1 EL Sojasauce und 2 EL Öl verrühren und die Filetscheiben darin marinieren.

Das restliche Öl in einer großen Pfanne erhitzen und die Ingwer- und Paprikastreifen mit etwas Salz und Pfeffer 1 Minute unter Rühren braten. Den Reis mit den Händen lockern, in die Pfanne geben und kurz im heißen Fett braten. Anschließend den Reis an den Rand der Pfanne schieben und in die Mitte den Speck, die Frühlingszwiebeln und den Schinken geben und braten. Dann gut mit dem Reis vermischen, wiederum an den Rand schieben und in die Mitte die Filetscheiben mit der Marinade geben. 30 Sekunden braten und dann 2 EL Petersilie oder Koriander hinzufügen. Weitere 30 Sekunden braten, dann mit dem Reis gut vermischen. Die Reismischung an den Pfannenrand schieben, die Eier aufschlagen, in der Mitte der Pfanne zu weichem Rührei braten und dann mit dem Reis vermischen. Die restliche Sojasauce darüberträufeln. In eine vorgewärmte Schüssel geben und nach Belieben mit 2 EL Petersilie oder Koriander garnieren.

DOREEN YEN HUNG FENG
THE JOY OF CHINESE COOKING

Risotto mit Mangold und Kalmaren

Risotto con Bieta e Seppie

Wie man Kalmare säubert und vorbereitet, wird auf S. 28 gezeigt.

	Für 6 Personen
600 g	Rundkornreis, gewaschen
250 g	Mangold, gewaschen, trockengetupft und grobgehackt
3	Kalmare, in dünne Ringe und Streifen geschnitten
6 EL	Öl
6 EL	feingehackte Petersilie
2	Knoblauchzehen, gehackt
17 cl	trockener Weißwein
	Salz und frisch gemahlener Pfeffer
	Geriebene Muskatnuß
350 g	Tomaten, abgezogen und gehackt
1½ l	heiße Brühe, möglichst Fischbrühe

Das Öl in einem großen Topf erhitzen und die Petersilie und den Knoblauch darin braunbraten. Die Kalmare dazugeben und mindestens 20 Minuten simmern lassen. Dann den Wein dazugießen und mit Salz, Pfeffer und Muskat würzen. Sobald der Wein aufgesogen ist, den Mangold hinzufügen und 10 Minuten simmern lassen, damit er das Aroma der anderen Zutaten annimmt. Dann die Tomaten in den Topf geben. Den Reis einstreuen und gut vermengen. Nach und nach die Brühe dazugießen und unter ständigem Rühren den Reis garen. Der Risotto sollte sämig und gar, die einzelnen Körner aber noch bißfest sein.

MARIÙ SALVATORI DE ZULIANI
LA CUCINA DI VERSILIA E GARFAGNANA

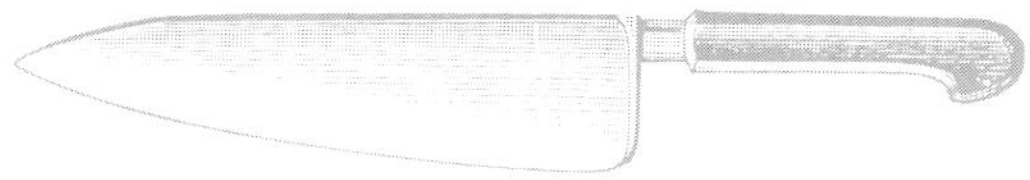

Reis-Kroketten

Arancine e Suppli di Riso

Anstelle von Parmaschinken kann man auch geräucherten Schinken nehmen.

Kalbfleisch, Hühnerleber und Schinken können getrennt gegart werden. Jedes Reisbällchen wird dann mit einer anderen Mischung gefüllt, so daß jede Krokette eine neue Überraschung für den Gaumen ist.

	Für 6 Personen
400 g	Rundkornreis
1	Zwiebel, in dünne Scheiben geschnitten
100 g	Butter
60 cl	Fleischbrühe (S. 166), erhitzt
60 g	Parmesankäse, frisch gerieben
2	Eier, geschlagen
30 g	getrocknete Steinpilze, 2 Stunden in warmem Wasser eingeweicht, dabei mindestens dreimal das Wasser gewechselt und abgetropft
100 g	mageres Kalbfleisch, in kleine Würfel geschnitten
100 g	Hühnerleber, in kleine Würfel geschnitten
100 g	Parmaschinken, in kleine Würfel geschnitten
	Salz und frisch gemahlener Pfeffer
60 g	Semmelbrösel
1¼ l	Öl zum Fritieren

Die Hälfte der Zwiebelscheiben in 30 g Butter goldgelb braten. Den Reis hinzufügen und in der Butter schwenken. Nach und nach 30 cl heiße Brühe dazugießen. Den Deckel auflegen und bei mittlerer Hitze etwa 15 Minuten garen. Ein paar Minuten vor Ende der Garzeit den Parmesankäse und 40 g Butter dazugeben. Gut vermischen. Dann von der Kochstelle nehmen und abkühlen lassen. Danach die geschlagenen Eier unterheben.

Die restlichen Zwiebelscheiben in der restlichen Butter braunbraten. Die Pilze hineingeben und einige Minuten simmern lassen. Dann Kalbfleisch, Leber und Schinkenwürfel in die Pfanne geben. Die Hälfte der restlichen Brühe dazugießen, mit Salz und Pfeffer abschmecken und den Deckel auflegen. Mindestens 20 Minuten unter gelegentlichem Rühren garen, bis die Flüssigkeit zu einer dicken Sauce eingekocht ist. Falls die Flüssigkeit zu schnell einkocht, noch etwas Brühe nachgießen. Abkühlen lassen.

Den Reis zu sechs Bällchen oder Würstchen formen. Jede Reiskrokette etwas aushöhlen und mit Fleischmasse füllen. Das Loch wieder mit Reis verschließen. Die Kroketten in Semmelbröseln wenden und in heißem Öl 1 bis 2 Minuten goldbraun fritieren. Auf Küchenkrepp abtropfen lassen und servieren.

IL MONDO IN CUCINA: MINESTRE, ZUPPE, RISO

Reis mit dicken Bohnen und Dill

Sheved Baghala

Wenn kleine, zarte frische Bohnen verwendet werden, brauchen diese nicht eingeweicht zu werden.

	Für 8 Personen
400 g	Langkornreis, gewaschen und mindestens 2 Stunden eingeweicht
1 kg	frische dicke Bohnen, enthülst, oder 125 g getrocknete dicke Bohnen, über Nacht eingeweicht und in etwa 2 Stunden gargekocht
1	Bund frischer Dill, dicke Stengel entfernt, feingehackt
	Salz
4 EL	heißes Wasser
125 g	Butter
1/4 TL	Safranfäden (nach Belieben)

Die enthülsten frischen Bohnen in kaltem Wasser 1 bis 2 Stunden einweichen. Dann die Haut, die sich nun leicht löst, abziehen.

In einem großen Topf Wasser zum Kochen bringen, den Reis, die Bohnen und 2 EL Salz hineingeben. Im offenen Topf unter gelegentlichem Rühren bei starker Hitze 7 bis 8 Minuten kochen. Von der Kochstelle nehmen, in einem Sieb abtropfen lassen und mit lauwarmem Wasser abspülen.

In den Topf die 4 EL heißes Wasser, die Butter, den Safran und 1/2 TL Salz geben und aufkochen lassen. Die Hälfte dieser Flüssigkeit in eine Tasse gießen und beiseite stellen.

Den Reis mit dem Dill vermischen und zurück in den Topf geben. In die Mitte vom Reis mit dem Stiel eines Löffels ein Loch eindrücken. Den Deckel auflegen und den Reis bei mittlerer Hitze 5 Minuten dämpfen. Den Deckel abnehmen und die beiseite gestellte Flüssigkeit darüberträufeln. Bei ganz schwacher Hitze weitere 40 Minuten zugedeckt dämpfen.

Den Topf etwa 5 Minuten auf eine kühle Platte stellen, damit sich die Kruste vom Boden des Topfes löst. Den Deckel abnehmen und den Reis in eine Schüssel geben. Die festgebackenen Reste vom Boden lösen und den Reis damit garnieren.

DAISY INY
THE BEST OF BAGHDAD COOKING

Reis mit Spinat und Schinken

	Für 4 Personen
225 g	Reis, gekocht
750 g	Spinat, gekocht und abgetropft
225 g	roher Schinken, in Würfel geschnitten
30 g	weiche Butter
125 g	Greyerzer Käse, frisch gerieben
45 cl	Tomatensauce (S. 167)

Den noch warmen Spinat mit der weichen Butter vermischen. Eine Puddingform mit Butter ausstreichen und abwechselnd Reis, Schinken und Spinat in die Form schichten. Die letzte Schicht mit der Hälfte des geriebenen Käses bestreuen. Einen mit Butter bestrichenen Bogen Pergamentpapier darauflegen, die Form ins Wasserbad stellen und im vorgeheizten Backofen bei 180° C (Gasherd Stufe 2–3) 30 Minuten garen. Den Reispudding auf eine vorgewärmte Servierplatte stürzen, mit der Tomatensauce überziehen und mit dem restlichen Käse bestreut servieren.

LILO AUREDEN
WAS MÄNNERN SO GUT SCHMECKT

Reisfleischbällchen

Boulettes de Kefta au Riz

„Kefta" ist gewürztes Lamm- oder Rinderhackfleisch. In Nordafrika wird das Fleisch im Mörser ganz fein zerstoßen; es genügt jedoch, wenn man es zweimal durch den Fleischwolf dreht. Anschließend wird es mit je 1 TL Zimt, Paprika und Koriander vermengt. „Kefta" wird von arabischen Fleischern oft fertig gewürzt angeboten.

	Für 8 bis 10 Personen
200 g	Reis, gewaschen und abgetropft
500 g	*kefta*
150 g	Butter
2	Zwiebeln, feingehackt
1/4 TL	Safranpulver
1/2 TL	frisch gemahlener Pfeffer
1/2 l	Wasser
3 EL	gehackte Petersilie
8 EL	Zitronensaft

Den Reis mit dem *kefta* vermengen und daraus etwa 20 kleine Bällchen formen. Die Butter in einem tiefen Schmortopf erhitzen, die Fleischbällchen nach und nach hineingeben und bei mittlerer Hitze anbraten. Sobald alle Bällchen rundum braun sind, Zwiebeln, Safran und Pfeffer hinzufügen. Das Wasser dazugießen und die Fleischbällchen bei mittlerer Hitze unter gelegentlichem Rühren garen. Gegen Ende der Garzeit die Petersilie und den Zitronensaft dazugeben. Noch ein paar Minuten simmern lassen und von der Kochstelle nehmen, bevor die Sauce dick wird.

Falls das Gericht im voraus zubereitet worden ist und für die Mahlzeit wieder aufgewärmt werden soll, muß eventuell noch etwas Wasser dazugegossen werden, damit die Sauce nicht zu dick wird. Sehr heiß servieren.

AHMED LAASRI
240 RECETTES DE CUISINE MAROCAINE

Reis mit Schweinefleisch und Gemüse

Arroz Murciano

	Für 6 bis 8 Personen
500 g	Reis
500 g	mageres Schweinefleisch, in Würfel geschnitten
20 cl	Öl
2	Knoblauchzehen
6	rote Paprikaschoten, entkernt und in Streifen geschnitten
500 g	Tomaten, abgezogen, entkernt und gehackt
3 EL	gehackte Petersilie
1/2 TL	Safranpulver
Etwa 1 1/4 l	kochendes Wasser
	Salz und frisch gemahlener Pfeffer

In einem Schmortopf das Fleisch in Öl anbraten, herausnehmen und beiseite stellen. In demselben Topf den Knoblauch goldbraun braten und ebenfalls beiseite stellen. Dann die Paprikaschoten und die Tomaten etwa 10 Minuten in dem Topf sautieren. Den Knoblauch mit der Petersilie und dem Safran zu einer Paste zerstoßen und zu den Tomaten geben. Ein paar Eßlöffel kaltes Wasser und das Fleisch hinzufügen und einige Minuten kochen lassen, bis die Flüssigkeit verdampft ist. Den Reis unterrühren und das kochende Wasser darübergießen. Mit Salz und Pfeffer würzen und aufkochen lassen. Anschließend im vorgeheizten Backofen bei 170° (Gasherd Stufe 2) 1 Stunde garen.

MANUAL DE COCINA

Reis mit Räucherfisch und Eiern

Kedgeree

	Für 4 Personen
180 g	Langkornreis, körnig gekocht
180 g	geräucherter Schellfisch (ersatzweise Dorsch oder Kabeljau), Haut und Gräten entfernt, in kleine Stücke zerlegt
2	hartgekochte Eier, feingehackt
	Salz und frisch gemahlener Pfeffer
Etwa 60 g	Butter
1 EL	feingehackte Petersilie oder Petersilie und Schnittlauch

Den Reis, den Fisch und die Eier vermischen und mit Salz und reichlich frisch gemahlenem Pfeffer abschmecken. 30 bis 40 g Butter in einem Topf zerlassen, aber nicht braun werden lassen. Die Reismischung hinzufügen und langsam unter Rühren erhitzen oder mit reichlich Butter im vorgeheizten Backofen bei 170° C (Gasherd Stufe 2) zugedeckt heiß werden lassen.

Das *kedgeree* auf eine flache Platte häufen, die restliche Butter in Flocken darübergeben und mit Petersilie oder mit einer Mischung aus Petersilie und Schnittlauch bestreuen. Sehr heiß mit Toast und Butter servieren.

ELISABETH AYRTON
THE COOKERY OF ENGLAND

Malaysisches Reisgericht

Nasi Goreng

Nasi Goreng, das in Malaysia zu den beliebtesten Reisgerichten zählt, wird stets mit Sägegarnelen zubereitet, durch die es den kräftigen Krustentiergeschmack erhält. Im übrigen findet man es jedoch häufig in abgewandelter Form. Die Chinesen nehmen vorzugsweise Schweinefleisch dazu und garnieren es reichlich mit gehacktem Rührei, gehackten Frühlingszwiebeln, roten Chilischoten und Petersilie und servieren es mit einer dickflüssigen Chilisauce. Die Malaien bevorzugen Rindfleisch und fügen Zwiebeln und manchmal grüne Erbsen hinzu. Sie reichen es in einer Schüssel, umrahmt von zerkleinerten grünen Salatblättern, und garnieren das Nasi Goreng mit zu Rosetten geformten Chilischoten und einem Spiegelei. Dazu servieren sie eine Sojasauce, die in dünne Ringe geschnittene Chilischoten enthält.

In vorliegendem Rezept sind Garnelen- und Fleischzutaten reichlich bemessen. Man kann auch weniger nehmen. In den malayischen Fischerdörfern wird Nasi Goreng oft mit Fisch anstelle von Fleisch zubereitet. Man sollte auch diese Variante mit gehacktem Fisch einmal probieren.

	Für 4 Personen
200 g	Reis, gekocht
150 g	Sägegarnelen, aus den Schalen gelöst
150 g	Rind- oder Schweinefleisch, pariert und feingehackt
1	Knoblauchzehe, feingehackt
5	kleine Zwiebeln, feingehackt (nach Belieben)
1 EL	Sultaninen
1 EL	Sojasauce

	Garnierung (nach Belieben)
4	kleine rote Zwiebeln, in Scheiben geschnitten oder gehackt und dann gebraten
4	Kopfsalatblätter, zerpflückt
2	frische rote Chilischoten, entkernt und in feine Streifen geschnitten oder zu Rosetten geformt
3	Frühlingszwiebeln, feingehackt
1	Ei, zu einem Omelett gebacken, aufgerollt und dann in Streifen geschnitten, oder 1 Spiegelei
1 EL	gehackte Petersilie
	Croûtons

Die Garnelen und das Fleisch mit Knoblauch und nach Belieben mit Zwiebeln in der Pfanne braunbraten. Den gekochten Reis, die Sultaninen und die Sojasauce unterrühren und alles zusammen so lange braten, bis der Reis gleichmäßig braun ist.

Nach Geschmack mit roten Zwiebeln, Salat, Chilischoten, Frühlingszwiebeln, Ei, Petersilie und Croûtons garnieren. Zusammen mit Chili-, Tabasco- oder Sojasauce servieren.

ALAN DAVIDSON
SEAFOOD OF SOUTH-EAST ASIA

Lombardische Reis-Timbale

Timballo di Riso

Für 6 bis 8 Personen

500 g	Reis
125 g	Butter, in Stücke geschnitten
5 EL	Parmesankäse, frisch gerieben
4	Eigelb
	Semmelbrösel
	Tomatensauce (S. 167)

Fleischfüllung

250 g	Kalbfleisch ohne Knochen, pariert und zweimal durch den Fleischwolf gedreht
250 g	mageres Schweinefleisch ohne Knochen, pariert und zweimal durch den Fleischwolf gedreht
250 g	Hühnerleber, pariert und gehackt
30 g	Butter
4 EL	feingehackte Zwiebeln
1	Knoblauchzehe, feingehackt
75 g	rote Paprikaschote, gegrillt, abgezogen, entkernt und gehackt
125 g	enthülste Erbsen, blanchiert
4 EL	Tomatenpüree, mit Basilikum gewürzt
Etwa 2 EL	trockener Weißwein
1 TL	Salz
1/2 TL	Zucker
1/2 TL	getrockneter Oregano
1/4 TL	frisch gemahlener Pfeffer
	Tabasco-Sauce

Den Reis in reichlich Salzwasser in etwa 15 Minuten nicht ganz gar kochen. Gut abtropfen lassen, in eine Schüssel geben und mit Butter, Parmesankäse und Eigelb vermischen. Eine 3 l fassende, hohe Auflaufform mit reichlich Butter ausstreichen und mit Semmelbröseln bestreuen. Rand und Boden müssen vollkommen mit Semmelbröseln bedeckt sein, sonst läßt sich der Auflauf später nicht stürzen. Zwei Drittel der Reismischung in die Auflaufform füllen, an Rand und Boden andrücken und in der Mitte eine Mulde eindrücken.

Für die Füllung zunächst die Butter in einer tiefen Pfanne erhitzen und darin die Zwiebeln und den Knoblauch unter ständigem Rühren goldbraun braten. Das Kalbs- und Schweinehackfleisch dazugeben; gut rühren, damit sich die beiden Fleischsorten zu einer einheitlichen Masse verbinden. Dann die Hühnerleber hinzufügen und unter gelegentlichem Rühren bei schwacher Hitze 15 Minuten braten. Die übrigen Zutaten untermischen und bei schwacher Hitze weitere 15 Minuten garen, dabei gelegentlich umrühren. Die Füllung sollte sehr dickflüssig sein. Eventuell noch etwas Wein dazugießen, damit sie nicht anbrennt.

Die Fleischmischung in die Reismulde füllen, flachdrücken und die Oberfläche glattstreichen, dann den restlichen Reis darübergeben und wieder die Oberfläche glattstreichen. Die Fleischfüllung soll vollkommen vom Reis bedeckt sein. Im vorgeheizten Backofen bei 180° C (Gasherd Stufe 2–3) etwa 1 Stunde backen, bis der Reis fest ist. Auf eine vorgewärmte Platte stürzen; falls notwendig, vorher mit einem Messer am Rand der Form entlangfahren. Den Auflauf in Portionsstücke schneiden und sofort servieren. Getrennt dazu Tomatensauce reichen.

NIKA HAZELTON
THE REGIONAL ITALIAN KITCHEN

Reisauflauf nach Art der Stadt Bari

Tiedda alla Barese

Für 8 Personen

500 g	Rundkornreis
30g	Butter
1 kg	Tomaten, abgezogen
	Salz und frisch gemahlener Pfeffer
1 kg	Kartoffeln, in Scheiben geschnitten
500 g	Zwiebeln, in Scheiben geschnitten
500 g	Zucchini, in Scheiben geschnitten
1 kg	Miesmuscheln, gekocht und aus den Schalen gelöst
100 g	Semmelbrösel
100 g	*pecorino*-Käse, gerieben
6 EL	gehackte Petersilie
1	Knoblauchzehe, gehackt
4 EL	Olivenöl
1 1/4 l	Fleischbrühe (S. 166)

Eine Auflaufform oder einen hohen Keramik-Schmortopf mit Butter ausstreichen und den Boden mit einer Schicht Tomaten bedecken, mit Salz und frisch gemahlenem Pfeffer würzen. Je eine Lage Kartoffeln, Zwiebeln und Zucchini, Miesmuscheln, ungekochten Reis und wiederum Tomaten darüberschichten; jede Lage mit etwas Salz und Pfeffer würzen. Die Oberfläche mit Semmelbröseln, Käse, Petersilie und Knoblauch bestreuen und mit 2 EL Olivenöl beträufeln. Das restliche Gemüse darüberschichten und zum Schluß reichlich Semmelbrösel, Käse und Petersilie darübergeben. Die Fleischbrühe und das restliche Olivenöl dazugießen. Im vorgeheizten Backofen bei 230° C (Gasherd Stufe 5), ohne den Deckel aufzulegen, etwa 1 Stunde garen, bis der Reis und die Gemüse gar sind. Dieser Reisauflauf schmeckt heiß ebenso gut wie kalt.

LUIGI VOLPICELLI UND SECONDINO FREDA
L'ANTIARTUSI: 1000 RICETTE

Reisbällchen

Supplì

Supplì sind Reiskroketten, die mit einer Scheibe *mozzarella*-Käse und einem Stück Schinken oder Mortadella gefüllt werden. Man kann sie sehr gut aus übriggebliebenem Risotto (S. 22) vom

Vortag zubereiten. Da sie sehr gut schmecken, bereitet man am besten gleich so viel Risotto, daß man am nächsten Tag aus den Resten *supplì* zubereiten kann.

	Für 4 bis 6 Personen
Etwa 500 g	italienischer Rundkornreis, gekocht, oder Risotto
2	Eier, leicht geschlagen
100 g	Schinken, in dünne Scheiben und dann in kleine Quadrate geschnitten
100 g	*mozzarella*-Käse, in dünne Scheiben und dann in kleine Quadrate geschnitten
	Semmelbrösel
	Öl oder Fett

Den Reis mit den geschlagenen Eiern binden. Etwa 1 EL Reis in die hohle Hand füllen und die Oberfläche ein wenig flachdrücken. Darauf je ein Stück Schinken und Käse legen und einen weiteren EL Reis darübergeben. Daraus vorsichtig ein Bällchen formen, das den Schinken und den Käse vollkommen umschließt. Jeden *supplì* in Semmelbrösel wälzen und anschließend in heißem Öl braten. Dabei die Reisbällchen in der Pfanne mehrmals wenden, bis sie rundum goldbraun sind. Auf Küchenkrepp abtropfen lassen. Der Käse im Inneren sollte gerade zu zerfließen beginnen und beim Zerschneiden der Bällchen lange Fäden ziehen.

Da diese Fäden an Telephondrähte erinnern, nennt man die Reisbällchen auch *supplì al telefono.* Hartkäse zieht keine Fäden; er wäre für diese Reisbällchen nicht geeignet.

ELIZABETH DAVID
ITALIAN FOOD

Gebratener Kalmar mit Reis

Kalamarakia Pilafi

Wie man Kalmare säubert und vorbereitet, wird auf S. 28 gezeigt.

	Für 4 Personen
250 g	Langkornreis
500 g	mittelgroße Kalmare, gesäubert, mit Salz eingerieben, abgespült und in 1 bis 2 cm dicke Ringe geschnitten
4 EL	Olivenöl
3	Knoblauchzehen, in Scheiben geschnitten
4 EL	trockener Weißwein
2	Tomaten, abgezogen, entkernt und in Scheiben geschnitten
40 g	Butter
Etwa 5 EL	gehackte Petersilie
1 EL	frischer Rosmarin, gehackt, oder 1 TL getrockneter Rosmarin
	Salz und frisch gemahlener Pfeffer
Etwa 30 cl	heißes Wasser

Das Öl in einer Pfanne erhitzen und die Kalmarringe mit dem Knoblauch 5 Minuten darin unter Rühren braten. Wein und Tomaten hinzufügen, den Deckel auflegen und etwa 30 Minuten simmern lassen, bis die Kalmarstücke fast gar sind. Dann in eine feuerfeste Form geben.

Inzwischen die Butter erhitzen und den Reis darin unter ständigem Rühren glasig werden lassen (er darf auf keinen Fall braun werden). Den Reis, 4 EL Petersilie und den Rosmarin zu den Kalmarringen und den Tomaten geben und mit Salz und Pfeffer abschmecken. Heißes Wasser dazugießen und zugedeckt im vorgeheizten Backofen bei 180° C (Gasherd Stufe 2–3) 30 bis 40 Minuten garen, bis der Reis weich ist. Die restliche gehackte Petersilie darüberstreuen und heiß servieren.

VILMA LIACOURAS CHANTILES
THE FOOD OF GREECE

Möhrentopf mit Wildreis

Casserole of Carrots and Wild Rice

Wie man Wildreis kocht, wird auf S. 18 gezeigt.

Dieses sahnige Reisgericht paßt gut zu Wild und Geflügel. Es kann einige Stunden im voraus zubereitet und kurz vor dem Servieren gebacken werden. Wenn es im Kühlschrank aufbewahrt wurde, verlängert sich die Garzeit um 10 Minuten.

	Für 6 Personen
175 g	gekochter Wildreis
200 g	Möhren, geraspelt
4	Scheiben durchwachsener Speck, gehackt
15 g	Butter
1	große Zwiebel, gehackt
¼ l	Sahne
1	Ei, leicht geschlagen
1 TL	Salz

Den Speck bei schwacher Hitze braun braten; eventuell Butter hinzufügen. Den Speck aus der Pfanne nehmen und beiseite stellen. Die gehackte Zwiebel in dem ausgelassenen Fett glasig braten. Reis, Speck und Möhren dazugeben und gut vermischen. Die Sahne mit dem geschlagenen Ei und dem Salz verrühren und unter den Reis ziehen.

Eine 2 l fassende feuerfeste Form mit Butter ausstreichen und die Reismischung hineingeben. Zugedeckt im vorgeheizten Backofen bei 180° C (Gasherd Stufe 2–3) 30 Minuten backen. Den Deckel abnehmen, noch einmal gut durchrühren und noch etwa 10 Minuten backen, bis der Reis fest ist.

BETH ANDERSON
WILD RICE FOR ALL SEASONS COOKBOOK

Überbackener Wildreis mit Austern

Wild Rice and Oyster Casserole

Eine Auster wird aus der Schale gelöst, indem man zunächst mit der Spitze eines Austernmessers in die kleine Öffnung im Gelenk fährt. Dann werden die Schalen mit einer drehenden Bewegung des Messers aufgebrochen. Anschließend fährt man mit der Klinge an der Innenseite der oberen Schale entlang und durchtrennt den Muskel, der die Schalen zusammenhält. Schließlich wird die Auster mit dem Messer von der unteren Schale gelöst. Wie man Wildreis kocht, wird auf S. 18 gezeigt.

	Für 4 Personen
350 g	gekochter Wildreis
8	frische Austern, aus den Schalen gelöst, die Flüssigkeit aufgefangen
90 g	Butter
125 g	Schalotten oder milde Zwiebeln, gehackt
90 g	Bleichsellerie, gehackt
	Milch
1 TL	Salz
1/4 TL	frisch gemahlener Pfeffer
1/4 TL	gemahlener Kardamom
175 g	Emmentaler Käse, gerieben

30 g Butter in einer Bratpfanne erhitzen und die Schalotten und den Bleichsellerie darin hellgelb braten. Den Wildreis dazugeben. Die aufgefangene Austernflüssigkeit mit so viel Milch vermischen, daß man 18 cl Flüssigkeit erhält. Einen 1¼ l fassenden Schmortopf mit Butter ausstreichen und abwechselnd Reis und Austern in den Topf schichten. Die letzte Schicht sollte aus Reis bestehen. Die mit Milch vermischte Austernflüssigkeit mit Salz, Pfeffer und Kardamom würzen und über den Reis gießen, dann den Reis mit geriebenem Käse bestreuen. Die restliche Butter zerlassen und über den Käse träufeln. Im vorgeheizten Backofen bei 200° C (Gasherd Stufe 3–4) 25 Minuten überbacken, bis der Käse geschmolzen ist und leicht braun wird.

JOSÉ WILSON (HERAUSGEBERIN)
HOUSE AND GARDEN'S NEW COOKBOOK

Wildreis mit grünen Erbsen

Wild Rice Petit Pois

Wie man Wildreis kocht, wird auf S. 18 gezeigt.

	Für 6 Personen
175 g	gekochter Wildreis
850 g	kleine junge Erbsen, enthülst, fast gar gekocht und abgetropft
40 g	Butter
60 g	Mandeln, abgezogen und blättrig geschnitten
1 EL	abgeriebene Orangenschale

Die Butter in einem 2 l fassenden Schmortopf zerlassen, die Mandeln hineingeben und kurz in der Butter schwenken. Den Topf mit den Mandeln in den vorgeheizten Backofen stellen und die Mandeln bei 170° C (Gasherd Stufe 2) in 10 bis 15 Minuten unter gelegentlichem Rühren goldbraun rösten. Die Erbsen, den Wildreis und die abgeriebene Orangenschale dazugeben. Alle Zutaten vermischen, wieder in den Backofen stellen und im offenen Topf 15 Minuten backen.

BETH ANDERSON
WILD RICE FOR ALL SEASONS COOKBOOK

Wildreis mit Kräutern

Herbed Wild Rice

Dieses Wildreisgericht paßt besonders gut zu einem Kalbsbraten oder zu ganz frischem Fisch. Falls Wildreis nicht erhältlich ist, kann er durch Naturreis ersetzt werden.

	Für 4 bis 6 Personen
175 g	Wildreis
125 g	Butter
2 EL	feingehackte Frühlingszwiebeln
2	Knoblauchzehen, feingehackt
2	Lorbeerblätter
Je 1 TL	gehackter frischer Thymian, Basilikum und Majoran
3/4 l	Hühnerbrühe (S. 166)
	Salz und frisch gemahlener Pfeffer

Die Butter in einem schweren, 2 l fassenden Topf zerlassen. Die Frühlingszwiebeln, den Knoblauch und den Wildreis in den Topf geben und unter ständigem Rühren etwa 3 Minuten braten, bis die Frühlingszwiebeln weich sind. Lorbeerblätter, Thymian, Basilikum, Majoran und die Hühnerbrühe dazugeben und aufkochen lassen. Die Temperatur herunterschalten und etwa 1 Stunde zugedeckt simmern lassen, bis der Reis gar ist. Die Lorbeerblätter herausnehmen, den Reis mit einer Gabel lockern und im offenen Topf weitergaren, bis die Flüssigkeit verdampft ist. Mit Salz und Pfeffer abschmecken.

BETH ANDERSON
WILD RICE FOR ALL SEASONS COOKBOOK

Weizen mit Fleisch

Soweeta

Zu *soweeta* sollte grünes Gemüse oder grüner Salat gereicht werden. Serviert man dazu außerdem noch Joghurt, erhält man ein vollständiges, sättigendes Gericht.

	Für 4 Personen
400 g	Weizen, gewaschen und abgetropft
750 g	mageres Lammfleisch ohne Knochen, in 5 cm große Würfel geschnitten
3 bis 6	ganze getrocknete rote Chilischoten von etwa 10 cm Länge, entkernt
125 g	Ingwerwurzel, geputzt und feingehackt
60 g	Korianderpulver
3 TL	Salz
125 g	geklärte Butter
400 g	Zwiebeln, längs halbiert und dann in dünne Scheiben geschnitten
1/4 l	Joghurt, mit einer Gabel sämig geschlagen
3/4 l	Milch

Die Chilischoten in einer Tasse heißem Wasser einweichen. Die Ingwerwurzel und den Koriander mit 2 TL Salz und 6 EL Wasser im Mixer zu einer feinen Paste pürieren. Die Paste aus dem Mixer nehmen und auf einem Teller beiseite stellen.

In einem mittelgroßen, feuerfesten Schmortopf 60 g der geklärten Butter erhitzen und darin 125 g Zwiebelscheiben goldbraun braten. Dann das Fleisch dazugeben und die Ingwerpaste unterrühren. Das Fleisch 5 Minuten bei mittlerer Hitze braten und dabei mit einem Spatel gelegentlich wenden. 1/2 l Wasser dazugießen und im offenen Topf simmern lassen, bis die Flüssigkeit fast verdampft ist. Dann den Joghurt und die restlichen Zwiebeln dazugeben, umrühren und weiter simmern lassen, bis der Joghurt fast eingekocht ist.

Inzwischen in einem weiteren Topf 3/4 l gesalzenes Wasser zum Kochen bringen, den Weizen einrühren und im offenen Topf etwa 30 Minuten kochen lassen, bis der Weizen das ganze Wasser aufgenommen hat.

Wenn der Joghurt eingekocht ist, den Weizen zum Fleisch geben und vermischen. In einem kleinen Topf die Milch erhitzen und in den Schmortopf gießen; dabei die Milch am Topfrand herunterrinnen lassen. Zum Kochen bringen.

Anschließend den Schmortopf sorgfältig mit Alufolie abdecken, am Rand mehrmals einschlagen, so daß der Topf fest versiegelt ist. Den Deckel auflegen und im vorgeheizten Backofen bei 180° C (Gasherd Stufe 2–3) 30 Minuten garen, bis die ganze Flüssigkeit absorbiert ist.

Die Chilischoten abtropfen lassen, mit 1 TL Salz vermischen und bei schwacher Hitze 5 Minuten in der restlichen Butter sautieren. Für diejenigen, die gern scharfe Speisen essen, als Sauce zu dem Fleisch servieren.

SHIVAJI RAO UND SHALINI DEVI HOLKAR
COOKING OF THE MAHARAJAS

Marokkanischer Weizeneintopf

Orissa

Der Zucker wird karamelisiert, indem man 1 EL Zucker mit 1/2 EL Wasser unter ständigem Rühren erhitzt, bis sich der Zucker aufgelöst hat. Dann die Temperatur heraufschalten und die Flüssigkeit zum Kochen bringen. Dabei nicht rühren. Sobald der Sirup braun wird, von der Kochstelle nehmen.

Man kann je nach Geschmack mehr oder weniger Weizen nehmen, nur muß das Verhältnis von 2 Teilen Wasser auf 1 Teil Weizen gleichbleiben.

	Für 6 bis 8 Personen
600 g	Weizen
1 1/4 l	Wasser
1/4 l	Öl
1 EL	gehackte rote Chilischote
1 EL	gehackte rote Paprikaschote
2	Knoblauchzwiebeln, abgezogen
1 EL	karamelisierter Zucker
2 EL	Salz
500 g	Rinderbrust
6 bis 8	Eier in der Schale
	Kleine neue Kartoffeln, geschält (nach Belieben)

Alle Zutaten in einen großen, tiefen Topf mit einem festschließenden Deckel geben. Der Deckel muß obendrein mit einer Paste aus Mehl und Wasser luftdicht verschlossen werden. Es empfiehlt sich, einige Tropfen Öl an die Paste zu geben, damit sich der Deckel nach dem Kochen leichter abnehmen läßt. Die Paste wird zu einer langen, dünnen Wurst gerollt, die auf den Topfrand gedrückt wird, bevor man den Deckel auflegt.

Den Weizeneintopf im vorgeheizten Backofen bei 140° C (Gasherd Stufe 1) 7 Stunden garen. Er wird dann am nächsten Tag vor dem Essen wieder aufgewärmt.

IRENE F. DAY
KITCHEN IN THE KASBAH

Herbert Bowers Weizenbrei

Mr. Herbert Bower's Frumenty

Frumenty ist wahrscheinlich das älteste britische Nationalgericht. Die Hauptzutat sind ganze Weizenkörner, die sehr langsam in Wasser gegart werden. Nach dem Erkalten bildet der Weizenbrei einen festen Pudding, in dem die aufgeplatzten Weizenkörner eingeschlossen sind. Zum Frühstück kocht man diesen Weizenbrei mit Milch und reicht dazu Milch und Honig oder Sirup. Man gibt 250 g gewaschenen Weizen mit der dreifachen Menge Wasser in einen Topf oder eine feuerfeste Steingut-Schüssel und läßt ihn zugedeckt über Nacht, mindestens 12 Stunden, im Backofen bei niedrigster Temperatur garen. Falls die Körner danach noch nicht aufgeplatzt sind, läßt man den Weizenbrei weitere 5 Minuten oder noch länger kochen.

	Für 6 Personen
60 cl	Weizenbrei
1¼ l	Milch
1 TL	Piment
2 EL	Mehl

Bis auf 8 cl alle Milch und den Weizenbrei in einen Topf geben und 10 bis 15 Minuten kochen. Wenn der Brei dickflüssig wird, Piment dazugeben. Zum Schluß das Mehl mit den 8 cl Milch verquirlen und unter den Weizenbrei rühren. Kochen lassen, bis der Brei dick und sämig ist, und dann servieren.

FLORENCE WHITE (HERAUSGEBERIN)
GOOD THINGS IN ENGLAND

Kabeljau-Gersten-Fladen

Kotlety Mielone z Dorsza Wędzonego i Pęczaku

	Für 4 Personen
200 g	Gerste, gewaschen
400 g	geräucherter Kabeljau, enthäutet und entgrätet
90 bis 100 g	Fett
50 g	Zwiebeln, feingehackt
1	Ei
	Salz und frisch gemahlener Pfeffer
40 g	Semmelbrösel
	Gehackte frische Kräuter
	Tomatensauce (S. 167)

Die Gerste mit etwa der dreifachen Menge kochendem Wasser in einen großen Topf geben, 20 g Fett hinzufügen und zugedeckt bei schwacher Hitze etwa 45 Minuten garen. Wenn die Körner das Wasser aufgenommen haben, in eine feuerfeste Form geben und im vorgeheizten Backofen bei 180° C (Gasherd Stufe 2–3) etwa 1 Stunde garen. Aus dem Backofen nehmen und abkühlen lassen.

Die gehackten Zwiebeln in 30 g Fett goldgelb braten. Den Fisch, die Gerste und die Zwiebeln durch den Fleischwolf drehen und dann durch ein feinmaschiges Sieb streichen. Die Masse mit dem Ei, Salz und frisch gemahlenem Pfeffer gut verrühren. Aus der Masse kleine Fladen formen, in Semmelbröseln wenden und im restlichen Fett bei starker Hitze auf beiden Seiten goldbraun braten. Auf einer großen Platte anrichten und mit den gehackten Kräutern bestreuen. Dazu Tomatensauce und nach Belieben einen frischen Salat reichen.

HELENA HAWLICZKOWA
KUCHNIA POLSKA

Graupeneintopf

Barley Casserole (from Mildred Oakes)

	Für 4 Personen
300 g	Graupen
150 g	Butter
250 g	Champignons, in Viertel geschnitten
2	mittelgroße Zwiebeln, feingehackt
Etwa ¾ l	heiße Rinder- oder Hühnerbrühe (S. 116)
	Salz
	Gehackte Petersilie

In einer schweren Bratpfanne etwa 40 g Butter zerlassen und die Champignons darin bei mittlerer Hitze etwa 4 Minuten sautieren. Anschließend aus der Pfanne nehmen. Die restliche Butter in die Pfanne geben und so lange erhitzen, bis sie nicht mehr schäumt. Dann die Zwiebeln darin glasig braten. Die Graupen hinzufügen und bei mittlerer Hitze goldbraun werden lassen. In einem 1½ l fassenden Schmortopf oder einer entsprechend großen feuerfesten Form die Graupen und Zwiebeln mit den Champignons vermischen. Etwa 35 cl heiße Rinder- oder Hühnerbrühe hinzufügen und zugedeckt im vorgeheizten Backofen bei 180° C (Gasherd Stufe 2–3) 30 Minuten garen. Weitere 35 cl Brühe hinzufügen und 30 Minuten zugedeckt garen. Nach Geschmack mit Salz würzen. Falls die Graupen zuviel Flüssigkeit aufgesogen haben, noch etwas Brühe dazugießen. Vor dem Servieren mit gehackter Petersilie bestreuen.

JAMES A. BEARD
JAMES BEARD'S AMERICAN COOKERY

Tschumak-Haschee mit Champignons

Tchoomak Hash with Mushrooms

„Tschumak" ist das ukrainische Wort für Fuhrmann. Dieses Gericht sollte ihn bei seinen langen Reisen auf schwierigen und oft gefährlichen Strecken bei Kräften halten.

	Für 4 Personen
350 g	Hirse
1 kg	Champignons, gewaschen und grobgehackt
100 g	frischer oder geräucherter durchwachsener Speck, in Würfel geschnitten
45 g	Butter oder Schweineschmalz
1½	Zwiebeln, gehackt
55 cl	Wasser
	Salz
1½ TL	feingehackte Pfefferminzblätter

Die Champignons und den Speck in Butter oder Schweineschmalz bei mittlerer Hitze etwa 2 Minuten anbraten. Die Zwiebeln hinzufügen und eine weitere Minute braten.

Die Hirse zunächst in warmem Wasser und dann in heißem Wasser waschen, abtropfen lassen. Die 55 cl Wasser zum Kochen bringen; die Hirse hineingeben und in etwa 45 Minuten halbgar kochen. Die Champignons, den Speck und die Zwiebeln dazugeben, mit Salz würzen und verrühren. In eine feuerfeste Form von etwa 20 cm Durchmesser geben und ohne Deckel im vorgeheizten Backofen bei 180° C (Gasherd Stufe 2–3) etwa 45 bis 60 Minuten backen. Das Haschee sollte dann trocken und knusprig sein. Vor dem Servieren mit der feingehackten Pfefferminze garnieren.

N. I. GEORGIEVSKY, M. E. MELMAN, E. A. SHABURA
UND A. S. SHEMJAKINSKY
UKRAINIAN CUISINE

Helgoländer Herren- und Damen-Brei

Auf Helgoland wird dieser Graupenbrei zu „Bachsold", einem Fischgericht aus gesalzenem, getrocknetem Dorsch, gegessen.

	Für 2 bis 3 Personen
100 g	Graupen
125 g	Rosinen, gewaschen
125 g	Korinthen, gewaschen
	Salz
2	Zitronen, Schale abgerieben, Saft ausgepreßt
	Zucker

Die Graupen mit den Rosinen und Korinthen in etwa 40 cl gesalzenem Wasser 1 Stunde garen. Die abgeriebene Zitronenschale hinzufügen und nach Geschmack mit Zitronensaft und Zucker abschmecken.

JUTTA KÜRTZ
DAS KOCHBUCH AUS SCHLESWIG-HOLSTEIN

Zerkleinertes Getreide

Roggenschrot mit Rosinen

Down South Raisin Rye

Dieses pikante Gericht kann zu Hühnchen oder Schinken gereicht werden. Wird es als Hauptgericht gegessen, so sollte man 5 Minuten vor Ende der Garzeit noch eine Tasse (oder mehr) gewürfelten gekochten Schinken hinzufügen.

	Für 4 Personen
200 g	Roggenschrot
250 g	geräuchertes Schinkeneisbein
60 g	Rosinen
1 l	Wasser
	Salz

Das Schinkeneisbein, die Rosinen und das Wasser in einen schweren, 2 l fassenden Topf geben und zum Kochen bringen. Das Roggenschrot einrühren und aufkochen lassen. Den Deckel auflegen und bei schwacher Hitze 45 Minuten simmern lassen. Mit Salz abschmecken.

ELIZABETH ALSTON
THE BEST OF NATURAL EATING AROUND THE WORLD

Weizenschrot mit Champignons

Cracked Wheat with Mushrooms

	Für 6 Personen
250 g	Weizenschrot
75 g	Champignons, in Scheiben geschnitten
90 g	Zwiebeln, gehackt
60 g	Butter
90 cl	Hühnerbrühe (S. 166)
1 TL	Salz
	Frisch gemahlener schwarzer Pfeffer

Die Champignons und die Zwiebeln unter gelegentlichem Rühren etwa 5 Minuten in der Butter sautieren, bis sie goldbraun sind. Den Weizenschrot dazugeben und 5 Minuten unter ständigem Rühren garen. Die Brühe dazugießen; mit Salz und Pfeffer würzen. Aufkochen lassen, die Temperatur herunterschalten und zugedeckt etwa 30 Minuten unter gelegentlichem Rühren simmern lassen, bis die Brühe absorbiert und der Weizen weich ist.

PICTURE COOK BOOK

Burghul-Pilaw

Zu diesem würzigen Pilaw paßt gut eine Curry-Sauce.

	Für 4 Personen
325 g	Burghul
140 g	Butter
1	mittelgroße Zwiebel, gehackt
90 cl	kochende Brühe (S. 166)
	Salz und frisch gemahlener Pfeffer

Das Burghul in 125 g Butter etwa 5 Minuten dünsten. In einer zweiten Pfanne die gehackte Zwiebel in der restlichen Butter goldgelb braten. Das Burghul mit den Zwiebelstücken vermischen und die Brühe hineinrühren. Mit Salz und Pfeffer würzen, gut mischen und in einen mit Butter ausgestrichenen Bräter geben. Ohne Deckel im vorgeheizten Backofen bei 180° C (Gasherd Stufe 2–3) 30 Minuten backen. Anschließend den Pilaw mit einer Gabel lockern und noch ungefähr 15 Minuten backen, bis die ganze Flüssigkeit aufgesogen ist. Das Burghul soll noch feucht, aber locker sein.

MARIE KARAM KHAYAT UND MARGARET CLARK KEATINGE
FOOD FROM THE ARAB WORLD

Burghul-Pilaw mit Tomate

Bulgur Pilavi

	Für 6 Personen
175 g	grobkörniges Burghul, gewaschen und abgetropft
75 g	Butter
1	große Zwiebel, grobgerieben
1 EL	Tomatenpüree oder 1 kleine Tomate, abgezogen, entkernt und in kleine Würfel geschnitten
35 cl	Rinder- oder Hühnerbrühe (S. 166)
	Salz und frisch gemahlener Pfeffer

30 g Butter in einem schweren Topf erhitzen und darin die Zwiebel unter ständigem Rühren etwa 6 Minuten sautieren, bis sie goldbraun ist. Das Tomatenpüree oder die Tomatenwürfel hinzufügen und 5 Minuten garen. Die Brühe und die restliche Butter dazugeben, mit Salz und etwas Pfeffer würzen und zum Kochen bringen. Das Burghul einrühren und zugedeckt bei starker Hitze 5 Minuten kochen lassen. Dann die Temperatur herunterschalten und etwa 25 Minuten simmern lassen, bis das Burghul die ganze Flüssigkeit aufgenommen hat. Von der Kochstelle nehmen, den Deckel abnehmen, ein Tuch über den Topf legen und dann den Deckel wieder auflegen. An einem warmen Platz 40 Minuten stehenlassen. Der Pilaw sollte locker und trocken sein.

NEŞET EREN
THE ART OF TURKISH COOKING

Buchweizengrütze mit Fleisch auf polnische Art

Kasza Gryczana Zapiekana z Mięsem Lub Podrobami

Dieses Gericht serviert man mit frischem Kohl oder Sauerkraut.

	Für 4 Personen
300 g	Buchweizengrütze
60 g	Schweineschmalz
1 l	Wasser
50 g	Zwiebeln, gehackt
200 g	gebratenes Fleisch vom Schwein, Rind oder Lamm, sehr fein gehackt bzw. durch den Fleischwolf gedreht
4 EL	Rinderbrühe (S. 166)
	Salz und frisch gemahlener Pfeffer
1/8 bis 1/4 l	Sahne
1 EL	gehackte frische Kräuter

30 g Schweineschmalz in einem Topf erhitzen, die Buchweizengrütze einrühren und dann das Wasser dazugießen. Zum Kochen bringen und zugedeckt etwa 20 Minuten simmern lassen, bis der Buchweizen die ganze Flüssigkeit aufgenommen hat. Umrühren und dann den Deckel wieder auflegen. Die Grütze etwa 10 Minuten stehenlassen, bis sie weich und trocken ist.

In dem restlichen Schweineschmalz die Zwiebeln goldbraun braten. Das Fleisch und die Brühe dazugeben. Aufkochen lassen und mit der Buchweizengrütze vermischen. Mit Salz und Pfeffer abschmecken. Eine flache feuerfeste Form mit Butter ausstreichen und die Masse hineingeben. Die Sahne darübergießen und im vorgeheizten Backofen bei 200° C (Gasherd Stufe 3–4) 20 Minuten backen. Mit den gehackten Kräutern bestreuen und servieren.

HELENA HAWLICZKOWA
KUCHNIA POLSKA

Buchweizengrütze mit Mandeln

Buckwheat Groats with Almonds

	Für 6 Personen
400 g	Buchweizengrütze
100 bis 125 g	Mandeln, abgezogen und blättrig geschnitten
1/8 l	Olivenöl
1	Knoblauchzehe, feingehackt
4 EL	gehackte Zwiebeln
4 EL	gehackte grüne Paprikaschote
1 l	Hühnerbrühe

Die Mandeln in dem Olivenöl goldbraun rösten. Herausnehmen und beiseite stellen. Den Knoblauch, die Zwiebeln und die gehackte Paprikaschote unter häufigem Rühren in dem Öl sautieren, bis die Zwiebeln goldbraun sind. Mit der Grütze und der Brühe vermischen. In einen Schmortopf geben und im vorgeheizten Backofen bei 170° C (Gasherd Stufe 2) 30 Minuten backen. Die Mandeln unterziehen und noch etwa 15 Minuten backen, bis die Grütze fest und die Flüssigkeit absorbiert ist.

PICTURE COOK BOOK

Buchweizengrütze mit Nudeln

Kasha Varnishkas

Wie man Schmetterling-Nudeln formt, wird auf S. 49 beschrieben.

	Für 4 bis 6 Personen
200 g	Buchweizengrütze
100 g	Schmetterling-Nudeln, gekocht und abgetropft
1	Ei
	Salz und frisch gemahlener Pfeffer
2 EL	Hühnerfett oder 30 g Pflanzenmargarine
1/2 l	kochendes Wasser

Die Buchweizengrütze mit dem ungeschlagenen Ei in eine Pfanne geben und gut vermischen. Bei schwacher Hitze braten, dabei ständig rühren, so daß jedes Korn mit Ei überzogen ist. Den Buchweizen in einen 1 1/2 l fassenden Schmortopf geben, 1/2 TL Salz, das Fett und das kochende Wasser hinzufügen. Zugedeckt im vorgeheizten Backofen bei 180° C (Gasherd Stufe 2–3) etwa 1 Stunde backen, bis die Buchweizenkörner locker und körnig sind, oder auf offener Flamme 30 bis 40 Minuten simmern lassen und dabei eventuell etwas mehr Wasser und Fett hinzufügen. Die Nudeln zu der Buchweizengrütze geben und vermischen. Mit Salz und Pfeffer abschmecken. Das Ganze noch einmal erhitzen und als Beilage zu einem Fleischgericht reichen.

FANNIE ENGLE UND GERTRUDE BLAIR
THE JEWISH FESTIVAL COOKBOOK

Maispuffer

Corn Meal Puffs

	Ergibt 10 bis 12 große oder 24 bis 36 kleine Puffer
100 g	Maisgrieß
1/4 l	Wasser
125 g	Butter
1/4 TL	Salz
90 g	Mehl
4	Eier

Wasser, Butter und Salz verrühren und in einem mittelgroßen Topf zum Kochen bringen. Maisgrieß und Mehl hinzufügen und bei mittlerer Hitze schnell rühren, bis sich der Teig von der Topfwand löst und einen Kloß bildet. Noch 3 Minuten weiter erhitzen und dabei den Teigkloß immer wieder an die Topfwand drücken.

Von der Kochstelle nehmen und den Teig zum Abkühlen etwa 1 Minute mit dem elektrischen Handrührgerät oder einem großen Holzlöffel schlagen. Die Eier nach und nach hinzufügen und die Masse zu einem glatten, geschmeidigen Teig verarbeiten.

Den Teig eßlöffel- oder teelöffelweise auf ein ungefettetes Backblech geben, dabei kleine, runde Fladen formen. Je nach Größe 4 bis 5 cm Abstand lassen. Im vorgeheizten Backofen bei 190° C (Gasherd Stufe 3) 50 Minuten backen.

Die Puffer mit einer Messerspitze einritzen und weitere 10 Minuten backen, bis sie in der Mitte knusprig sind. Abkühlen lassen und mit Hühnerfleisch, Thunfisch, Krabben oder Krebsfleisch oder anderem leckeren Aufstrich füllen und als Vorspeise oder Cocktailhappen servieren.

JEANNE A. VOLTZ
THE FLAVOR OF THE SOUTH

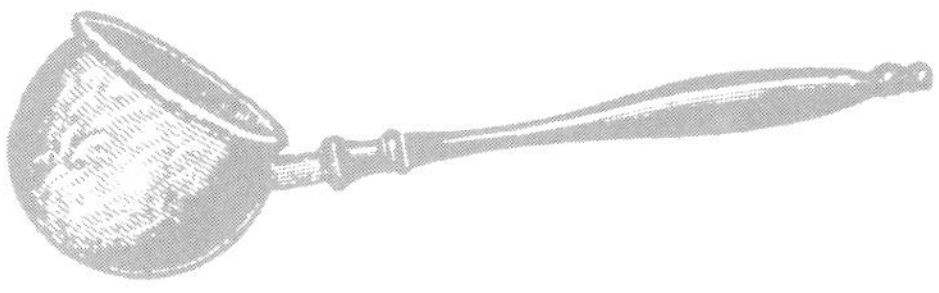

Mais-Kroketten mit Truthahn

Turkey-Hominy Croquettes

Statt des Truthahnfleisches kann man auch Schinkenreste oder Hühnerfleischreste nehmen.

	Für 4 Personen
175 g	gekochtes Maisschrot
125 g	kaltes gebratenes Truthahnfleisch, feingehackt
1 EL	feingehackte Zwiebeln
40 g	Butter, zerlassen
1/8 l	Milch
2 EL	gehackte Petersilie
	Salz und frisch gemahlener schwarzer Pfeffer
2	Eier, getrennt geschlagen
	Semmelbrösel
	Öl oder Fett zum Fritieren

In einem Topf die Zwiebeln in 15 g Butter glasig braten. Die Milch dazugießen und Maisschrot, Truthahnfleisch, restliche Butter und Petersilie einrühren. Mit Salz und viel Pfeffer würzen und gut vermischen. Kurz erhitzen und dann von der Kochstelle nehmen. Ein geschlagenes Ei unterziehen. Eine weitere Minute unter ständigem Rühren erhitzen, auf einen flachen Teller gießen und abkühlen lassen. Wenn die Masse fest geworden ist, 8 bis 10 Kroketten von 7 bis 8 cm Länge daraus formen. Die Kroketten zuerst in dem zweiten geschlagenen Ei und dann in Semmelbröseln wenden und in heißem Fett oder Öl goldbraun fritieren.

NARCISSE UND NARCISSA G. CHAMBERLAIN
THE CHAMBERLAIN SAMPLER OF AMERICAN COOKING

Polentaschnitten in Tomatensauce

Semoule de Blé Dur Sauce Tomate

	Für 6 Personen
150 g	Hartweizengrieß
1 l	Wasser
	Salz
2	Eier
50 g	Butter
100 g	Greyerzer Käse, frisch gerieben
	Frisch gemahlener Pfeffer
½ l	Tomatensauce (S. 167)

Das Wasser mit Salz zum Kochen bringen, den Grieß unter Rühren mit einem Holzlöffel hineingeben. 15 Minuten kochen, dabei ständig rühren, damit der Grieß nicht ansetzt. Von der Kochstelle nehmen, die Eier, Butter und 75 g Käse dazugeben und gut vermischen. Mit Salz und Pfeffer würzen.

Die Masse auf einer ebenen Fläche, am besten auf einer Marmorplatte, verteilen. Abkühlen und fest werden lassen.

Etwa 5 cm große Quadrate ausschneiden und in eine mit Öl ausgestrichene flache feuerfeste Form legen. Mit der Tomatensauce überziehen. Den restlichen Käse darüberstreuen und im vorgeheizten Backofen bei 200° C (Gasherd Stufe 3–4) 15 bis 20 Minuten überbacken, bis der Käse Blasen wirft.

CHRISTIANE SCHAPIRA
LA CUISINE CORSE

Polenta-Auflauf mit Käse

Mamaliga cu Brinza

„Mamaliga" ist das rumänische Wort für Polenta. Dieses Rezept beschreibt die älteste und beliebteste Art, aus „mamaliga" einen Auflauf zuzubereiten. Die Grundtechnik für die Zubereitung von Polenta wird auf S. 40 beschrieben.

Die Rumänen nehmen dazu „telemea", den traditionellen gesalzenen Schafskäse, der dem griechischen „feta" ähnelt. Der Auflauf kann mit 500 g gebratenen, durchwachsenen Speckwürfeln verfeinert werden. Wenn er mit Speck zubereitet wird, paßt dazu besser ein kräftiger, reifer Käse, wie der bulgarische Kaschkaval, der dem italienischen „caciocavallo" entspricht.

	Für 4 Personen
200 g	grobes Maismehl
250 g	gesalzener Schafskäse, mit einer Gabel zerdrückt
125 g	Butter
1 l	Wasser
	Salz

Eine Auflaufform (etwa 18 cm im Durchmesser und 5 bis 10 cm tief) mit 15 g Butter ausstreichen. Das Maismehl mit dem gesalzenen Wasser 30 Minuten zu einer Polenta kochen. Den Boden der Auflaufform 1 cm dick mit heißer Polenta bedecken. Reichlich Käse daraufstreuen und mit Butterflöckchen belegen. Abwechselnd Polenta, Käse und Butterflöckchen in die Form schichten. Die letzte Schicht sollte aus Käse bestehen. Im vorgeheizten Backofen bei 200° C (Gasherd Stufe 3–4) entweder 10 Minuten erhitzen oder nach Belieben in 20 bis 30 Minuten goldbraun überbacken.

ANISOARA STAN
THE ROMANIAN COOKBOOK

Polenta-Auflauf mit Stockfisch

Polenta Pastizada di Magro

Wie man Polenta zubereitet, wird auf S. 40 gezeigt. Der Stockfisch wird zunächst in Stücke geschnitten und mindestens 24 Stunden gewässert. Dabei wird das Wasser mehrmals gewechselt.

Dieses Fastengericht stammt aus den italienischen Alpen der Region Friaul.

	Für 6 Personen
500 g	Maisgrieß, mit 2½ l Wasser und einer Prise Salz in 30 Minuten zu Polenta gekocht
1 kg	Stockfisch, filetiert, in kleine Stücke geschnitten, gewässert, abgespült und trockengetupft
60 g	Mehl
18 cl	Olivenöl
200 g	Zwiebeln, in Scheiben geschnitten, und/oder 3 Knoblauchzehen, zu einer Paste zerstoßen
2 EL	Tomatenpüree
1 kg	Tomaten, abgezogen und gehackt
30 g	Petersilie, gehackt
	Salz und frisch gemahlener Pfeffer

Die Polenta sofort nach dem Kochen auf eine nasse Marmor-Arbeitsfläche oder eine andere kühle, nasse Arbeitsfläche geben. Mit einer Messerklinge, die wiederholt in kochendes Wasser getaucht wird, die Polenta etwa 1 cm dick verstreichen. Abkühlen lassen und dann in Streifen schneiden.

Die Stockfischstücke in Mehl wenden. In etwas Öl anbraten, abtropfen lassen und beiseite stellen. Weiteres Öl in die Pfanne gießen und die Zwiebeln und/oder den Knoblauch darin anbraten. Das Tomatenpüree hinzufügen und 2 bis 3 Minuten garen. Die gehackten Tomaten und die Petersilie dazugeben und mit Salz und frisch gemahlenem Pfeffer würzen. Ohne Deckel etwa 15 Minuten garen, dann die Stockfischstücke in die Pfanne geben und weitere 15 Minuten simmern lassen.

Eine 1½ l fassende, tiefe Auflaufform mit Butter ausstreichen und den Boden mit parallel nebeneinander angeordneten Polentastreifen belegen. Mit einer Schicht Stockfisch und reichlich Sauce bedecken. Darüber wieder eine Lage Polentastreifen – quer zu der ersten Schicht – geben. Auf diese Weise alle Zutaten abwechselnd in die Form schichten. Die letzte Lage sollte aus Polentastreifen bestehen, die mit Olivenöl beträufelt werden. Im vorgeheizten Backofen bei 200° C (Gasherd Stufe 3–4) in 20 bis 25 Minuten goldbraun überbacken.

LUIGI CARNACINA UND VINCENZO BUONASSISI
IL LIBRO DELLA POLENTA

Polentaklöße mit Walnußsauce

Kachamak s Orehov Sos

„Kachamak" ist der bulgarische Name für Polenta, die dort in vielen Formen gegessen wird. Dies ist ein Rezept für ein rustikales „kachamak", das als Beilage zu kaltem Fleisch gereicht wird. Es stammt aus der Stadt Smoljan im Rhodope-Gebirge in Südbulgarien. Manchmal wird „kachamak" auch heiß in kleine Porzellanformen gedrückt, die vorher mit kaltem Wasser ausgespült wurden, oder mit einem Eiskugellöffel zu kleinen Bällchen geformt. Man kann die Polenta zu einer dicken Schicht verstreichen und nach dem Abkühlen mit dem Teigrädchen in Formen schneiden. Die Grundmethode für die Zubereitung von Polenta wird auf S. 40 beschrieben.

	Für 4 bis 6 Personen
200 g	grobes Maismehl, mit einer Prise Salz in 1 l Wasser in etwa 30 Minuten zu Polenta gekocht
	Walnußsauce
200 g	Walnußkerne
1 oder 2	Knoblauchzehen, abgezogen
	Salz
15 cl	Olivenöl
2 EL	Weinessig
1 bis 2 EL	Wasser

Von der frisch zubereiteten heißen Polenta mit einem Eßlöffel, der jedesmal in kaltes Wasser getaucht wird, 20 etwa eigroße Klöße abstechen und abkühlen lassen. Für die Sauce zunächst die Knoblauchzehen mit einer Prise Salz im Mörser zerstoßen. Dann die Walnußkerne dazugeben und zu einer Paste zerstoßen. Die Masse mit Olivenöl, Essig und Wasser vermischen, bis die Sauce sämig ist. Eventuell nachwürzen.

Die Klöße auf einer großen Servierplatte anrichten, mit der Sauce überziehen und bis zum Servieren zugedeckt lassen.

DR. L. PETROV, DR. N. DJELEPOV, DR. E. IORDANOV UND S. UZUNOVA
BULGARSKA NAZIONALNA KUCHNIYA

Polenta auf ligurische Art

Polenta con Cavoli alla Ligure

Wie man Polenta zubereitet, wird auf S. 40 beschrieben.

	Für 6 Personen
300 g	grobes Maismehl, mit einer Prise Salz in 1½ l Wasser in etwa 30 Minuten zu Polenta gekocht
1	Weiß- oder Wirsingkohl, äußere Blätter und Strunk entfernt, gehackt
	Salz
⅛ l	Olivenöl
200 g	Parmesankäse, frisch gerieben
	Mehl
60 g	Schweineschmalz

Den Kohl in gesalzenem Wasser 10 Minuten kochen. Gut abtropfen lassen und dann in dem Öl dünsten, bis er das ganze Öl aufgenommen hat. Salzen und abkühlen lassen.

Die gekochte Polenta in eine große Schüssel geben und mit dem Kohl und dem Parmesankäse verrühren. Abkühlen lassen. Anschließend auf eine Arbeitsfläche geben und zu einem etwa 2,5 cm dicken Fladen flachdrücken. In 2,5 cm breite Würfel schneiden und mit Mehl bestäuben.

Die Polentawürfel kurz vor dem Servieren in heißem Schweineschmalz nacheinander goldbraun und knusprig braten. Auf Küchenkrepp abtropfen lassen und sehr heiß servieren.

VINCENZO BUONASSISI UND LUIGI CARNACINA
IL LIBRO DELLA POLENTA

Polenta-Auflauf Padua

Polenta Pasticciata alla Padovana

Für diesen Auflauf muß die Polenta fest sein. Wie man Polenta zubereitet, wird auf S. 40 gezeigt. „Soppressa" kann durch eine stark gewürzte italienische Salami ersetzt werden.

Für 6 Personen

500 g	Maisgrieß, mit 2½ l Wasser und einer Prise Salz in 30 Minuten zu Polenta gekocht
200 g	Parmesankäse, frisch gerieben
60 g	Butter, in kleine Stücke geschnitten

Fleischsauce

300 g	mageres Kalbfleisch, gehackt
200 g	Parmaschinken, feingehackt
200 g	*soppressa*, feingehackt
200 g	Hühnerleber, gesäubert und in Scheiben geschnitten
200 g	Butter
½	Zwiebel, gehackt
1	kleine Möhre, gehackt
½	Stengel Bleichsellerie
300 g	Champignons, in Scheiben geschnitten
⅛ l	trockener Weißwein
1 kg	Tomaten, püriert
½ TL	grobkörniges Salz
2 TL	getrockneter Thymian
1	Lorbeerblatt, zerrieben

Die noch heiße Polenta auf eine nasse Marmorarbeitsfläche oder eine andere glatte, nasse Arbeitsfläche geben. Mit einer Messerklinge, die wiederholt in kochendes Wasser getaucht wird, die Polentamasse etwa 2 cm dick auf der Arbeitsfläche verstreichen und dann abkühlen lassen.

150 g Butter in einem Topf erhitzen, die gehackte Zwiebel, die Möhre und den Bleichsellerie darin hellgelb braten. Das gehackte Kalbfleisch dazugeben und unter häufigem Rühren bei mittlerer Hitze 15 Minuten garen. Parmaschinken, *soppressa* und Champignons hinzufügen. Weitere 10 Minuten garen, den Wein dazugießen und die Temperatur heraufschalten. 4 bis 5 Minuten kochen lassen, bis der Wein absorbiert und die Garflüssigkeit etwas eingekocht ist. Die pürierten Tomaten in den Topf geben, mit Salz, Thymian und dem Lorbeerblatt würzen. Die Sauce, ohne den Deckel aufzulegen, 20 Minuten simmern lassen. In einer Bratpfanne 40 g Butter erhitzen und braun werden lassen, die Hühnerleber hineingeben, mit etwas Salz bestreuen, vorsichtig anbraten und in die Sauce geben.

Eine 1¾ l fassende Auflaufform mit Butter ausstreichen, eine Schicht Polenta hineingeben, mit Fleischsauce überziehen und mit Parmesankäse bestreuen. Abwechselnd Polenta, Sauce und Käse in die Form schichten. Die letzte Schicht sollte aus Polenta bestehen. Sie wird mit den Butterstückchen belegt und bis auf 60 g mit dem restlichen Parmesankäse bestreut. Im vorgeheizten Backofen bei 200° C (Gasherd Stufe 3–4) etwa 15 Minuten backen, bis der Käse geschmolzen und goldbraun ist. Sehr heiß servieren. Die 60 g Parmesankäse getrennt dazu reichen.

LUIGI CARNACINA UND VINCENZO BUONASSISI
IL LIBRO DELLA POLENTA

Polenta im Weinteig

Polenta Pastizada all'Antica

Die Zubereitung von Polenta wird auf S. 40 beschrieben.

Für 4 Personen

500 g	Maisgrieß
2½ l	kochendes Salzwasser
	Salz

Weinteig

Etwa 15 cl	Rotwein, mit kaltem Wasser vermischt
300 g	Mehl
100 g	Butter, in Stücke geschnitten und gekühlt
4 EL	Öl
	Salz

Schweinefleisch-Füllung

500 g	mageres Schweinefleisch, gegart und feingehackt
200 g	Bratwurstmasse, mit einer Gabel gelockert
150 g	Butter
12	Salbeiblätter, grobgehackt
300 g	Schweineflomen, in kleine Stücke geschnitten
	Salz und frisch gemahlener Pfeffer
	Geriebene Muskatnuß

Für den Teig das Mehl auf eine Marmorplatte oder eine andere kalte Arbeitsfläche häufen und in die Mitte eine Mulde drücken. Die Butter, das Öl und eine Prise Salz hineingeben und vorsichtig mit dem Mehl verarbeiten. Nach und nach den mit Wasser verdünnten Wein hinzufügen und gut vermischen. Den Teig in eine Schüssel geben, ein Tuch darüberdecken und an einem kühlen Platz 30 Minuten stehenlassen.

Für die Füllung 60 g der Butter in einer Bratpfanne zerlassen, die Salbeiblätter und die Flomen hinzufügen und gut verrühren. Die Bratwurstmasse, das gehackte Fleisch, Salz, frisch gemahlenen Pfeffer und Muskat dazugeben. Gut vermischen und unter ständigem Rühren etwa 10 Minuten garen, bis das Schweinefleisch braun geworden ist.

Den Teig in zwei Stücke teilen. Eines der beiden Teigstücke zu einer Platte ausrollen, die groß genug ist, um Rand und Boden einer Backform von etwa 20 cm Durchmesser und 15 cm Höhe abzudecken. Die Backform mit Butter ausstreichen, die Teigplatte hineinlegen und an Rand und Boden fest andrücken.

Die Polenta kochen. Eine Schicht Schweinefleisch-Füllung auf dem Boden der mit Teig ausgelegten Backform verteilen, eine Schicht Polenta direkt aus dem Topf darübergießen und mit einer weiteren Schicht Füllung abdecken. Wiederum Polenta darübergeben und so fortfahren, bis alle Zutaten aufgebraucht sind. Die oberste Schicht sollte aus Füllung bestehen.

Das zweite Teigstück zu einer runden Platte ausrollen, die genau auf die Backform paßt. Den Teigdeckel auf die Form legen und am Rand fest andrücken. Die Oberfläche mit zerlassener Butter bestreichen und im vorgeheizten Backofen bei 220° C (Gasherd Stufe 4–5) etwa 20 bis 30 Minuten backen, bis die Oberfläche der Polenta-Pastete goldbraun ist. Vor dem Servieren einige Minuten stehenlassen.

LUIGI VINCENZO BUONASSISSI UND CARNACINA
IL LIBRO DELLA POLENTA

Grießküchlein mit Käse gefüllt

Für 4 Personen

160 g	Grieß
250 g	Greyerzer Käse, in dünne Scheiben geschnitten
1 l	Milch
	Salz
1	Ei, leicht geschlagen
1 EL	Semmelbrösel
30 g	Mehl
	Fett oder Öl zum Braten

Die Milch zum Kochen bringen, etwas Salz hinzufügen, den Grieß einrühren und unter ständigem Rühren in 15 bis 20 Minuten zu einem dicken Brei kochen. Auf eine mit kaltem Wasser abgespülte Platte oder ein feuchtes Holzbrett geben, 1 cm dick verstreichen und abkühlen lassen. Anschließend mit einem umgedrehten Glas oder einem Backförmchen Kreise ausstechen. Genauso große Kreise aus den Käsescheiben ausstechen. Die runden Käsescheiben zwischen je zwei Grießküchlein legen. Die gefüllten Grießküchlein erst in geschlagenem Ei und dann in einer Mischung aus Semmelbröseln und Mehl wenden. In heißem Fett auf beiden Seiten goldbraun braten.

EVA MARIA BORER
DIE ECHTE SCHWEIZER KÜCHE

Couscous mit sieben Gemüsen

Couscous „Bidaoui" aux Sept Légumes

Für 8 bis 10 Personen

1 kg	Couscous
1 kg	Fleisch (Kalbshaxe oder Lammschulter), in Würfel geschnitten
1 kg	Zwiebeln, in Scheiben geschnitten
1	mittelgroßer Weißkohl, in Stücke geschnitten
300 g	Butter
1 TL	Safranpulver
	Salz und Pfeffer
6 l	Wasser
4 oder 5	Tomaten, abgezogen und in Viertel geschnitten
250 g	Auberginen, in Stücke geschnitten
500 g	Möhren, in Scheiben geschnitten
250 g	weiße Rüben, in Stücke geschnitten
2	kleine rote Chilischoten, entkernt und gehackt
6 EL	frische gehackte Korianderblätter
500 g	Kürbis, in Stücke geschnitten

Das Fleisch, ein Viertel der Zwiebeln, den Weißkohl und 150 g Butter in den unteren Teil einer *couscousière* geben. Mit Safran, Salz und Pfeffer würzen. Das Wasser dazugießen und zum Kochen bringen. Den Couscous in den Aufsatz der *couscousière* füllen. Ein Nesseltuch in einer Mischung aus Mehl und Wasser wenden und fest um die Verbindung zwischen dem oberen und unteren Teil des *couscousière* wickeln. Erhitzen; nach Austreten des ersten Wasserdampfes noch weitere 30 Minuten dämpfen. Den Aufsatz der *couscousière* abnehmen, auf den unteren Teil den Deckel auflegen und mindestens 1 Stunde simmern lassen, bis die übrigen Gemüse hinzugegeben werden.

Den Couscous in eine große Schüssel füllen und mit einem Holzlöffel lockern. Den Couscous abkühlen lassen, dann kaltes Wasser darüberträufeln und wieder lockern. Wiederholt Wasser darübergeben und die Grießkörner lockern, bis sie aufgequollen sind und sich mit Wasser vollgesogen haben. Den Couscous etwa 30 Minuten stehenlassen.

Etwa 1 Stunde vor dem Servieren die übrigen Gemüse außer dem Kürbis in den unteren Teil der *couscousière* zu den Fleischstücken und dem Weißkohl geben und etwa 30 Minuten simmern lassen. Den Kürbis getrennt etwa 15 Minuten in etwas Garflüssigkeit von dem Fleisch kochen.

Eine halbe Stunde vor dem Servieren den Couscous wieder in den Aufsatz geben, auf die *couscousière* setzen und das Tuch wieder darumwickeln. Sobald der Dampf aufsteigt, den Couscous in eine Schüssel geben. Die restliche Butter hinzufügen, gut vermischen und dann so viel Garflüssigkeit von dem Fleisch dazugießen, wie der Couscous aufnehmen kann. Dabei ständig mit einem Holzlöffel lockern.

Den Couscous auf eine große, flache Platte häufen, in die Mitte eine Mulde drücken und das Fleisch und die Gemüse hineingeben. Getrennt dazu die Garflüssigkeit als Sauce servieren.

LATIFA BENNANI SMIRES
LA CUISINE MAROCAINE

Couscous mit Hammelfleisch

Kouskai bil Ghalmi

Wie man Couscous zubereitet, wird auf S. 36–39 beschrieben. Auf S. 39 wird auch erklärt, wie man eine feurige „harissa"-Sauce macht.

Wer Couscous nicht selbst herstellen möchte, kann ihn fertig in den Qualitäten fein, mittel und grob kaufen.

	Für 10 Personen
750 g	Couscous
500 g	Hammelfleisch, in Würfel geschnitten
100 g	Hammelfett, in Würfel geschnitten
	Salz
½ TL	frisch gemahlener schwarzer Pfeffer
¾ EL	*harissa*
½ TL	Paprikapulver
1	Zwiebel, gehackt
15 cl	Olivenöl
1¾ l	Wasser
1¾ EL	Tomatenpüree
60 g	Kichererbsen, über Nacht eingeweicht
1	Kardone, nur die Blattstiele, geputzt und in Stücke geschnitten
3 oder 4	Kartoffeln, geschält
2 oder 3	Möhren, in Hälften geschnitten
2	kleine weiße Rüben, in Stücke geschnitten
30 g	gesalzene Butter
1 EL	gemahlener Zimt
1 EL	zerriebene Rosenblätter (nach Belieben)

Das Hammelfleisch und das Hammelfett in den unteren Topf einer *couscousière* geben und mit Salz, Pfeffer, *harissa* und Paprika würzen. In einem zweiten Topf die Zwiebel einige Minuten in Öl goldbraun braten, ¼ l Wasser dazugießen, das Tomatenpüree und die Kichererbsen einrühren und 15 bis 20 Minuten kochen lassen. Dann die Erbsen, die übrigen Gemüse und das restliche Wasser zum Fleisch geben und zum Kochen bringen.

Den Couscous mit kaltem Wasser befeuchten. Locker in den Aufsatz der *couscousière* füllen und auf den unteren Topf setzen. Sobald Dampf aufsteigt, 30 bis 40 Minuten dämpfen und dann den Aufsatz abnehmen. Den Couscous in eine Schüssel geben, mit etwas kaltem Wasser beträufeln und mit einem Holzlöffel lockern. Den Couscous wieder in den Aufsatz füllen und noch einmal zum Kochen bringen.

Den Couscous auf eine Servierplatte häufen. Das Fett von der Oberfläche des Ragouts abschöpfen, dann die Butter, den Zimt und die Rosenblätter dazugeben. Die Hälfte der Garflüssigkeit über den Couscous gießen und gut vermischen. Das Fleisch und die Gemüse in einer Schüssel und die restliche Flüssigkeit als Sauce getrennt dazu reichen. Eine kurze Zeitlang ruhen lassen und dann servieren.

MOHAMED KOUKI
LA CUISINE TUNISIENNE D'„OMMOK SANNAFA"

Couscous mit Graupen

Cheesha Belboula

Dieser Couscous wird mit Graupen statt mit Hartweizengrieß zubereitet. Es hat ein nußartiges, kräftiges und köstliches Aroma. Die Graupen müssen jedoch dreimal gedämpft werden.

	Für 6 bis 8 Personen
750 g	Graupen, gewaschen und abgetropft
125 g	Butter
⅛ TL	Safranpulver
¼ TL	Kurkumapulver
Je 8	Stengel Petersilie und Koriander, zu einem Sträußchen zusammengebunden
2 TL	Salz
2 TL	frisch gemahlener schwarzer Pfeffer
2	große, reife Tomaten, abgezogen, entkernt und gehackt
1	große Zwiebel, in Viertel geschnitten
1	Zimtstange
1 kg	Huhn, in Portionsstücke zerlegt
Etwa 1½ l	Wasser
8	kleine Zwiebeln oder frische Perlzwiebeln
500 g	junge weiße Rüben, geschält und in Viertel geschnitten
750 g	kleine Zucchini, in Viertel geschnitten
350 g	enthülste frische Erbsen oder dicke Bohnen ohne Haut
1	kleine grüne oder rote Chilischote, entkernt und gehackt (nach Belieben)
30 g	Butter, mit je ½ TL Oregano, Majoran und Thymian gewürzt
½ l	Sahne

100 g Butter im unteren Topf der *couscousière* zerlassen, ohne daß sie braun wird. Eine Prise Safran, Kurkuma, das Sträußchen aus Petersilie und Koriander, Salz, Pfeffer, 1 Tomate, die Zwiebel

und die Zimtstange hinzufügen. Den Topf einmal kurz schwenken, dann die Hühnerstücke dazugeben und bei schwacher Hitze zugedeckt 15 Minuten garen. 1 l kochendes Wasser dazugießen und zugedeckt weitere 30 Minuten simmern lassen. Anschließend die kleinen Zwiebeln in die *couscousière* geben.

Den Aufsatz der *couscousière* mit Butter ausstreichen, die Graupen ausdrücken und nach und nach in den Aufsatz geben; dabei die Graupen zwischen den Handflächen reiben, um sie zu lockern. Prüfen, ob genügend Wasser im unteren Topf der *couscousière* ist, und dann die Verbindung zwischen den beiden Teilen der *couscousière* fest mit einem Tuch umwickeln (S. 36).

Die Graupen 20 Minuten dämpfen, anschließend in eine große Schüssel geben und mit einer Gabel lockern. Die restlichen 15 g Butter hinzufügen. In einem feinen Strahl ganz langsam Wasser dazugießen, dabei die Körner ständig lockern, so daß sie quellen, aber nicht aneinanderkleben. Innerhalb von 3 Minuten sollte etwa ½ l Wasser an die Graupen gegossen werden. Es ist darauf zu achten, daß sie nicht zu feucht werden. Noch einmal die Graupen lockern und 10 Minuten trocknen lassen.

Die Graupen wieder in den Aufsatz füllen, das Tuch darumwickeln und weitere 20 Minuten dämpfen. Anschließend die Graupen wieder in die Schüssel geben, mit einer Gabel lockern und 15 Minuten stehenlassen; zwischendurch immer wieder lockern, damit die Graupen nicht aneinanderhaften und sich keine Klumpen bilden. Kein Wasser mehr dazugießen.

Die Rüben zu der kochenden Brühe im unteren Topf der *couscousière* geben und 15 Minuten garen, eventuell etwas kochendes Wasser nachgießen. 30 Minuten vor dem Servieren die zweite Tomate im Mixer oder Passiersieb pürieren. Das Tomatenpüree, die Zucchini, die Erbsen oder Bohnen und die gehackte Chilischote in den unteren Topf geben. Zum Kochen bringen. Die Graupen wieder in den Aufsatz füllen, die Verbindung zwischen den beiden Hälften wieder mit einem Tuch umwickeln und noch weitere 20 Minuten dämpfen.

Die Graupen auf eine große vorgewärmte Platte geben und vorsichtig die Kräuterbutter untermischen. Klumpen mit einer Gabel lockern. In die Mitte der Graupen eine Mulde drücken, die Hühnerstücke hineingeben und das Gemüse darauf verteilen. Die Sahne mit der Brühe im Topf verrühren, aufkochen lassen und von der Kochstelle nehmen. Einen Teil der Brühe durch ein Sieb geben und über die Graupen träufeln. Die restliche Brühe als Sauce getrennt dazu reichen.

PAULA WOLFERT
COUSCOUS AND OTHER GOOD FOOD FROM MOROCCO

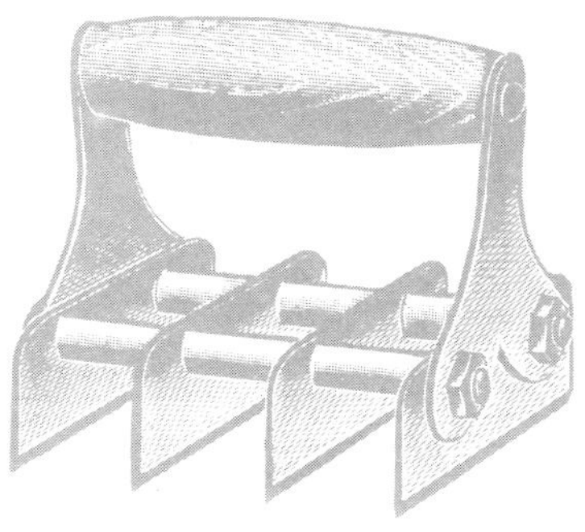

Gekochte Teigwaren

Makkaroni mit vier Käsesorten

Maccheroni ai Quattro Formaggi

„Fontina" ist ein verhältnismäßig harter Käse. „Robiola" ist ein weicher, weißer Käse; falls er nicht erhältlich ist, kann man ihn durch Bel Paese ersetzen.

	Für 6 Personen
500 g	Makkaroni, *rigatoni* oder *penne*
Je 80 g	Greyerzer Käse, *fontina*- und *robiola*-Käse, in sehr dünne Streifen geschnitten bzw. grobgerieben
120 g	Parmesankäse, frisch gerieben
100 g	Butter, zerlassen
	Salz und frisch gemahlener Pfeffer

Die Makkaroni kochen und abtropfen lassen. Wieder in den Topf zurückgeben und mit dem größten Teil der Butter vermischen. Den Greyerzer Käse, *fontina, robiola* und 80 g Parmesankäse hinzufügen, mit Salz und Pfeffer würzen und gut vermischen. Die Nudeln in eine mit Butter ausgestrichene feuerfeste Form geben, mit der restlichen Butter beträufeln, dem restlichen Parmesankäse bestreuen und im vorgeheizten Backofen bei 200° C (Gasherd Stufe 3–4) 5 bis 10 Minuten backen. Der Käse soll schmelzen, aber nicht braun werden.

VINCENZO BUONASSISI
IL CODICE DELLA PASTA

Nudeln mit Roquefort

Nouilles au Roquefort

	Für 4 Personen
300 g	Nudeln
125 g	Roquefort
4 EL	Sahne
	Frisch gemahlener Pfeffer

Die Nudeln in reichlich Salzwasser bißfest kochen. Den Roquefort mit einer Gabel zerdrücken und mit der Sahne zu einer Creme verrühren. Mit Pfeffer würzen. Die Nudeln abtropfen lassen und in einem Topf bei schwacher Hitze 2 bis 3 Minuten vorsichtig mit dem Roquefort vermischen. Sehr heiß servieren.

MYRETTE TIANO
PÂTES ET RIZ

Tagliatelle mit Fleischsauce

Tagliatelle Paglia e Fieno

Wie man Nudelteig zubereitet und färbt, wird auf S. 44 und S. 50 gezeigt. Wie man aus einer Teigplatte „tagliatelle“ schneidet, wird auf S. 46 und S. 48 beschrieben.

„Pancetta“ ist gepökelter Schweinebauch, der ähnlich wie Parmaschinken behandelt wird.

	Für 4 Personen
350 g	Nudelteig (S. 165)
350 g	mit Spinat gefärbter Nudelteig (S. 165)
	Fleischsauce mit Pilzen
100 g	mageres Rindfleisch, feingehackt
100 g	Schweinefiletkotelett, feingehackt
15 g	getrocknete Steinpilze, in warmem Wasser 30 Minuten eingeweicht
1	kleiner Stengel Bleichsellerie, feingehackt
1	Möhre, feingehackt
1	Zwiebel, feingehackt
60 g	*pancetta* oder frischer durchwachsener Speck, feingehackt
100 g	Butter, in kleine Stücke geschnitten
2 EL	Olivenöl
8 cl	trockener Weißwein
20 cl	Tomatenpüree
1	Nelke
1	Lorbeerblatt
	Salz
3	Hühnerlebern, grobgehackt
	Frisch gemahlener Pfeffer
6 EL	Parmesankäse, frisch gerieben

Aus den Nudelteigen ungefärbte und grüne *tagliatelle* schneiden. In einem Topf die gehackten Gemüse mit *pancetta* oder durchwachsenem Speck vermischen. 30 g Butter und das Öl hinzufügen. Die Gemüse bei mittlerer Hitze unter häufigem Rühren garen. Sobald die *pancetta*- oder die Speckwürfel ausgelassen und die Gemüse weich sind, das Rindfleisch und das Schweinefleisch dazugeben. Weitergaren und den Wein dazugießen. Wenn der Wein absorbiert ist, die Pilze und das Tomatenpüree in den Topf geben, mit Nelke, Lorbeerblatt und Salz würzen, umrühren und zugedeckt etwa 1 Stunde unter gelegentlichem Rühren simmern lassen. Wenn die Flüssigkeit zu sehr einkocht, etwas Einweichwasser von den Pilzen dazugießen. Gegen Ende der Garzeit die Hühnerlebern hinzufügen und weitere 5 Minuten simmern lassen. Eventuell nachwürzen und von der Kochstelle nehmen.

In zwei großen Töpfen gesalzenes Wasser zum Kochen bringen. In den einen Topf die ungefärbten, in den anderen die grünen *tagliatelle* geben, kurz umrühren und bei starker Hitze in etwa 10 Minuten bißfest kochen. Abtropfen lassen und die ungefärbten *tagliatelle* in eine vorgewärmte Schüssel geben. Die restliche Butter zerlassen und die Hälfte der Butter über die *tagliatelle* träufeln. 2 EL Käse darüberstreuen, vermischen und die *tagliatelle* auf einer vorgewärmten Servierplatte anrichten. Die grünen *tagliatelle* ebenso zubereiten.

Die Sauce in eine vorgewärmte Sauciere geben, mit dem restlichen Käse bestreuen und getrennt servieren.

FERNANDA GOSETTI
IN CUCINA CON FERNANDA GOSETTI

Bandnudeln mit Mohn

Noodles with Poppy Seed

Falls frische Nudeln verwendet werden, verringert sich die Garzeit auf 2 bis 3 Minuten.

	Für 4 Personen
250 g	Bandnudeln
2 EL	Mohn, gewaschen und abgetropft
60 g	Mandeln, abgezogen und blättrig geschnitten
2 EL	Hühnerfett, ausgelassen
	Salz und frisch gemahlener Pfeffer

Die Bandnudeln in 5 cm lange Stücke brechen und in reichlich Salzwasser in 8 bis 10 Minuten bißfest kochen. In einer Pfanne den Mohn und die Mandeln in dem ausgelassenen Hühnerfett rösten. Über die Nudeln geben, Salz und Pfeffer darüberstreuen, gut vermischen und sehr heiß servieren.

FANNIE ENGLE UND GERTRUDE BLAIR
THE JEWISH FESTIVAL COOKBOOK

Nudeln mit dicken Bohnen

Pasta with Broad Beans

	Für 4 Personen
500 g	*tagliatelle*
1 kg	frische dicke Bohnen, enthülst und abgezogen
1	Zwiebel, gehackt
3 EL	Olivenöl
	Salz
50 bis 100 g	Parmesankäse, gerieben

Die Zwiebelstücke mit dem Öl in einen Topf geben und glasig braten. Die Bohnen und eine Prise Salz hinzufügen und so viel Wasser zugießen, daß die Bohnen gerade bedeckt sind. Den Deckel auflegen, jedoch einen Spalt offenlassen, und bei starker Hitze garen, bis das Wasser fast verdampft ist.

Inzwischen in einem großen Topf Wasser zum Kochen bringen, Salz hinzufügen und die Nudeln darin garkochen. Die Nudeln abtropfen lassen und in eine vorgewärmte Schüssel geben. Mit den Bohnen und dem Parmesankäse vermischen und servieren.

ROSEMARY CROSSLEY
THE DOLE COOKBOOK

Nudeln mit roher Tomatensauce

Nouilles à la Sauce Tomate Crue

	Für 4 Personen
300 g	Nudeln
750 g	Tomaten, abgezogen, entkernt und in Würfel geschnitten
1	Bund Basilikum, gewaschen und gehackt
6	Knoblauchzehen, geschält und mit einer Messerklinge zerdrückt
	Salz und frisch gemahlener Pfeffer
20 cl	Olivenöl

Die Tomaten mit Basilikum und Knoblauch vermischen und mit Salz und Pfeffer würzen. Das Öl hinzufügen und zugedeckt an einen kühlen Platz stellen.

Die Nudeln in reichlich Salzwasser bißfest kochen. Abtropfen lassen, mit der Tomatensauce vermischen und sofort servieren.

MYRETTE TIANO
PÂTES ET RIZ

Kartoffelnudeln mit Mohn

Zemiakové Rezance s Makom

Anstelle von gemahlenem Mohn kann man auch gemahlene Walnüsse nehmen.

	Für 8 Personen
600 g	Kartoffeln, in der Schale gekocht und abgezogen
90 g	Mohn, gemahlen
1	Ei, geschlagen
300 g	feinkörniger Hartweizengrieß
	Salz
60 g	Butter
100 g	feiner Kristallzucker

Die Kartoffeln durch ein Sieb passieren. Das Ei, den Grieß und eine Prise Salz hinzufügen und zu einem Teig verkneten. Den Teig in kurze, gut streichholzdicke Nudeln schneiden. Die Nudeln in kochendes Salzwasser geben und in etwa 2 bis 3 Minuten garkochen. Abtropfen lassen, die Butter darübergeben und mit Mohn und Zucker bestreut servieren.

VOJTECH ŠPANKO
SLOVENSKÁ KUCHÁRKA

Röhrennudeln mit Fleischsauce

Maccheroni alla Bolognese

Dieses leckere Nudelgericht ist einfach zuzubereiten und kann mit ein paar getrockneten oder besser frischen Steinpilzen verfeinert werden. Die Fleischsauce kann auch einige Stunden vorher zubereitet werden.

	Für 4 Personen
400 g	*rigatoni*
Etwa 30 g	Parmesankäse, gerieben
	Fleischsauce
150 g	mageres Rinderhackfleisch
1	mittelgroße Möhre, feingehackt
1	Stengel Bleichsellerie, feingehackt
1	kleine Zwiebel, feingehackt
50 g	frischer durchwachsener Speck, feingehackt
50 g	Butter
3	Hühnerherzen, halbiert (nach Belieben)
2 TL	Mehl
10 cl	Brühe (S. 166)
1	Nelke
	Frisch gemahlener Pfeffer
	Geriebene Muskatnuß
150 g	getrocknete Pilze, eingeweicht und abgetropft, oder 150 g frische Pilze (nach Belieben)
Etwa 20 cl	Milch
3	Hühnerlebern, pariert, 15 Minuten in reichlich kaltem Wasser gewässert, abgetropft und in Würfel geschnitten

Für die Sauce zunächst die gehackten Gemüse und den Speck mit der Butter in einen Topf geben und bei mittlerer Hitze garen, bis die Gemüse weich sind. Das Hackfleisch und nach Belieben die Hühnerherzen dazugeben und so lange schmoren, bis das Fleisch braun ist. Das Mehl darüberstreuen und die Brühe dazugießen. Die Nelke, je eine Prise Pfeffer und Muskat und nach Belieben die Pilze hinzufügen, gut vermischen und bei schwacher Hitze etwa 1 Stunde simmern lassen. Gelegentlich umrühren und nach und nach ein paar Löffel Milch hinzufügen.

Wenn die Sauce fast fertig ist, reichlich Salzwasser für die Makkaroni aufsetzen. Die *rigatoni* in das kochende Wasser geben und bei starker Hitze kochen lassen. Dann die Hühnerlebern in die Sauce geben und weiter bei mittlerer Hitze schmoren. Abschmekken und eventuell nachwürzen. Die Nudeln bißfest kochen und abtropfen lassen. In eine vorgewärmte Schüssel geben, mit dem Käse und der Sauce vermengen und servieren.

FERNANDA GOSETTI
IN CUCINA CON FERNANDA GOSETTI

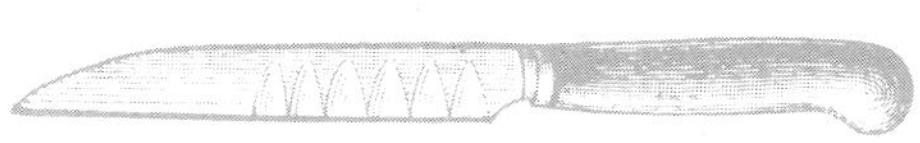

Fadennudeln mit Kapern, Oliven und Sardellen

Linguine Capperi Olive e Acciughe

„Linguine" sind Fadennudeln. Sie sind flach und etwas breiter als „linguettine" (siehe S. 10–11). Der Autor empfiehlt, gesalzene statt in Essig eingelegte Kapern zu verwenden.

In Öl geröstete Semmelbrösel können dieses Gericht verfeinern. Sie werden hinzugefügt, bevor die Nudeln mit der Kapernsauce überzogen werden.

	Für 6 Personen
600 g	*linguine* oder Spaghetti
100 g	Kapern, 1 Stunde gewässert
100 g	schwarze Oliven, entkernt
100 g	eingelegte Sardellen, gewässert, filetiert, abgespült, trockengetupft und in dünne Streifen geschnitten
2	Knoblauchzehen
15 cl	Öl
2 EL	Wasser
6 EL	gehackte Petersilie
	Frisch gemahlener Pfeffer

Den Knoblauch im heißen Öl kurz braten. Dann Kapern, Oliven, Wasser und Petersilie dazugeben und mit Pfeffer bestreuen. 4 bis 5 Minuten garen; dann die Pfanne von der Kochstelle nehmen, die Sardellen hinzufügen und rühren, bis sie sich auflösen. Die Nudeln in reichlich Salzwasser bißfest kochen. Abtropfen lassen, die Sauce darübergeben und sehr heiß servieren.

JEANNE CARÒLA FRANCESCONI
LA CUCINA NAPOLETANA

Französische Spätzle

Batter Noodles

Die Zubereitung dieser spätzleähnlichen Eiernudeln wird auf S. 60 gezeigt. Statt des Spritzbeutels kann man auch eine Tüte aus Pergamentpapier nehmen.

Überbacken schmecken diese gehaltvollen, zarten Eiernudeln besonders köstlich. Man kann sie in reichlich Sahne schwenken und mit Käse bestreuen oder dick mit Geflügel- oder Fleischbratensauce und Käse überziehen und dann überbacken. Als Beilage schmecken sie gut in etwas Butter geschwenkt, nach Belieben gewürzt und mit *fines herbes* bestreut. In Butter geröstete frische Semmelbrösel können zusammen mit Butter den Eiernudeln beigefügt werden. Sie können natürlich auch mit anderen Zutaten gratiniert oder sautiert werden.

	Für 3 oder 4 Personen
200 g	Mehl
	Salz
1 EL	Olivenöl
4	Eier

In einer Rührschüssel 100 g Mehl und die übrigen Zutaten mit einem Schneebesen verrühren, bis eine glatte Masse entsteht. Nach und nach das restliche Mehl einstreuen und rühren, bis die Masse etwa die Konsistenz eines geschmeidigen Kuchenteigs hat.

In einem flachen, breiten Topf oder einem tiefen Bräter gesalzenes Wasser zum Kochen bringen. Die Temperatur herunterschalten und das Wasser simmern lassen. Den Teig in einen Spritzbeutel mit kleiner Rundtülle füllen und das obere Ende zusammennehmen. Die Tülle direkt über das simmernde Wasser halten, 7 bis 12 cm lange Teigröllchen herausdrücken und ins Wasser fallen lassen. Dabei darauf achten, daß die „Spätzle" nicht aufeinanderfallen und sich gegenseitig zerdrücken. Die Temperatur heraufschalten und den Deckel auflegen. Sobald das Wasser wieder sprudelnd kocht, die „Spätzle" noch etwa ½ Minute garen. Dann sofort herausnehmen und abtropfen lassen.

RICHARD OLNEY
SIMPLE FRENCH FOOD

Spaghetti mit Miesmuscheln

Vermicelli alle „Cozze" in Bianco

Die Muscheln werden zunächst abgebürstet und die Bärte entfernt. Anschließend legt man die Muscheln mehrere Stunden in frisches, gesalzenes Wasser. Das Wasser wechseln, sobald es trübe wird. Geöffnete Muscheln, die sich bei Berührung nicht wieder schließen, entfernen.

	Für 4 Personen
600 g	Spaghetti, gekocht, abgetropft und warm gehalten
1,5 kg	lebende Miesmuscheln, abgebürstet und gewaschen
2	Knoblauchzehen, ganz oder gehackt
3 EL	Öl
	Frisch gemahlener schwarzer Pfeffer
	Gehackte Petersilie

In einer großen Bratpfanne den Knoblauch leicht anbraten; ganze Knoblauchzehen nach dem Bräunen herausnehmen, gehackte in der Pfanne lassen. Die Miesmuscheln dazugeben, mit Pfeffer würzen und umrühren. Sobald sich einzelne Muscheln öffnen, diese aus der Pfanne nehmen und in eine Schüssel geben. Wenn sich nach etwa 5 Minuten alle Muscheln geöffnet haben und herausgenommen worden sind, die Flüssigkeit in der Pfanne etwas einkochen.

Die Muscheln aus den Schalen lösen und wieder in die Pfanne geben. Die gehackte Petersilie hinzufügen und bei mittlerer Hitze 2 bis 3 Minuten garen. Etwas Flüssigkeit aus der Pfanne über die Spaghetti träufeln. Die Muscheln mit der Flüssigkeit in einer großen Sauciere getrennt dazu reichen.

JEANNE CARÒLA FRANCESCONI
LA CUCINA NAPOLETANA

Spaghetti mit Klaffmuscheln und Tomatensauce

Vermicelli alle Vongole con i Pelati

	Für 8 Personen
600 g	Spaghetti, gekocht, abgetropft und warm gehalten
1,25 kg	lebende Klaffmuscheln in der Schale, gewaschen und abgetropft
1 kg	Tomaten, abgezogen, entkernt und gehackt
15 cl	Olivenöl
2	Knoblauchzehen, gehackt
	Frisch gemahlener Pfeffer
	Gehackte Petersilie

6 EL Olivenöl in einer Pfanne erhitzen und die Muscheln hineingeben. Wenn sich die Schalen öffnen, die Muscheln herausnehmen, aus den Schalen lösen und beiseite stellen. Die Muschelflüssigkeit bei mittlerer Hitze etwas einkochen, abkühlen lassen und durch ein feines Sieb oder Nesseltuch geben.

Das restliche Öl in einem Topf erhitzen und den Knoblauch darin goldgelb braten. Den Knoblauch herausnehmen. Die Tomaten in den Topf geben. Mit Pfeffer würzen und 3 bis 4 Minuten bei starker Hitze kochen. Die Muschelflüssigkeit dazugießen und zu einer dicken Sauce einkochen. Die Klaffmuscheln und die Petersilie hinzufügen und weitere 3 bis 4 Minuten simmern lassen. Dreiviertel der Sauce über die Spaghetti gießen und die restliche Sauce in einer Sauciere getrennt dazu reichen.

JEANNE CARÒLA FRANCESCONI
LA CUCINA NAPOLETANA

Schwarze Spaghetti mit Tintenfisch

Pasta cu Niuru di Sicci

Tintenfische werden wie Kalmare zerlegt (S. 28). Bei frischem Tintenfisch ist die Tinte flüssig, bei gefrorenem muß sie in 1 EL kochendem Wasser, Brühe oder Wein aufgelöst werden.

	Für 4 Personen
600 g	dünne Spaghetti, gekocht
100 g	reifer *pecorino*-Käse, gerieben
	Tintenfisch-Sauce
500 g	Tintenfisch, gesäubert, in dünne Streifen geschnitten und der Tintensack aufbewahrt
1	Zwiebel, in dünne Scheiben geschnitten
4 EL	gehackte Petersilie
	Olivenöl zum Braten
300 g	Tomaten, abgezogen und grobgehackt
	Salz und frisch gemahlener Pfeffer

Den Tintensack vorsichtig aufschneiden und die Tinte in einer Schüssel auffangen. Die Zwiebel mit der Petersilie in Öl glasig braten, dann die Tomaten und den Tintenfisch dazugeben. Unter ständigem Rühren bei mittlerer Hitze etwa 15 Minuten garen, bis die Flüssigkeit etwas eingekocht ist. Die Tinte dazugießen und mit Salz und Pfeffer würzen. Die mit dem Öl und Tomaten vermischte Tinte gibt der Sauce eine dunkelbraune, schillernde Farbe. Die gekochten Spaghetti mit der pikanten, dunklen Sauce überziehen und mit Käse bestreuen.

PINO CORRENTI
IL LIBRO D'ORO DELLA CUCINA E DEI VINI DI SICILIA

Spaghetti mit Zucchini

Pâtes aux Courgettes

	Für 4 Personen
300 g	dünne Spaghetti
3	Zucchini, in dünne Scheiben geschnitten
5 EL	Olivenöl
	Salz und frisch gemahlener Pfeffer
6	Blätter Basilikum, feingehackt
80 g	Greyerzer oder Parmesankäse, frisch gerieben

Die Zucchini in 2 EL Öl bei starker Hitze 8 bis 10 Minuten sautieren und mit Salz und Pfeffer würzen.

Die Spaghetti in reichlich Salzwasser 7 Minuten sprudelnd kochen und anschließend abtropfen lassen. Die Zucchini mit dem restlichen Öl, den gehackten Basilikumblättern und den Spaghetti vermischen. Mit frisch gemahlenem Pfeffer würzen und heiß servieren. Geriebenen Käse getrennt dazureichen.

MYRETTE TIANO
PÂTES ET RIZ

Spaghetti mit gebackenen Zucchini

Pasta chi Cucuzzeddi Fritti

Gesalzener „ricotta"-Käse ist haltbarer als frischer „ricotta" und wird in abgelagertem Zustand kompakter und trockener.

Für 6 Personen

600 g	dünne Spaghetti
600 g	Zucchini, in Scheiben geschnitten
6 EL	Olivenöl
2	Knoblauchzehen, zerdrückt
	Salz und frisch gemahlener schwarzer Pfeffer
100 g	gepfefferter *pecorino*-Käse, gerieben, oder gesalzener *ricotta*-Käse, zerbröckelt

Das Olivenöl erhitzen und die Knoblauchzehen kurz darin braten und dann entfernen. Die Zucchini in die Pfanne geben und anbraten, dann herausnehmen und abtropfen lassen; das Olivenöl aufbewahren. Die Zucchinischeiben mit Salz und Pfeffer würzen, auf eine Platte geben und warm halten. Die Spaghetti in reichlich Salzwasser bißfest kochen. Abtropfen lassen und mit dem Käse, den Zucchinischeiben und dem Olivenöl vermischen. Frisch gemahlenen Pfeffer darüberstreuen und servieren.

PINO CORRENTI
IL LIBRO D'ORO DELLA CUCINA E DEI VINI DI SICILIA

Nudeln mit Meeresfrüchten

Fedelini alla Teodolinda

„Fedelini" sind lange, runde Nudeln, noch dünner als Spaghetti.

Für 6 bis 8 Personen

1 kg	*fedelini* oder Spaghetti
150 g	lebende Miesmuscheln, gewaschen und abgebürstet
250 g	lebende Klaffmuscheln, gewaschen
50 g	frische Sägegarnelen
50 g	Thunfisch, gehackt
50 g	eingelegte Sardellen, gewässert, filetiert, abgetropft und feingehackt
100 g	Kalmar, gewaschen, abgezogen, Kopf, Eingeweide und Kalkblatt entfernt, das Fleisch gehackt
20 cl	Öl
4	Knoblauchzehen
4 EL	gehackte Petersilie
4 oder 5	Basilikumblätter, gehackt
½	kleine grüne Paprikaschote, entkernt
8 cl	trockener Weißwein
500 g	Tomaten, abgezogen, entkernt und gehackt
	Salz

In einer schweren Bratpfanne die Miesmuscheln, Klaffmuscheln und Sägegarnelen in Wasser kochen. Sobald sich alle Muscheln geöffnet haben, die Pfanne von der Kochstelle nehmen, die Muscheln aus den Schalen lösen und getrennt in Schüsseln legen. Die Sägegarnelen aus den Schalen lösen, in kleine Stücke schneiden und zu den Miesmuscheln geben. Die Garflüssigkeit durch ein Nesseltuch gießen, um Sand und andere Verunreinigungen zurückzuhalten. Die geklärte Garflüssigkeit beiseite stellen.

Das Öl in einen tiefen Topf geben und darin Knoblauch, Petersilie, Basilikum, Paprikaschote, Thunfisch- und Sardellenpaste 2 Minuten braten. Die Klaffmuscheln in kleine Stücke schneiden und mit den Kalmarstücken in den Topf geben. Braun werden lassen und dann in einem dünnen Strahl den Wein dazugießen. Die Temperatur heraufschalten und den Wein einkochen. Die Tomaten und die Muschelgarflüssigkeit hinzufügen. Ohne Deckel bei mittlerer Hitze 15 Minuten garen. Dann die Miesmuscheln und die Sägegarnelen dazugeben und bei schwacher Hitze weitere 5 bis 10 Minuten simmern lassen. Anschließend Salz abschmecken.

Die Nudeln in reichlich Salzwasser bißfest kochen und abtropfen lassen. Auf einer Servierplatte anrichten und die Meeresfrüchte mit der Sauce darübergeben. Sofort servieren.

LUIGI VOLPICELLI UND SECONDINO FREDA
L'ANTIARTUSI: 1000 RICETTE

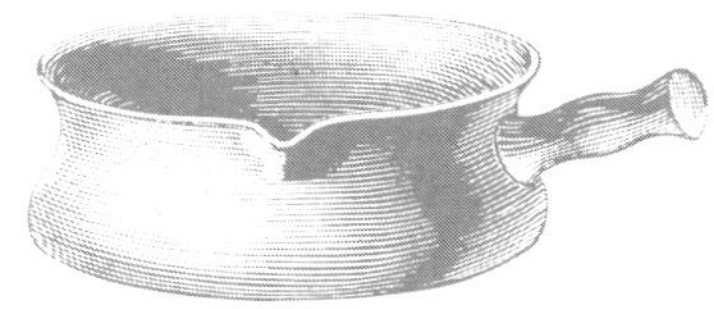

Makkaroni mit Blumenkohl, Sardinen und Sardellen

Pasta Palina o a la Paulota

Für 6 Personen

600 g	*ziti*
1	großer Blumenkohl (etwa 1 kg schwer), in Röschen zerteilt
100 g	frische Sardinen, filetiert
50 g	eingelegte Sardellen, gewässert, filetiert, abgespült und trockengetupft
50 g	Zwiebeln, in Scheiben geschnitten
1	Knoblauchzehe
	Olivenöl
4	Nelken, zerdrückt
	Gemahlener Zimt
250 g	Tomaten, püriert
	Frisch gemahlener schwarzer Pfeffer

Die Blumenkohlröschen in gesalzenem Wasser 5 Minuten kochen. Abtropfen lassen und die Kochflüssigkeit aufbewahren. Die Röschen zusammen mit den frischen Sardinen- oder Sardellenfilets, den Zwiebeln und dem Knoblauch in Öl braten. Die Nelken, eine Prise Zimt und die pürierten Tomaten dazugeben. 10 bis 15

Minuten garen, dann die eingelegten Sardellenfilets hinzufügen und noch etwa 5 Minuten garen, bis sie zerfallen.

Die Makkaroni im Blumenkohlwasser bißfest kochen, abtropfen lassen und in der Pfanne mit dem Blumenkohl und der Sauce vermengen. Unmittelbar vor dem Servieren mit frisch gemahlenem Pfeffer bestreuen.

PINO CORRENTI
IL LIBRO D'ORO DELLA CUCINA E DEI VINI DI SICILIA

Gaisburger Marsch mit Spätzle

Für 4 Personen

400 g	Kartoffeln, in Würfel geschnitten
1½ l	Fleischbrühe (S. 166)
	Salz
	Geriebene Muskatnuß
400 g	gekochtes Rindfleisch, in Würfel geschnitten
50 g	Butter oder Schweineschmalz
8 EL	gehackte Zwiebeln
2 EL	feingehackter Schnittlauch
	Geröstete Brotwürfel (nach Belieben)

Spätzle-Teig

500 g	Mehl
4	große Eier
1 TL	Salz

Für die Spätzle das Mehl mit dem Salz und den Eiern in einer Schüssel kräftig schlagen, bis der Teig Blasen wirft. Wenn er zu fest wird, 1 oder 2 EL kaltes Wasser dazugeben. In einem Topf Wasser zum Kochen bringen. Den Teig in Portionen von je 100 g auf ein nasses Holzbrett geben, dünn zum Brettrand hin streichen, mit einem Messer in 0,5 cm dünne Streifen schneiden und in das kochende Wasser geben. Dabei das Messer häufig in kaltes Wasser tauchen, damit der Teig nicht an der Klinge haften bleibt. Das Wasser langsam wieder aufkochen lassen, die Spätzle kochen, bis sie an die Oberfläche aufsteigen, mit einem Schaumlöffel herausnehmen und in kaltem Wasser abschrecken. Auf diese Weise fortfahren, bis der ganze Teig aufgebraucht ist. Wenn alle Spätzle gar sind, in ein Sieb geben und unter fließendem kalten Wasser noch einmal abspülen.

Die Kartoffeln in leicht gesalzenem Wasser etwa 10 Minuten kochen; nicht zu weich kochen, sie dürfen nicht zerfallen. In einem Sieb abtropfen lassen und die Kochflüssigkeit auffangen.

Die Fleischbrühe mit Salz und einer Prise Muskat würzen. Die gekochten Rindfleisch- und Kartoffelwürfel sowie die Spätzle hineingeben und 15 cl des Kartoffelwassers hinzufügen. Alles zusammen erhitzen.

Die Butter in einer Bratpfanne zerlassen und die Zwiebeln darin goldgelb braten. Vor dem Servieren die gebratenen Zwiebeln und den Schnittlauch über das Gericht geben. Nach Belieben mit gerösteten Brotwürfeln garnieren.

HANS KARL ADAM
DAS KOCHBUCH AUS SCHWABEN

Trahana mit Käse

Liuta Trahana

„Trahana", Teigwaren aus Sauerteig mit einem köstlichen, sauren Aroma, gehören zu den ältesten Nährmitteln. Sie sind auf dem Balkan und in den Ländern des ehemaligen osmanischen Reiches beliebt. Die Zubereitung dauert mindestens 2 Wochen und setzt ein trockenes, heißes Klima voraus. Gemüse, wie Zucchini, Paprikaschoten und manchmal Chilischoten, wird püriert und mit Mehl zu einem Teig verknetet. Eine Mischung aus gemahlenen Sesamkörnern und Sauerteig (Mehl mit Wasser verknetet, das mehrere Tage an einen warmen Ort gestellt und so auf natürliche Weise zum Gären gebracht wird) wird mit dem Teig vermischt und dann ein paar Tage an einen warmen Ort gestellt. Wenn der Teig auf das doppelte Volumen aufgegangen ist, wird er durch ein grobmaschiges Sieb passiert oder in erbsengroße Stücke gehackt. Anschließend läßt man ihn mindestens eine Woche stehen, bis er trocken und hart ist. Glücklicherweise kann man „trahana" auch fertig in griechischen oder türkischen Lebensmittelläden kaufen. Am besten wird er in Leinensäcken gelagert, damit Luft darankommt und er frisch und trocken bleibt. „Trahana" wird wie andere Teigwaren als Beilage zu Fleisch, Fisch oder Käse gereicht.

Der in diesem Rezept verlangte „sirene"-Käse ist ein salziger Frischkäse, der dem griechischen „feta" ähnelt.

Für 4 Personen

250 g	*trahana*
60 g	Zwiebeln, in Scheiben geschnitten
60 g	Butter
1 TL	Paprika
2½ l	kochendes Wasser
4 TL	Salz
125 g	*sirene*-Käse, mit einer Gabel zerdrückt

Die Zwiebeln in der Butter goldbraun braten. Aus der Pfanne nehmen und das Paprikapulver einrühren.

Das Salz ins kochende Wasser geben und die *trahana* im offenen Topf etwa 3 Minuten kochen, bis sie außen gerade weich sind. Abtropfen lassen und sofort auf vorgewärmten Tellern servieren. Die Zwiebelmischung darübergeben und mit dem zerkrümelten Käse bestreuen.

DR. L. PETROV, DR. N. DJELEPOV, DR. E. IORDANOV UND S. UZUNOVA
BULGARSKA NAZIONALNA KUCHNIYA

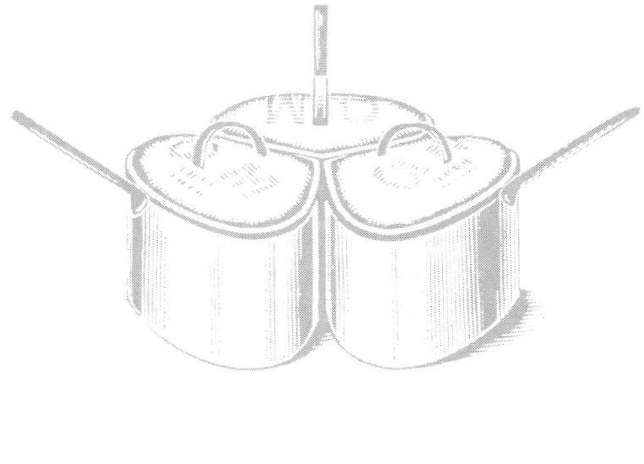

Trenette mit Pesto

Trenette with Pesto

Pesto ist eher eine Paste als eine Sauce. Der Name (*pestare* ist Italienisch und heißt zerstoßen) deutet an, daß alle Zutaten im Mörser zerkleinert werden. Man kann zu Beginn noch 1 EL Pinienkerne und ein paar Eßlöffel Dickmilch oder *prescinseau* (eine Art Molke) hinzufügen. Der *pecorino* kann nach Belieben mit etwas Parmesankäse gemischt werden.

	Für 4 bis 6 Personen
500 g	*trenette*
3	mittelgroße Kartoffeln, geschält und in Würfel geschnitten
90 g	junge grüne Bohnen, geschnitten
	Salz
Etwa 30 g	Parmesankäse, frisch gerieben

	Pesto
36	Basilikumblätter, gewaschen und zerrupft
3	Knoblauchzehen, gehackt
	Grobkörniges Salz
90 g	*pecorino*-Käse, gerieben
1 EL	helles Olivenöl

Für den *pesto* etwas Basilikum und Knoblauch im Mörser zerstoßen. Nach und nach mehr Basilikum, Knoblauch und etwas grobkörniges Salz dazugeben und zerstoßen. Jede Teilmenge Knoblauch und Basilikum sorgfältig zu einer glatten Paste verarbeiten, bevor eine neue Portion dazugegeben wird. Wenn aller Knoblauch und alles Basilikum verarbeitet sind, nach und nach den geriebenen Käse in den Mörser geben und unter kreisförmigen Bewegungen mit dem Stößel untermischen, bis die Paste glatt ist. Zuletzt mit etwas Olivenöl (nach Möglichkeit eine klare, helle Sorte) verdünnen.

Die Kartoffelwürfel in reichlich kochendem Salzwasser 10 Minuten garen. Die *trenette* und nach etwa 5 Minuten die geschnittenen Bohnen dazugeben. Sobald die Nudeln – nach insgesamt etwa 10 Minuten – bißfest sind, das Gemüse und die Nudeln abtropfen lassen und mit dem *pesto* vermischen. In einer vorgewärmten Schüssel servieren und dazu geriebenen Parmesankäse reichen.

VINCENZO BUONASSISI
IL CODICE DELLA PASTA

Nudeln mit Gemüse auf toskanische Art

Minestra Sempre Buona

„Paternostri" sind kleine gelöcherte und geriefte Nudeln. „Avemarie" sind noch kleiner und glatt. Statt dessen kann man auch eine andere, mittelgroße Nudelsorte – etwa „conchiglie", „fusili" oder „ruote" (siehe Schautafel S. 10–11) – wählen. Falls kein Bohnenkochwasser zur Hand ist, kann es durch eine gut gewürzte Fleischbrühe (S. 166) ersetzt werden.

Dies ist ein uraltes und ungewöhnliches Rezept aus Camaiore, einer kleinen Stadt in der nördlichen Toskana, nahe Viareggio. Das Gericht wird wie Risotto zubereitet – statt Reis nimmt man jedoch Nudeln.

	Für 4 Personen
350 g	*paternostri* oder *avemarie* oder eine andere, mittelgroße Nudelsorte
6 EL	Öl
1	Zwiebel, feingehackt
1	Möhre, feingehackt
3 oder 4	Bleichsellerieblätter, feingehackt
1	Knoblauchzehe, feingehackt
	Geriebene Muskatnuß (nach Belieben)
1 1/4 l	heißes Bohnenkochwasser

Das Öl in einer Risottopfanne oder einem flachen Topf erhitzen und die Zwiebel, Möhre, Bleichsellerieblätter, Knoblauch und nach Belieben Muskat hineingeben. Die Gemüsemischung – *battuto* genannt – langsam goldbraun braten. Die Nudeln zum *battuto* geben und unter Rühren anbraten. Dann etwas Bohnenkochwasser dazugießen und unter ständigem Rühren garen, bis die Flüssigkeit aufgesogen ist. Weiteres Bohnenwasser hinzufügen und unter Rühren weitergaren. So fortfahren, bis die Nudeln gar sind. Das Gericht sollte so dick wie Risotto sein.

MARIÙ SALVATORI DE ZULIANI
LA CUCINA DI VERSILIA E GARFAGNANA

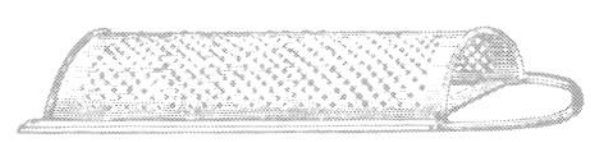

Bandnudeln mit Schinken

Tagliatelle al Prosciutto

	Für 6 Personen
750 g	*tagliatelle*
150 g	Parmaschinken, in dünne Scheiben und dann in 5 mm breite Streifen geschnitten
	Salz
125 g	Butter
60 g	Parmesankäse, frisch gerieben
	Frisch gemahlener schwarzer Pfeffer

Die *tagliatelle* in gesalzenem Wasser bißfest kochen.

Inzwischen in einer kleinen Pfanne die Butter bei schwacher Hitze zerlassen, die Schinkenstreifen hinzufügen und nur kurz erhitzen, nicht braten.

Die *tagliatelle* abtropfen lassen und in eine vorgewärmte Schüssel geben. Parmesankäse und reichlich Pfeffer darüberstreuen, den Schinken unterheben und servieren.

ENRICA UND VERNON JARRATT
THE COMPLETE BOOK OF PASTA

Gebratene und gebackene Teigwaren

Gebratene Nudeln mit Pilzen und Bambussprossen

Liang Mien Huang

Die Nudeln wie einen Pfannkuchen in der Luft zu wenden erfordert etwas Übung. Einfacher ist es, wenn man sie vorsichtig von der Pfanne auf einen flachen Teller gleiten läßt, die Pfanne umgekehrt darüberlegt und dann Pfanne und Teller zusammen umdreht. Die Nudeln liegen dann mit der ungebratenen Seite auf dem Boden der Pfanne.

	Für 2 bis 4 Personen
250 g	frisch hergestellte Eiernudeln
6	große, getrocknete Pilze
90 g	getrocknete Bambussprossen
35 cl	warmes Wasser
180 g	Chinakohl oder junger Wirsingkohl, gehobelt
5 EL	Erdnuß- oder Maiskeimöl
1 EL	Sojasauce
½ TL	Zucker
2 TL	Maisstärke
1 TL	Sesamöl

Die Pilze und Bambussprossen waschen, 1 Stunde in dem warmen Wasser einweichen. Das Gemüse gut ausdrücken und das Einweichwasser aufbewahren. Die Pilze und Bambussprossen kleinschneiden, zusammen mit dem gehobelten Kohl in eine Schüssel geben und beiseite stellen.

Die Eiernudeln in etwa 2 l sprudelnd kochendes Wasser geben und 2 bis 3 Minuten kochen. Abtropfen lassen und mit 1 EL Erdnußöl vermischen. Danach die Nudeln auf einen Teller geben und abkühlen lassen.

In einer großen Pfanne 1 EL Erdnußöl erhitzen, die Nudeln hineingeben und flachdrücken. 5 bis 7 Minuten braten, bis die Nudeln braun sind. Dabei die Pfanne gelegentlich schwenken, damit die Nudeln nicht ansetzen. Anschließend wenden, 1 EL Öl hinzufügen und auf der anderen Seite braun braten. Auf eine Servierplatte geben und im Backofen warm halten.

In einem *wok* oder einer Bratpfanne die restlichen 2 EL Erdnuß- oder Maiskeimöl erhitzen. Die Pilze, Bambussprossen und den Kohl hineingeben und unter Rühren 2 Minuten in dem Öl sautieren, bis die Gemüse weich sind. Sojasauce und Zucker hinzufügen und gut verrühren. Das Einweichwasser von den Pilzen und Bambussprossen durch ein Sieb passieren und ⅛ l davon in einem dünnen Strahl zu den Gemüsen gießen. Die Maisstärke mit 4 cl Einweichwasser in einer Tasse glattrühren. Sobald die Flüssigkeit in dem *wok* zu kochen beginnt, die angerührte Maisstärke unter Rühren dazugeben und aufkochen lassen. Sobald die Gemüse einen leicht glänzenden Überzug haben, das Sesamöl hinzufügen und gut vermischen. Die Gemüse auf die gebratenen Nudeln geben. Heiß servieren.

FLORENCE LIN
FLORENCE LIN'S CHINESE VEGETARIAN COOKBOOK

Gebratene Nudeln mit Hühnerbrust

Chow San Min

	Für 4 Personen
500 g	frisch hergestellte Eiernudeln
175 g	Hühnerbrust ohne Haut und Knochen, in dünne Scheiben geschnitten
3 bis 4 EL	Walnußöl
60 g	Bambussprossen, in dünne Scheiben geschnitten
60 g	Champignons blättrig geschnitten
	Salz
1 TL	Maisstärke, mit etwas Wasser angerührt
	Sesamöl
2 oder 3	Frühlingszwiebeln, feingehackt

Die Nudeln ½ Minute kochen, in einem Sieb abtropfen lassen und 10 Sekunden unter kaltem Wasser abspülen. Anschließend in heißem Nußöl 1 Minute braten, dabei gelegentlich wenden. In eine vorgewärmte Schüssel geben.

Die Hühnerbrust bei starker Hitze ½ Minute in der Pfanne braten. Die Bambussprossen und die Champignons dazugeben und etwa 1 Minute sautieren. Mit Salz abschmecken. Die mit Wasser verrührte Maisstärke und ein paar Tropfen Sesamöl hinzufügen und 1 Minute kochen.

Die Sauce über die Nudeln gießen und mit den feingehackten Frühlingszwiebeln garnieren.

S. K. CHENG (HERAUSGEBER)
SHANGHAI RESTAURANT CHINESE COOKERY BOOK

Gebratene chinesische Eiernudeln

Tch'ao Mienn

Anleitungen für das Braten von Nudeln siehe S. 66.

	Für 4 Personen
250 g	chinesische Eiernudeln
200 g	Schweineschmalz
250 g	große gekochte Nordseegarnelen oder Sägegarnelen, aus den Schalen gelöst
175 g	Hackfleisch vom Schwein
1	Taschenkrebs, gekocht und das Fleisch aus der Schale gelöst
	Salz
2 EL	Sesamöl
1 EL	Essig

Die Nudeln in etwa 8 Minuten bißfest kochen. Abtropfen lassen, mit kaltem Wasser abspülen und wiederum abtropfen lassen. 30 g Schweineschmalz erhitzen, die Nordseegarnelen oder Sägegarnelen 1 Minute darin braten; herausnehmen und beiseite stellen. Das Hackfleisch im Schmalz anbraten, herausnehmen und beiseite stellen. Im gleichen Fett das Krebsfleisch 1 Minute braten und ebenfalls beiseite stellen. Das restliche Schweineschmalz in einer großen Pfanne erhitzen und die gekochten Nudeln darin goldbraun braten. Die Nordseegarnelen oder Sägegarnelen, das Hackfleisch und das Krebsfleisch dazugeben, Salz hinzufügen und Sesamöl und Essig darübergießen.

H. LECOURT
LA CUISINE CHINOISE

Spaghetti mit Speck und Eiern

Spaghetti alla Carbonara

Falls ein würzigeres oder gar scharfes Aroma vorgezogen wird, sollte geräucherter durchwachsener Speck anstelle von frischem durchwachsenem Speck und 1 oder 2 EL *pecorino*-Käse zusätzlich zu dem Parmesan verwendet werden.

	Für 4 Personen
350 g	Spaghetti
100 g	frischer durchwachsener Speck, in dünne Streifen geschnitten
1 EL	Olivenöl oder 15 g Butter
4	Eigelb
2 EL	Sahne
50 g	Parmesankäse, frisch gerieben
	Frisch gemahlener schwarzer Pfeffer

In einer großen Pfanne den Speck in Öl oder Butter bei mittlerer Hitze braten, bis das Fett ausgelassen ist. Von der Kochstelle nehmen und in der Pfanne warm halten.

Die Spaghetti in reichlich Salzwasser kochen. In der Zwischenzeit das Eigelb mit dem Schneebesen schlagen und nach und nach die Sahne und die Hälfte des Parmesankäses einrühren. Mit reichlich frisch gemahlenem Pfeffer würzen.

Die bißfest gekochten Spaghetti abtropfen lassen und in der Pfanne mit dem Speck noch einmal kurz erhitzen. Dabei rühren, so daß die Spaghetti das Aroma des Specks annehmen. Die Pfanne von der Kochstelle nehmen, die Eigelbmischung darübergießen und schnell umrühren. Sofort auf vier Teller verteilen und servieren. Dazu den restlichen Parmesankäse reichen.

ANNA MARTINI (HERAUSGEBERIN)
PASTA E PIZZA

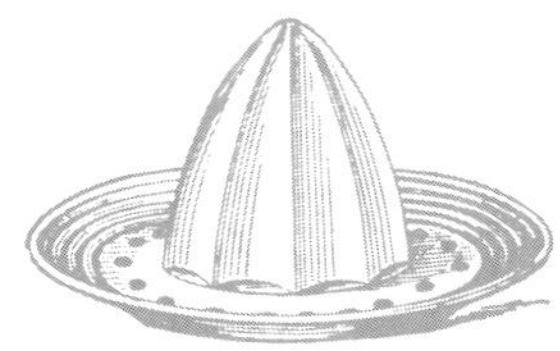

Gebratene Reisnudeln mit Pilzen

Chao Mifen

Will man das Gericht etwas preiswerter halten, kann man auch weniger Fleisch als hier vorgesehen verwenden. Ohrlappenpilze – auch unter dem Namen „Baumohren" bekannt – sind kleine, krause, gallertartige, getrocknete schwarze Pilze, die in chinesischen Spezialitätengeschäften und in den Lebensmittelabteilungen vieler Warenhäuser erhältlich sind.

	Für 4 oder 5 Personen
500 g	getrocknete Reisnudeln
1¼ l	kochendes Wasser
60 g	Ohrlappenpilze
2 oder 3	Schweinekoteletts (je 250 bis 350 g)
4 EL	Sojasauce
1 TL	Maisstärke
5	Frühlingszwiebeln (weiße und grüne Teile), geputzt
8 cl	Erdnußöl
2 TL	Salz
4 TL	Sesamöl

Die Reisnudeln in eine Schüssel geben und mit 1 l kochendem Wasser bedecken; 15 Minuten ziehen lassen. Abtropfen lassen und zweimal unter fließendem kalten Wasser abspülen.

Die Ohrlappenpilze mit dem restlichen Wasser in eine kleine Schüssel geben und 10 Minuten einweichen, abtropfen lassen und gründlich abspülen; dabei einzeln in die Hand nehmen und nach Unreinheiten oder Fremdkörpern untersuchen (manchmal sind noch kleine Holzstückchen in ihnen verborgen).

Das Schweinefleisch 10 Minuten in das Gefrierfach legen, damit es etwas fester wird und sich besser schneiden läßt. Anschließend in hauchdünne Scheiben und dann in 7 cm lange und 0,5 cm breite

Streifen schneiden. 3 EL Sojasauce und die Maisstärke darübergeben und mit dem Fleisch vermischen.

Zwei Frühlingszwiebeln halbieren und dann der Länge nach in dünne Streifen schneiden. Mit dem Fleisch vermischen. Die restlichen Frühlingszwiebeln in 5 cm lange Stücke und dann in sehr dünne Streifen schneiden und beiseite stellen.

Einen *wok* oder eine Bratpfanne 15 Sekunden erhitzen und dann das Erdnußöl hineingießen. Sobald das Öl anfängt, Blasen zu bilden und zu rauchen, das Fleisch und die Zwiebeln in die Pfanne geben und 15 Sekunden braten, dabei mit einem Holzlöffel ständig kräftig rühren.

Die Ohrlappenpilze in die Pfanne geben und noch eine weitere Minute unter ständigem Rühren braten. 2 bis 3 EL Fleisch und Pilze in der Pfanne lassen, den Rest herausnehmen.

Die Reisnudeln und die restlichen Frühlingszwiebeln mit Salz und Sesamöl in die Pfanne geben, 2 Minuten braten, dabei kräftig rühren, damit die Nudeln nicht ansetzen. Das angebratene Fleisch und die Pilze wieder in die Pfanne geben und die restliche Sojasauce dazugießen. Die Nudeln bei starker Hitze 10 Minuten oder länger braten. Dabei häufig rühren, damit die Nudeln und die Zutaten gleichmäßig garen und nicht ansetzen. Nach 10 Minuten sind die Reisnudeln noch ziemlich weich. Wenn man sie knuspriger haben will, brät man sie noch etwas länger.

ELLEN UND JOHN SCHRECKER
MRS. CHIANG'S SZECHWAN COOKBOOK

Fadennudeln auf katalanische Art

Fideos a la Catalana

	Für 4 Personen
500 g	dicke Fadennudeln
300 g	Schweinerippchen, mit einem Hackmesser in 5 cm große Stücke gehackt
30 g	Schweineschmalz
1	Zwiebel, gehackt
200 g	Tomaten, abgezogen, entkernt und gehackt
2 EL	gehackte Petersilie
100 g	*chorizo* oder eine andere mit Knoblauch gewürzte Bratwurst, in Stücke geschnitten
1 l	kochendes Wasser
	Salz

In einem großen Topf die Schweinerippchen im Schmalz bei mittlerer Hitze braun anbraten, dann die Zwiebelstücke dazugeben. Wenn die Zwiebeln hellbraun sind, die Tomaten und die Petersilie in den Topf geben. Dann die Wurst hinzufügen und gleichmäßig braun anbraten.

Die Fadennudeln so brechen, daß sie in den Topf passen. Gleichmäßig braun braten, dann das kochende Wasser dazugießen. Salz hinzufügen und im geschlossenen Topf etwa 10 Minuten simmern lassen, bis die Nudeln gar sind und das Wasser fast ganz aufgenommen ist.

VICTORIA SERRA SUÑOL
SABORES: COCINA DEL HOGAR

Grüne Lasagne mit Fleischsauce

Lasagne Verdi alla Bolognese

Wie man Nudelteig mit Spinat grün färbt, wird auf S. 50 gezeigt.

	Für 6 Personen
1 kg	grün gefärbter Nudelteig (S. 165)
$^1/_2$ l	weiße Sauce (S. 167)
100 g	Parmesankäse, frisch gerieben

	Fleischsauce
200 g	*pancetta* oder frischer durchwachsener Speck oder mild geräucherter Schinken, feingehackt
500 g	mageres Rinderhackfleisch
Je 60 g	Bleichsellerie und Zwiebeln, feingehackt
1	Möhre, feingehackt
	Hühnerklein von 3 Hühnern, feingehackt
1 l	Hühnerbrühe (S. 166)
	Salz
1 kg	Tomaten, abgezogen, entkernt und gehackt
200 g	Butter

Den mit Spinat gefärbten Teig dünn ausrollen und in mindestens zehn runde oder rechteckige Scheiben schneiden. Jede der Scheiben sollte etwas kleiner als die Bodenfläche einer $1^1/_2$ l fassenden Auflaufform sein, in der die Lasagne gebacken werden.

Pancetta, Speck oder Schinken in einem Topf etwa 5 Minuten anbraten. Hackfleisch, Bleichsellerie, Zwiebeln, Möhren und Hühnerklein dazugeben und bei mittlerer Hitze unter häufigem Rühren 20 Minuten braten. Dann 30 cl Brühe dazugießen und mit einer Prise Salz würzen. Die Temperatur etwas heraufschalten und unter Rühren weitere 20 Minuten einkochen. Die Tomaten, die Butter und die restliche Brühe hinzufügen und mindestens 90 Minuten bei schwacher Hitze zu einer dicken Sauce einkochen.

Die runden oder rechteckigen Teigscheiben in sprudelnd kochendem Salzwasser nacheinander bißfest kochen. Auf einem Tuch abtropfen lassen.

Den Boden der Auflaufform mit etwas Fleischsauce bedecken. Darauf eine Teigscheibe legen und abwechselnd Fleischsauce, weiße Sauce und geriebenen Parmesankäse darüberschichten. Fortfahren, bis alle Zutaten in die Form geschichtet sind; die letzte Lage sollte aus weißer Sauce bestehen. Im vorgeheizten Backofen bei 200° C (Gasherd Stufe 3–4) in 15 bis 20 Minuten goldbraun überbacken. Heiß servieren.

LUIGI VOLPICELLI UND SECONDINO FREDA
L'ANTIARTUSI: 1000 RICETTE

Lasagne mit Kalbfleisch-Sauce und Mozzarella

Lasagne all'Abruzzese

Die Zubereitung von Nudelteig wird auf S. 44 gezeigt.

	Für 4 Personen
350 g	Nudelteig (S. 165)
200 g	*mozzarella*-Käse in Würfel geschnitten
2	hartgekochte Eier, in Würfel geschnitten
75 g	Butter, zerlassen

	Kalbfleisch-Sauce
250 g	Hackfleisch vom Kalb
15 g	Butter
4 EL	trockener Weißwein
350 g	Tomaten, püriert
	Salz und frisch gemahlener Pfeffer
125 g	Parmesankäse, frisch gerieben
1	Ei

Den Nudelteig dünn ausrollen und in so lange Streifen schneiden, daß man damit eine feuerfeste Form auskleiden kann. Die Teigstreifen etwa 1 Minute in gesalzenem Wasser kochen, abtropfen lassen und zum Trocknen auf ein Tuch legen.

Für die Fleischsauce zunächst die Butter erhitzen und das Hackfleisch darin braunbraten. Dann mit dem Wein ablöschen und kochen, bis der Wein verdunstet ist. Dann das Tomatenpüree dazugeben und zum Kochen bringen. Mit Salz und Pfeffer würzen, die Temperatur herunterschalten und simmern lassen. In einer Schüssel den Parmesankäse mit dem Ei vermischen und nach und nach zu der Fleischsauce geben. Bei schwacher Hitze zu einer dickflüssigen Sauce einkochen.

Eine feuerfeste Form mit Butter ausstreichen und Boden und Rand mit den Teigstreifen belegen. Den Teigboden mit Fleischsauce überziehen. Einen Teil der *mozzarella*- und Ei-Würfel darübergeben. Mit Teigstreifen bedecken und darauf wieder Fleischsauce, Ei- und *mozzarella*-Würfel verteilen. Wieder mit Teigstreifen belegen und mit der zerlassenen Butter begießen. Die Lasagne im vorgeheizten Backofen bei 180° C (Gasherd Stufe 2–3) etwa 15 Minuten überbacken, bis die Oberfläche goldbraun ist. Sehr heiß servieren.

ANNA MARTINI (HERAUSGEBERIN)
PASTA E PIZZA

Lasagne mit vier Käsesorten

Lasagne di Meluzza Comasca

„Provolone" ist ein geräucherter Käse. Statt dessen kann man jeden anderen geräucherten Käse nehmen. Statt „caciocavallo" kann man den bulgarischen „kaschkaval" verwenden. Wenn er nicht erhältlich ist, kann man ersatzweise Greyerzer Käse nehmen. Auch „mozzarella", ein Käse aus Süditalien, kann durch Greyerzer Käse ersetzt werden.

Dies ist ein Rezept aus dem Kochbuch *Lo scalco alla moderna,* „Der moderne Majordomus", das 1692 in Neapel von Antonio Latini herausgegeben wurde. Wie andere Kochbuchautoren der Renaissance schreibt auch er die Erfindung der Teigwaren der erdachten Figur des Meluzza von Como zu, nach dem auch dieses Rezept benannt ist.

	Für 4 Personen
350 g	Lasagne
50 g	*provolone,* in dünne Scheiben geschnitten
50 g	*caciocavallo,* frisch geriebenen
100 g	*mozzarella,* in dünne Scheiben geschnitten
50 g	Parmesankäse, frisch gerieben
75 g	Butter
1 EL	Zucker, mit 1 TL Zimt vermischt

Die Lasagne in gesalzenem Wasser bißfest kochen und anschließend zum Trocknen auf ein Tuch legen. Sie dürfen jedoch nicht völlig austrocknen.

Eine 1½ l fassende Auflaufform mit Butter ausstreichen und den Boden mit Lasagne bedecken. Darauf die Hälfte der *provolone*-Scheiben und die Hälfte des geriebenen *caciocavallo* geben. Mit Lasagne bedecken; dann die Hälfte der *mozzarella*-Scheiben und die Hälfte des Parmesan darübergeben. Wieder mit einer Schicht Lasagne bedecken, Butterflöckchen darübergeben und mit der Hälfte des Zimtzuckers bestreuen. Die restlichen Zutaten in der gleichen Reihenfolge in die Form schichten. Die letzte Schicht bilden Butterflöckchen und Zimtzucker. Im vorgeheizten Backofen bei 180° C (Gasherd Stufe 2–3) in etwa 20 Minuten goldbraun überbacken. Sehr heiß servieren.

MASSIMO ALBERINI
CENTO RICETTE STORICHE

Topfen-Nudel-Auflauf

	Für 4 Personen
250 g	Bandnudeln
375 g	Quark
¼ l	saure Sahne oder Sauermilch
	Salz
125 g	durchwachsener Speck, in Würfel geschnitten
1	Zwiebel, feingehackt
15 g	Butter
3	Eier

Die Nudeln in kochendem Salzwasser garen. In einem Sieb unter kaltem Wasser abspülen und abtropfen lassen. Den Quark durch ein Haarsieb streichen, mit 6 EL saurer Sahne oder Sauermilch glattrühren und mit Salz abschmecken. Die Speckwürfel mit der Zwiebel in einer Pfanne knusprig braten.

Eine Auflaufform mit Butter ausstreichen. Abwechselnd eine Lage Nudeln, die Speck-Zwiebel-Mischung und den Quark in die Form schichten; in dieser Weise fortfahren, bis alle Zutaten verbraucht sind. Als letzte Schicht Quark einfüllen.

Die Eier mit der restlichen sauren Sahne oder Sauermilch verquirlen und über den Auflauf geben. Im vorgeheizten Backofen bei 180° C (Gasherd Stufe 2–3) etwa 45 Minuten backen, bis die Oberfläche braun ist. Dazu grünen Salat reichen.

GRETE WILLINSKY
KOCHBUCH DER BÜCHERGILDE

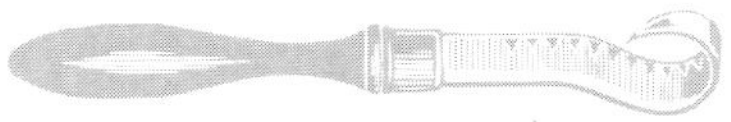

Gratinierte Cannelloni

Cannelloni Laziali

Die Zubereitung des Nudelteigs wird auf S. 44 beschrieben, und das Aufrollen von gefüllten Cannelloni wird auf S. 65 gezeigt.

	Für 6 Personen
100 g	Butter
1	kleine Zwiebel, gehackt
1	kleine Möhre, gehackt
1	Stengel Bleichsellerie, gehackt
1 EL	gehackte Petersilie
300 g	Schweinefleisch (Filetkotelett), entbeint und gehackt
50 g	Parmaschinken, gehackt
30 g	getrocknete Steinpilze oder Champignons, in warmem Wasser eingeweicht, abgetropft und gehackt
1	Kalbshirn, blanchiert, gesäubert und in kleine Würfel geschnitten
	Salz und frisch gemahlener Pfeffer
	Geriebene Muskatnuß
10 cl	Weißwein
2 TL	Mehl
300 g	Tomaten, püriert
20 cl	Fleischsauce (S. 166)
120 g	Parmesankäse, frisch gerieben
	Gemüse-Fleisch-Füllung
350 g	Mehl
4	Eier
	Salz
	Olivenöl

Aus dem Mehl, den Eiern, einer Prise Salz und einem Tropfen Öl ein Teig kneten und etwa 3 mm dick ausrollen. 7,5 mal 10 cm große Rechtecke ausschneiden und nebeneinander etwa 1 Minute kochen. Mit einem Schaumlöffel herausnehmen und nebeneinander auf ein Tuch legen. Dort abkühlen lassen.

In einer Pfanne 50 g Butter erhitzen und die Zwiebel-, Möhren- und Bleichselleriestücke und die Petersilie darin bei schwacher Hitze leicht bräunen. Das Schweinefleisch, den Schinken und die Pilze hinzufügen und unter Rühren kurz erhitzen. Dann das Hirn dazugeben. Einige Minuten unter gelegentlichem Rühren alles zusammen garen und mit Salz, Pfeffer und einer Prise Muskat würzen. Den Wein dazugießen und bei starker Hitze kochen, bis der Wein fast verdampft ist. Mit dem Mehl binden und zum Schluß die pürierten Tomaten hinzufügen.

Die Gemüse-Fleisch-Füllung bei mäßiger Hitze dick einkochen. In eine Schüssel geben und abkühlen lassen. Dabei wird sie noch etwas kompakter.

Die Füllung auf die Teigrechtecke verteilen. Den Teig aufrollen und die Cannelloni in eine mit Butter ausgestrichene feuerfeste Form legen. Die Fleischsauce darübergeben, mit Parmesankäse bestreuen und die restliche Butter in Flöckchen darauf verteilen. Im vorgeheizten Backofen bei 180° C (Gasherd Stufe 2–3) in etwa 20 Minuten goldbraun überbacken.

VINCENZO BUONASSISI
IL CODICE DELLA PASTA

Lazanki mit Schinken

Lazanki z Szynką

Wie man kleine, quadratische Teigwaren zubereitet, wird auf S. 48 gezeigt; wie man sie schichtet, auf S. 63.

Łazanki, kleine, quadratische Nudeln, sind eine polnische Spezialität. Man kann sie auch zusammen mit gekochtem Weißkohl oder Champignons oder mit geriebenem Parmesankäse servieren.

	Für 4 Personen
6	Eier, davon 3 leicht geschlagen und 3 in Eiweiß und Eigelb getrennt, das Eiweiß steifgeschlagen
250 g	Mehl
	Salz
75 g	weiche Butter
1/8 l	saure Sahne
250 g	Schinken, gehackt

Die geschlagenen ganzen Eier mit dem Mehl vermischen und zu einem Teig verkneten. Den Teig dünn ausrollen und 30 Minuten trocknen lassen. Anschließend in 1 cm große Quadrate schneiden. Die *łazanki* in gesalzenem Wasser in 3 bis 5 Minuten garkochen und abtropfen lassen.

Die Butter mit dem Eigelb und der sauren Sahne vermischen und unter die *łazanki* rühren. Dann das steifgeschlagene Eiweiß unterheben. Eine 1 l fassende Auflaufform mit Butter ausstreichen und die *łazanki* und den gehackten Schinken abwechselnd hineinschichten. Die letzte Schicht sollte aus *łazanki* bestehen. Im vorgeheizten Backofen bei 180° C (Gasherd 2–3) 1 Stunde backen.

MARIA DISSLOWA
JAK GOTOWAC

Nudelauflauf mit Fleischsauce

Sfurmatu d'Anilletti 'O Furnu

„Anelletti" (im sizilianischen Dialekt „anilletti") sind kleine, ringförmige Nudeln. Statt dessen kann man auch „ruote" (siehe S. 10–11) oder andere ähnlich geformte Teigwaren nehmen. „Tuma" ist ein sizialianischer Schafskäse, ähnlich dem „ricotta", den man statt dessen verwenden kann.

	Für 6 Personen
500 g	*anelletti*
	Salz
50 g	*tuma*-Käse, in Scheiben geschnitten
100 g	*caciocavallo*-Käse, gerieben
80 g	Butter, in Stücke geschnitten
80 g	Semmelbrösel
1	Aubergine, in dünne Scheiben geschnitten und in 2 EL Öl gebraten (nach Belieben)
2	hartgekochte Eier, in dünne Scheiben geschnitten (nach Belieben)

	Fleischsauce
350 g	mageres Rinderfleisch, feingehackt
¼ l	Rotwein
1	Lorbeerblatt
3	Nelken
1	Zwiebel, in Scheiben geschnitten
2 EL	gehackte Petersilie
2 EL	Öl
300 g	Tomaten, abgezogen, entkernt und grobgehackt
5	Walnußkerne, zerstoßen oder gemahlen
	Zimtpulver
	Salz und frisch gemahlener Pfeffer
1	Aubergine, in Scheiben geschnitten und in 2 EL Öl gebraten

Für die Fleischsauce das gehackte Rindfleisch in einer Marinade aus dem Rotwein, Lorbeerblatt und den Nelken 2 Stunden ziehen lassen. Anschließend das Fleisch abtropfen lassen und die Marinade wegschütten. Die Zwiebelscheiben und die Petersilie in Öl bräunen, aus der Pfanne nehmen und darin das Fleisch 10 Minuten unter häufigem Rühren anbraten. Die Tomaten, Walnüsse und eine Prise Zimt hinzufügen. Mit Salz und Pfeffer würzen und die gebratenen Auberginenscheiben, Zwiebeln und Petersilie untermischen. Die Masse in eine Hackschüssel oder auf ein großes Hackbrett geben und mit einer *mezzaluna* oder einem anderen Wiegemesser sehr fein hacken.

Die Nudeln in reichlich Salzwasser bißfest kochen, abtropfen lassen und mit der Fleischsauce vermengen. Die *tuma*-Scheiben und den *caciocavallo* unterrühren. Eine 1¾ l fassende Auflaufform mit Butter ausstreichen und einen Teil der Semmelbrösel hineinstreuen. Die Form kann dann mit dünnen Auberginen- und Eierscheiben ausgelegt werden, die dem Auflauf nach dem Stürzen eine dekorative Oberfläche geben. Die Masse in die Form füllen, die restlichen Semmelbrösel und die Butterstückchen darauf verteilen und im vorgeheizten Backofen bei 180° C (Gasherd Stufe 2–3) 15 Minuten überbacken. Den Auflauf anschließend 10 Minuten stehenlassen und dann auf eine vorgewärmte Servierplatte stürzen.

PINO CORRENTI
IL LIBRO D'ORO DELLA CUCINA E DEI VINI DI SICILIA

Nudelauflauf mit Auberginen

Timballo di Maccheroni al Forno

	Für 4 Personen
250 g	*penne*, gekocht und abgetropft
4	Auberginen, der Länge nach in 5 mm dicke Scheiben geschnitten
	Öl
	Mehl
2	Eier, mit 3 EL geriebenem Parmesankäse verschlagen und mit Salz und Pfeffer gewürzt
	Schweineschmalz
Etwa 90 cl	Tomatensauce (S. 167)
2	italienische Schweinswürstchen oder Kochwürstchen, gebraten und in Würfel geschnitten
1	Hühnerleber, gebraten und gehackt
1	Scheibe Zunge, gebraten und in Streifen geschnitten
30 g	weißes Hühnerfleisch, gekocht und in Scheiben geschnitten
60 g	Erbsen, blanchiert
1	hartgekochtes Ei, gehackt
30 g	*mozzarella*-Käse, in kleine Stücke geschnitten
3 bis 4 EL	frisch geriebener Parmesankäse

Die Auberginenscheiben in Öl auf beiden Seiten goldbraun braten, abtropfen lassen und mit Küchenkrepp trockentupfen. Erst in Mehl, dann in der Eier-Käse-Mischung wenden und braten, bis sie eine schöne goldene Farbe angenommen haben. Vier Backformen mit Schweineschmalz ausstreichen und gleichmäßig mit Auberginenscheiben auslegen. Die übrigen Scheiben beiseite stellen.

Die gekochten *penne* mit der Tomatensauce vermischen und etwas Sauce für die Garnierung aufbewahren. Würstchen, Hühnerleber, Zunge, Hühnerfleisch, Erbsen, Ei, *mozzarella* und 2 EL Parmesankäse unterheben.

Die Auflaufmischung in die Backformen füllen und mit den restlichen Auberginenscheiben bedecken. Darüber etwas Tomatensauce gießen und den restlichen geriebenen Parmesankäse streuen. Mit Alufolie abdecken und im vorgeheizten Backofen bei 190° C (Gasherd Stufe 3) 25 Minuten backen. Anschließend auf vier Teller stürzen und servieren.

FRANCO LAGATTOLLA
THE RECIPES THAT MADE A MILLION

Hörnchennudeln mit Käse

Marvellous Macaroni and Cheese

Für 4 Personen

250 g	Hörnchennudeln
250 g	alter *cheddar*-Käse, gerieben
40 g	Butter
30 g	Zwiebeln, gehackt
30 g	Mehl
½ TL	Salz
	Frisch gemahlener Pfeffer
¼ l	Sahne
10 cl	trockener Weißwein

Die Nudeln bißfest kochen und anschließend abtropfen lassen. Die Butter erhitzen und die Zwiebeln darin etwa 10 Minuten garen, bis sie weich sind. Das Mehl, das Salz und eine Prise Pfeffer unter Rühren hinzufügen. Die Sahne und den Wein nach und nach dazugießen und unter ständigem Rühren bei schwacher Hitze zu einer dicken Sauce einkochen. Den Käse dazugeben und so lange rühren, bis er geschmolzen ist. Anschließend die Nudeln mit der Sauce vermischen.

Einen 1½ l fassenden Schmortopf mit Butter ausstreichen, die Nudeln hineinfüllen und im vorgeheizten Backofen bei 180° C (Gasherd Stufe 2–3) 15 Minuten überbacken. Dazu in Butter geschwenkten frischen Blattspinat reichen.

JOSÉ WILSON (HERAUSGEBERIN)
HOUSE AND GARDEN'S NEW COOKBOOK

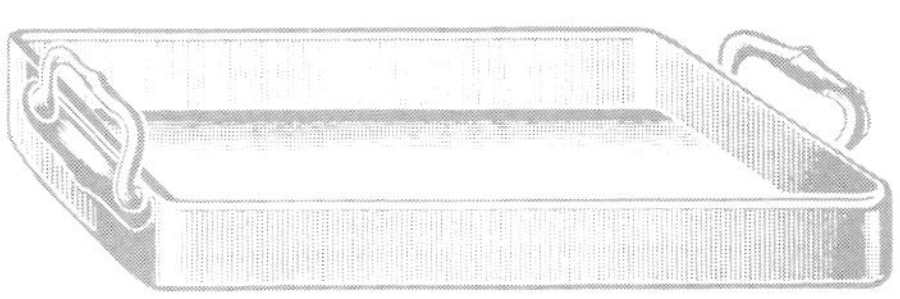

Makkaronipastete

Timpalle di Maccheroni al Latte

Für 6 Personen

500 g	Makkaroni
500 g	Pastetenteig (S. 166)
1 l	Milch
90 g	Parmesankäse, frisch gerieben
60 g	Butter
150 g	*mozzarella*-Käse, in dünne Scheiben geschnitten
3	hartgekochte Eier, in Viertel geschnitten
	Salz und frisch gemahlener Pfeffer

Zwei Drittel des Pastetenteigs ausrollen und eine große Back- oder Auflaufform damit auslegen. Ein Drittel des Teiges für den Deckel aufbewahren.

Die Milch in einem Topf zum Kochen bringen. In einem anderen Topf die Makkaroni in gesalzenem Wasser halbgar kochen. Die Makkaroni abtropfen lassen und in der Milch garkochen. Dabei darauf achten, daß sie nicht zu weich werden. Die überschüssige Milch abgießen und die noch gut in Milch getränkten Makkaroni mit dem Parmesankäse und der Butter vermengen. Dann die Makkaroni mit Salz und Pfeffer würzen und mit den *mozzarella*-Scheiben und den hartgekochten Eiern schichtweise in die mit Pastetenteig ausgelegte Form geben. Dabei die Schichten etwas zusammendrücken. Zum Schluß den Teigdeckel darauflegen und am Rand fest andrücken. Im vorgeheizten Backofen bei 190° C (Gasherd Stufe 3) etwa 40 Minuten backen, bis der Teig goldbraun und knusprig ist.

IPPOLITO CAVALCANTI. DUCA DI BUONVICINO
CUCINA TEORICO – PRATICA

Überbackene Makkaroni

Le macaroni au gratin

Für 4 bis 6 Personen

500 g	Makkaroni
2 l	Wasser
	Salz
1 l	Milch
¼ TL	Gewürzmischung
	Frisch gemahlener schwarzer Pfeffer
	Geriebene Muskatnuß
60 g	weiche Butter, in kleine Stücke geschnitten
100 g	Greyerzer Käse, gerieben
50 g	Parmesankäse, frisch gerieben
50 g	Semmelbrösel

Das Wasser mit Salz zum Kochen bringen und die Makkaroni darin bißfest kochen, abtropfen lassen und warm halten. Die Milch zum Kochen bringen, eine Prise Salz, die Gewürzmischung, etwas Pfeffer und geriebene Muskatnuß hineingeben und etwa 5 Minuten simmern lassen.

Die heißen Makkaroni mit der Butter und dem Greyerzer Käse gut vermischen; kräftig rühren, damit der Käse keine Klumpen bildet. In eine feuerfeste Form füllen und ¾ l der heißen Milch darübergießen. Im vorgeheizten Backofen bei 220° C (Gasherd Stufe 4–5) 15 Minuten backen. Inzwischen Parmesan und Semmelbrösel vermischen. Die Form aus dem Ofen nehmen. Wenn die Makkaroni trocken sind, noch etwas heiße Milch darübergießen. Die Parmesan-Semmelbrösel-Mischung unter die Makkaroni heben, die Form wieder in den Backofen stellen und 10 Minuten bei 230° C bis 240° C (Gasherd Stufe 5) goldbraun überbacken. Die Makkaroni können auch einige Minuten unter dem Grill überbakken werden, bis die Oberfläche braun ist.

In der Form sofort servieren oder im ausgeschalteten Backofen bis zum Servieren warm halten.

ALBIN MARTY
FOURMIGUETTO: SOUVENIRS, CONTES ET RECETTES DU LANGUEDOC

Lasagne

Bei diesem Gericht brauchen die Lasagne nicht vorgekocht zu werden. Die frischen Teigplatten werden einfach mit den beiden Saucen in die Form geschichtet.

	Für 6 Personen
150 g	Lasagne, frisch hergestellt
125 g	*cheddar*-Käse, gerieben
125 g	Emmentaler, gerieben
15 g	Parmesankäse, gerieben

	Hackfleischsauce
500 g	Rinderhackfleisch
1 EL	Olivenöl
30 g	frischer durchwachsener Speck, gehackt
250 g	Zwiebeln, gehackt
4	Stengel Bleichsellerie, gehackt
15 g	Mehl
100 g	Tomatenpüree
30 cl	Rinderbrühe (S. 166)
1/4 TL	getrocknete gemischte Kräuter
2	Knoblauchzehen, zerdrückt
2 TL	rotes Johannisbeergelee
	Salz und frisch gemahlener Pfeffer

	Weiße Sauce mit Muskat
40 g	Butter
40 g	Mehl
1/4 TL	frisch gemahlene Muskatnuß
	Salz und frisch gemahlener Pfeffer
60 cl	Milch
1/2 TL	Senfpulver

Für die Hackfleischsauce zunächst das Öl in einer Pfanne erhitzen, das Hackfleisch und den Speck hineingeben und anbraten. Die Zwiebeln und den Bleichsellerie hinzufügen und 5 Minuten braten. Das Mehl einrühren, eine halbe Minute anschwitzen lassen und das Tomatenpüree dazugeben. Von der Kochstelle nehmen und die Brühe zugießen. Die Pfanne wieder auf die Kochstelle setzen und die Hackfleischsauce zum Kochen bringen. Die Kräuter, den Knoblauch und das Johannisbeergelee hinzufügen, mit Salz und frisch gemahlenem Pfeffer würzen und zugedeckt 1 Stunde simmern lassen.

Für die weiße Sauce zunächst die Butter in einem großen Topf zerlassen und das Mehl mit dem Muskat einrühren. Mit Salz und Pfeffer würzen und 2 Minuten bei schwacher Hitze anschwitzen. Den Topf von der Kochstelle nehmen, unter ständigem Rühren nach und nach die Milch dazugießen und zu einer glatten Sauce verrühren. Den Topf wieder auf die Kochstelle setzen und die Sauce 40 Minuten unter gelegentlichem Rühren dick einkochen. Das Senfpulver hinzufügen und eventuell nachwürzen.

In eine flache, 2 l fassende Backform ein Drittel Hackfleischsauce und ein Drittel der weißen Sauce geben. Den *cheddar* mit dem Emmentaler vermischen und ein Drittel davon darübergeben. Mit der Hälfte der Lasagneplatten belegen; sie sollten aneinanderstoßen, aber sich nicht überlappen. Für eine Lage braucht man gewöhnlich drei Teigplatten; nötigenfalls werden sie auf die Form zugeschnitten. Dann wieder ein Drittel Hackfleischsauce, weiße Sauce und Käse und die restlichen Lasagne darüberschichten. Zum Schluß eine Schicht Hackfleischsauce, weiße Sauce und Käse darübergeben und mit dem geriebenen Parmesan bestreuen. Abkühlen lassen und dann im vorgeheizten Backofen bei 180°C (Gasherd Stufe 2–3) etwa 45 Minuten bis 1 Stunde goldbraun überbacken. Sofort servieren. Das Gericht kann auch im Backofen bei 100°C (Gasherd Stufe 1) bis zu 1 Stunde warm gehalten werden.

MARY BERRY
FAMILY COOKING

Sizilianischer Nudelauflauf

Pasta con le Sarde

	Für 6 Personen
500 g	Hörnchennudeln oder kurze Röhrennudeln
500 g	Fenchelknollen, geputzt
500 g	frische Sardinen, filetiert
	Mehl
1/4 l	Olivenöl
3 oder 4	Schalotten, feingehackt
3	eingelegte Sardellen, gewässert, filetiert, abgespült und abgetropft
1/4 TL	Safranpulver, mit etwas heißem Wasser verrührt
50 g	Sultaninen, 15 Minuten in warmen Wasser eingeweicht und abgetropft
100 g	Pinienkerne
	Salz und frisch gemahlener Pfeffer

Die Fenchelknollen 10 Minuten in Wasser kochen, herausnehmen, abtropfen lassen und in sehr kleine Würfel schneiden. Die Kochflüssigkeit aufheben.

Für die Sauce ein Drittel der Sardinen kleinschneiden und beiseite stellen. Die restlichen Sardinen in Mehl wenden, in etwa 1/8 l Olivenöl auf beiden Seiten braunbraten, abtropfen lassen und ebenfalls beiseite stellen. Die Schalotten in 4 EL Öl glasig braten, die kleingeschnittenen Sardinen dazugeben und mit einer Gabel in der Pfanne zerdrücken. Die Fenchelwürfel hinzufügen und 10 Minuten garen. Eventuell etwas Fenchelwasser dazugießen.

Das restliche Olivenöl erhitzen, die Sardellen darin bei ganz schwacher Hitze auf einer mit einer Asbestplatte abgedeckten Kochstelle braten und dabei mit einer Gabel sanft zerdrücken.

Die Schalotten-Sardinen-Fenchel-Mischung mit den pürierten Sardellen und mit dem Safran, den Sultaninen und Pinienkernen vermischen. Mit Salz und Pfeffer abschmecken und noch einige Minuten weitergaren.

Inzwischen die Nudeln mit etwas Salz in dem Fenchelwasser kochen; eventuell noch Wasser nachgießen. Abtropfen lassen.

Die Nudeln mit der Sauce vermischen und in Lagen abwechselnd mit den gebratenen Sardinen in eine feuerfeste Form schichten. Die unterste und die oberste Lage sollte aus Nudeln bestehen. Im vorgeheizten Backofen bei 190° C (Gasherd Stufe 3) 15 Minuten backen.

ALAN DAVIDSON
MEDITERRANEAN SEAFOOD

Makkaroni-Auflauf mit Hackfleisch

Pasticcio Macaronia

	Für 6 bis 8 Personen
500 g	Makkaroni
1 kg	Lammfleisch, feingehackt
60 g	Butter
1	kleine Zwiebel, feingehackt
1	Knoblauchzehe, gehackt
2 TL	Salz
½ TL	frisch gemahlener Pfeffer
4 EL	gehackte Petersilie
⅛ l	trockener Weißwein
350 g	Tomaten, abgezogen, entkernt und in Würfel geschnitten
4	Eier, 2 davon in Eigelb und Eiweiß getrennt
1 l	weiße Sauce (S. 167), mit Muskat gewürzt
500 g	Greyerzer Käse, frisch gerieben

In einer großen Pfanne 30 g Butter erhitzen und das Hackfleisch und die Zwiebel darin unter häufigem Rühren leicht hellbraun anbraten. Knoblauch, Salz und Pfeffer, Petersilie, Weißwein und Tomaten dazugeben. Den Deckel auflegen und bei mittlerer Hitze etwa 15 Minuten schmoren, bis das Fleisch gar ist und die Tomaten zerkocht sind. Die Mischung abkühlen lassen und zwei Eiweiße unterrühren.

Die weiße Sauce zubereiten; die Hälfte des geriebenen Käses, die zwei nicht getrennten Eier und die zwei Eigelbe hineinrühren. Die Sauce beiseite stellen.

Die Makkaroni in reichlich Salzwasser bißfest kochen, abtropfen lassen, wieder in den Topf geben und die restliche Butter in Flöckchen hinzufügen.

Eine etwa 35 mal 25 cm große, 5 cm tiefe feuerfeste Form mit Butter ausstreichen und die Hälfte der Makkaroni hineinfüllen. Mit 125 g Greyerzer Käse bestreuen und mit der Fleischsauce überziehen. Die restlichen Makkaroni darüber verteilen und wiederum mit Käse bestreuen. Zum Schluß mit der weißen Sauce überziehen. Mit dem restlichen Käse bestreuen und im vorgeheizten Backofen bei 180° C (Gasherd Stufe 2–3) in etwa 45 Minuten goldbraun überbacken. 20 Minuten warm stellen, in rechteckige Stücke schneiden und servieren.

CHRISSA PARADISSIS
THE BEST BOOK OF GREEK COOKERY

Nudelauflauf mit Schinken

Noodles Baked Like a Cake

Diesen Auflauf kann man ein paar Stunden vor dem Servieren vorbereiten und bis zum Backen im Kühlschrank aufbewahren.

	Für 6 bis 10 Personen
500 g	*ziti* oder *rigatoni*, gekocht und abgetropft
125 g	Parmaschinken, in dünne Streifen geschnitten
40 g	Butter, in Stücke geschnitten
60 g	Parmesankäse, frisch gerieben
4 EL	Semmelbrösel
1	großes Ei, leicht geschlagen
250 g	*mozzarella*-Käse, in kleine Stücke geschnitten
	Saure Sahne (nach Belieben)

Die gekochten und abgetropften Nudeln wieder in den Topf geben. Die Butter und die Hälfte des Parmesankäses hinzufügen, alles gründlich miteinander verrühren und beiseite stellen.

Eine feuerfeste Form oder eine 3 l fassende Souffléform mit Butter ausstreichen. Die Semmelbrösel und den restlichen Parmesankäse in einer kleinen Schüssel vermischen. Etwa ein Viertel davon in die Form geben und vorsichtig rütteln, so daß Boden und Rand gleichmäßig damit bedeckt sind. Die losen Brösel wieder in die Schüssel schütten. Das geschlagene Ei in die Form geben, die Form schwenken, so daß sich das Ei gleichmäßig an Rand und Boden verteilt. Ein weiteres Viertel der Käse-Semmelbrösel-Mischung in die Form geben, rütteln, damit sie sich verteilt, und die losen Brösel wiederum in die Schüssel zurückschütten.

Dann etwa ein Drittel der Nudeln in die Form schichten, ein Drittel des *mozzarella*, die Hälfte des Schinkens und ein Drittel der restlichen Käse-Semmelbrösel-Mischung darüberstreuen. Anschließend wiederum je ein Drittel Nudeln und *mozzarella*, den restlichen Schinken und ein Drittel Semmelbrösel schichten. Abschließend die restlichen Nudeln und den restlichen *mozzarella* daraufschichten und mit den restlichen Bröseln bestreuen.

Im vorgeheizten Backofen bei 180° (Gasherd Stufe 2–3) 20 bis 30 Minuten backen. (Wenn der vorbereitete Auflauf im Kühlschrank aufbewahrt wurde, verlängert sich die Backzeit um etwa 10 bis 15 Minuten.) Anschließend den Auflauf 10 Minuten abkühlen lassen und dann mit einem scharfen Messer am Rand entlangfahren, um ihn zu lösen. Vorsichtig auf eine vorgewärmte Platte stürzen. Nach Belieben etwas saure Sahne darübergeben. Den Auflauf wie einen Kuchen aufschneiden und servieren.

KAREN GREEN
THE GREAT INTERNATIONAL NOODLE EXPERIENCE

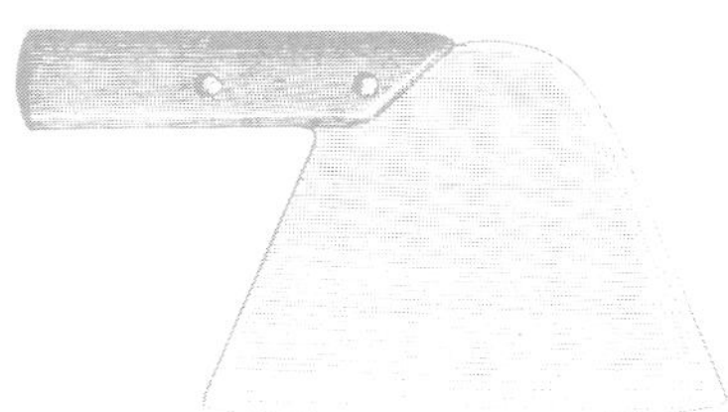

Makkaroni-Timbale mit Kalbsbries

Timbale de Macaroni aux Ris de Veau

Es gibt zwei Möglichkeiten, um eine kräftige gelatinehaltige Kalbsbrühe zuzubereiten. Entweder kocht man eine leichte Brühe ein, oder man gibt einen gesäuberten, zerhackten Kalbsfuß, der 5 Minuten in kochendem Wasser blanchiert wurde, zu den übrigen Zutaten für eine Fleischbrühe (Rezept S. 166). Wie man eine Makkaroni-Timbale zubereitet, wird auf S. 68 gezeigt. Die Hühnerfleisch-Mousseline kann im voraus zubereitet werden; die Sahne sollte jedoch erst im letzten Moment dazugegeben werden. Statt des Mörsers kann man auch eine Küchenmaschine benutzen.

	Für 6 bis 8 Personen
250 g	Makkaroni
1 kg	Kalbsbries, 1 Stunde in kaltem Wasser gewässert, 2 Minuten in kochendem Wasser blanchiert, abgetropft, in kaltem Wasser abgeschreckt, Fett und Haut entfernt
6 EL	trockener Weißwein
60 cl	kräftige, gelatinehaltige Kalbsbrühe
	Salz und frisch gemahlener Pfeffer
3 oder 4	frische große schwarze Trüffeln
50 g	Butter
	Mirepoix
2	mittelgroße Möhren, feingehackt
1	mittelgroße Zwiebel, feingehackt
2 EL	Butter
1/2	Lorbeerblatt, zerrieben
1/2 TL	getrockneter Thymian
	Hühnerfleisch-Mousseline
1	große Hühnerbrust, Haut, Fett und Sehnen entfernt, gehackt
	Salz und frisch gemahlener Pfeffer
	Geriebene Muskatnuß
1	Eiweiß
30 cl	Sahne, gut gekühlt

Die Kalbsbrieschen auf einem Tuch nebeneinander ausbreiten. Darauf zunächst ein Tuch und dann ein Holzbrett legen. Das Brett mit einem Gewicht von 1 kg beschweren. Dazu eignet sich gut eine Konserve mittlerer Größe. Die Kalbsbrieschen unter diesem Gewicht ein paar Stunden abkühlen und fest werden lassen.

Für die *mirepoix* die Butter in einem schweren Topf zerlassen, alle Zutaten hineingeben und bei ganz schwacher Hitze unter gelegentlichem Rühren 10 Minuten garen. Die *mirepoix* darf nicht braun werden.

Die *mirepoix* in einen großen, schweren Keramikschmortopf geben und flachstreichen. Auf das *mirepoix*-Bett die Kalbsbrieschen legen; sie sollen nebeneinanderliegen und sich nicht überlappen. Den Wein dazugießen und bei starker Hitze (eine Asbestmatte unterlegen, wenn über offener Flamme gekocht wird) fast völlig einkochen; dabei den Topf von Zeit zu Zeit rütteln, damit nichts am Boden ansetzen kann. Die Brieschen mit reichlich Kalbsbrühe bedecken, zum Kochen bringen, die Temperatur herunterschalten und etwa 40 Minuten zugedeckt simmern lassen. Anschließend die Brieschen herausnehmen und in 1 cm dicke Scheiben schneiden. Die *mirepoix* mit der Flüssigkeit durch ein Haarsieb streichen. Falls die Sauce noch zu flüssig ist, bei starker Hitze unter ständigem Rühren ein paar Minuten einkochen. Mit Salz und Pfeffer abschmecken. Die Sauce über die Kalbsbrieschen gießen und abkühlen lassen. Die Trüffeln in dicke Scheiben schneiden und unterziehen.

Die Makkaroni in reichlich Salzwasser kochen. Wenn sie fast gar sind, den Topf von der Kochstelle nehmen und die Makkaroni im heißen Wasser quellen lassen. Sie sollten dann noch relativ fest sein. Abtropfen lassen, aber nicht abspülen. Auf ein Tuch legen und dabei darauf achten, daß sich die einzelnen Makkaroni nicht berühren. Eine halbkugelförmige, 2½ l fassende Form oder eine entsprechend geformte Metall-Rührschüssel mit reichlich Butter ausstreichen. Von der Mitte des Bodens aus die Form spiralförmig mit den Makkaroni auslegen; dabei darauf achten, daß die Makkaroni dicht nebeneinander liegen. Die Form im Gefrierfach kühlen, bis die Butter fest geworden ist und die Makkaroni gut am Rand haften. Die restlichen Makkaroni in kurze Stücke schneiden und mit dem Kalbsbries vermengen.

Für die Hühnerfleisch-Mousseline zunächst die Hühnerbrust im Mörser zerstoßen und mit Salz, Pfeffer und einer Prise Muskat würzen. Das Eiweiß nach und nach unterrühren und die Masse in kleinen Portionen durch ein Haarsieb streichen. Die Rückstände in dem Haarsieb immer wieder entfernen. Anschließend die Mousseline glattstreichen, Frischhaltefolie darüberlegen und fest andrücken und bis zum Gebrauch kalt stellen.

Die mit den Makkaroni ausgelegte Form aus dem Gefrierfach nehmen. Jetzt nach und nach die Sahne unter die Hühnerfleisch-Mousseline rühren und drei Viertel der Mousseline gleichmäßig über die Makkaronispiralen streichen. Die Mischung aus Kalbsbries, Trüffeln und Makkaroni in die Form füllen und etwas andrücken, damit sich keine Luftblasen bilden. Dann die restliche Hühnerfleisch-Mousseline darüber verteilen. Einen Bogen Pergamentpapier mit Butter bestreichen und auf die Timbale drücken. Die Form auf einem Dreifuß ins Wasserbad stellen. Darauf achten, daß kein Wasser in die Timbale dringen kann. Im vorgeheizten Backofen bei 170° C (Gasherd Stufe 2) 30 bis 40 Minuten garen. Wenn der Backofen nicht groß genug ist, kann die Timbale auch auf einer Kochstelle im Wasserbad, in einem großen Topf zugedeckt, gegart werden. Die Temperatur muß dabei so reguliert werden, daß das Wasser sprudelnd kocht. Die Form aus dem Wasserbad nehmen, das Pergamentpapier abziehen und die Timbale 7 bis 8 Minuten stehenlassen, bevor man sie auf eine runde, vorgewärmte Servierplatte stürzt. Flüssigkeit, die sich möglicherweise auf der Servierplatte sammelt, mit Küchenkrepp abtupfen. Die Timbale bei Tisch wie einen Kuchen in Stücke schneiden. Mit einem kleinen Spatel oder einem Tortenheber auf die Teller verteilen.

RICHARD OLNEY
THE FRENCH MENU COOKBOOK

Nudelauflauf mit Kalbslunge

Hortobágyi Reszelt Tészta Tüdövel

Dieses Gericht ist eine Art Soufflé mit geriebenen Nudeln als Grundlage. Wie man Nudelteig zubereitet und reibt, wird auf S. 45 gezeigt; wie man ein Nudelsoufflé zubereitet, wird auf S. 74 beschrieben.

Das Rezept stammt aus dem 18. Jahrhundert und gehört zu den wenigen Rezepten, die man in der Küche anderer Länder so oder in ähnlicher Form vermutlich kaum wiederfinden dürfte.

	Für 8 Personen
7	Eier
Etwa 125 g	Mehl
500 g	Kalbslunge
1	kleine Zwiebel, feingehackt
30 g	Schweineschmalz
	Salz und frisch gemahlener Pfeffer
Etwa 1 l	Milch
1 EL	glatte Petersilie, gehackt
⅛ l	saure Sahne

Zwei der Eier mit reichlich Mehl zu einem sehr festen Teig kneten und den Teig reiben.

Die Kalbslunge in gesalzenem Wasser 30 Minuten sprudelnd kochen, abtropfen lassen und durch den Fleischwolf drehen. Die Zwiebel in 15 g Schweineschmalz 10 Minuten sautieren und mit der durchgedrehten Lunge vermischen. Mit Salz und Pfeffer würzen und abkühlen lassen.

1 l Milch zum Kochen bringen und die geriebenen Nudeln darin bei schwacher Hitze unter Rühren garziehen lassen, bis die Milch von den Nudeln aufgesogen ist. Eventuell Milch nachgießen. Etwas Salz und Pfeffer und die gehackte Petersilie hinzufügen. Abkühlen lassen.

Die Nudeln mit drei Eigelb vermischen, das Eiweiß steifschlagen und unterheben. Einen schweren 3 l fassenden, 7,5 bis 10 cm hohen Schmortopf mit dem restlichen Schweineschmalz ausstreichen. Die Nudeln hineingeben, gleichmäßig über den Boden verteilen und etwas andrücken.

Die restlichen zwei Eier schlagen und mit der pürierten Lunge vermischen. In der Mitte der Nudeln eine tiefe Mulde drücken und die Lungen-Eier-Mischung hineingeben. Die saure Sahne darübergießen und im vorgeheizten Backofen bei 190°C (Gasherd Stufe 3) 45 Minuten backen.

GEORGE LANG
THE CUISINE OF HUNGARY

Makkaroni-Timbale

Timbale de Macaroni

Für die Hühnerfleisch-Mousseline in diesem Rezept werden 250 g rohe Hühnerbrust ohne Knochen feingehackt, mit einem Eiweiß vermischt und mit Salz, Pfeffer und Muskat gewürzt. Anschließend wird ¼ l Sahne unter die Mischung gezogen. Wie man die Makkaroni spiralförmig in die Form legt, wird auf S. 68 gezeigt. Für die „velouté" 30 g Butter erhitzen, 2 EL Mehl dazugeben und unter ständigem Rühren 2 bis 3 Minuten anschwitzen. Dann 60 cl Brühe dazugießen und unter ständigem Rühren zum Kochen bringen. Die Temperatur herunterschalten, den Topf halb von der Kochstelle ziehen und die Haut, die sich auf der einen Seite des Topfes bildet, immer wieder abschöpfen. Die Sauce sollte etwa 40 Minuten simmern.

	Für 4 Personen
200 g	Makkaroni
500 g	Hühnerfleisch-Mousseline
6	große Hühnerlebern, gesäubert und in Hälften geschnitten
30 g	Butter
	Salz und frisch gemahlener Pfeffer
10 cl	Weißwein
¼ l	*velouté*
2 EL	Tomatensauce (S. 167)
2	Scheiben gepökelte gekochte Zunge, in kleine, runde Scheiben geschnitten
100 g	Champignons, blättrig geschnitten und bei starker Hitze in Butter sautiert
1	Trüffel, in Scheiben geschnitten

Die Makkaroni in reichlich Salzwasser bißfest kochen. Abtropfen lassen, aber nicht abspülen. Auf ein Tuch legen und vollkommen abkühlen lassen. Mit den langen Makkaroni eine halbkugelförmige, mit Butter ausgestrichene Form spiralenförmig auslegen. Die Makkaroni mit einer Schicht der Mousseline-Füllung bedecken.

Die Butter in einer Pfanne erhitzen, die Hühnerleber hineingeben, mit Salz und Pfeffer würzen und bei starker Hitze anbraten. Den Wein darüberträufeln und bei hoher Temperatur kochen lassen. Dann mit 10 cl *velouté* und der Tomatensauce überziehen und von der Kochstelle nehmen. Die Zungenscheiben, Champignons, Trüffel und die restlichen, in kleine Stücke geschnittenen Makkaroni dazugeben und abkühlen lassen. Anschließend in die Form füllen. Darüber wieder eine Schicht Mousseline geben. Die Form in einem tiefen Topf auf einen Dreifuß stellen, so viel Wasser in den Topf gießen, daß es fast bis zum Rand der Form reicht, den Deckel auflegen und bei schwacher Hitze 45 Minuten im Wasserbad garen. Auf eine Servierplatte stürzen und die restliche *velouté* um den äußeren Rand gießen.

URBAIN DUBOIS
ÉCOLE DES CUISINIÈRES

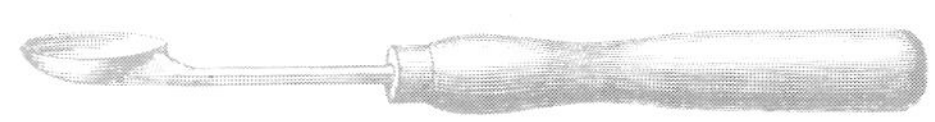

Lasagne mit Seezunge und Krebsen

Torta di Lasagne di Magro con Gamberi

Die Zubereitung von Nudelteig wird auf S. 44 beschrieben. Wie man den Teig schneidet, wird auf S. 48 gezeigt.

Dies ist eine moderne Kombination von zwei italienischen Rezepten aus dem 16. Jahrhundert, Fastentag-Teigwaren und Krebsauflauf. Diese Version wurde 1973 von Franco Danielli, dem Chefkoch des Luxusschiffes „Raffaello", kreiert.

	Für 6 bis 8 Personen
500 g	Nudelteig (S. 165), ausgerollt und in 20 cm lange und 5 cm breite Streifen geschnitten
500 g	lebende Flußkrebse
12	kleine Seezungenfilets
200 g	Butter
1/4 l	trockener Weißwein
	Salz und frisch gemahlener Pfeffer
25 g	Mehl
100 g	Parmesankäse, frisch gerieben
8 cl	Weinbrand
1 TL	Currypulver

	Court-bouillon
1/2 l	Wasser
1	kleine Zwiebel
	Salz
5	ganze Pfefferkörner
2	Lorbeerblätter
1/4 l	trockener Weißwein

Die Zutaten für den *court bouillon* in einen Topf geben und 15 Minuten kochen. Die lebenden Flußkrebse hinzufügen und zugedeckt 7 bis 8 Minuten kochen, bis die Krebse rot sind. Das Krebsfleisch aus den Schalen lösen, die Schwänze beiseite stellen und die Schalen im Mixer oder Mörser mit etwas Krebssud möglichst fein zerkleinern. Den restlichen Sud zugießen, das Ganze durch ein feines Sieb passieren und beiseite stellen.

In einer großen Bratpfanne die Seezungenfilets in 50 g Butter bei mittlerer Hitze braten. Sobald sie braun zu werden beginnen, den Wein dazugießen und mit einer Prise Salz und frisch gemahlenem Pfeffer würzen. Den Wein aufkochen und 1 Minute simmern lassen. Die Pfanne von der Kochstelle nehmen.

In einem Topf 70 g Butter zerlassen und bis auf 1 TL alles Mehl einrühren. 1 Minute unter ständigem Rühren anschwitzen, dann den Krebssud bis auf 10 cl dazugeben. Aufkochen lassen, von der Kochstelle nehmen und den geriebenen Parmesankäse hinzufügen. Die Käsesauce warm halten und gelegentlich umrühren, damit sich keine Haut bildet.

Jeweils zwei oder drei Lasagne in kochendem Wasser bißfest kochen. Herausheben und zum Abtropfen nebeneinander auf ein Tuch legen.

Eine 20 mal 25 cm große rechteckige feuerfeste Form mit Butter ausstreichen und den Boden mit Lasagne bedecken. Eine dünne Schicht Käsesauce darübergießen. Darüber eine Lage Seezungenfilets mit etwas Garflüssigkeit geben. Darüber wieder abwechselnd Lasagne, Käsesauce und Seezungenfilets schichten, bis alle Zutaten aufgebraucht sind. Die letzte Schicht sollte aus Lasagne bestehen, die mit Käsesauce überzogen werden. Im vorgeheizten Backofen bei 220° C (Gasherd Stufe 4–5) etwa 10 Minuten garen, aber nicht braun werden lassen.

In der Zwischenzeit die restliche Butter zerlassen. Sobald sie braun wird, die Flußkrebsschwänze hineingeben, einige Minuten sautieren, dann den Weinbrand dazugießen und flambieren. Anschließend die Temperatur herunterschalten. Das Currypulver und das Mehl in dem restlichen Krebssud auflösen, in die Pfanne geben und noch einige Minuten kochen lassen. Die Sauce sollte nicht zu dick sein.

Die Lasagne heiß servieren; die Krebse in der Sauce anrichten und getrennt dazu reichen.

MASSIMO ALBERINI
CENTO RICETTE STORICHE

Soufflé mit grünen Tagliatelle

Sformato di Tagliatelle Verdi

Wie man „tagliatelle" aus frischem Teig herstellt, wird auf S. 48 gezeigt. Wie man Teigwaren färbt, wird auf S. 50 beschrieben.

	Für 4 Personen
3	Eigelb
30 cl	weiße Sauce (S. 167)
2 EL	frisch geriebener Parmesankäse
125 g	gekochter Schinken, grobgehackt
	Salz und frisch gemahlener weißer Pfeffer
	Geriebene Muskatnuß
4	Eiweiß
	Butter

	Grüner Nudelteig
250 g	Hartweizenmehl
1	großes Ei
1 TL	Olivenöl
125 g	Spinat, gekocht, abgetropft, ausgedrückt und feingehackt
2 1/2 l	Wasser
1 EL	Pflanzenöl

Für den Nudelteig zunächst Mehl, Ei, Olivenöl und Spinat verkneten. Den Teig ausrollen und in schmale Bänder schneiden. Die *tagliatelle* beiseite stellen und mit einem Tuch bedecken.

In einem großen Topf reichlich Salzwasser erhitzen. Inzwischen die 2 1/2 l Wasser und das Pflanzenöl in eine große Schüssel geben. Wenn das Wasser im Topf kocht, die *tagliatelle* hineingeben und in etwa 20 Sekunden bißfest kochen. Abtropfen lassen und zum Abschrecken etwa 1 Minute in das kalte Wasser tauchen. Ein mit kaltem Wasser angefeuchtetes Tuch auf einer Arbeitsfläche ausbreiten und die *tagliatelle* vorsichtig darauflegen.

Für das Soufflé zunächst das Eigelb in einer großen Schüssel schlagen. Die abgekühlte weiße Sauce und den geriebenen Parmesankäse hinzufügen. Gut vermischen und dann den Schinken und die Gewürze vorsichtig unterheben. Dann die Masse 15 Minuten ruhen lassen. Inzwischen das Eiweiß steifschlagen.

Die *tagliatelle* und anschließend den Eischnee unter die Schinken-Ei-Masse heben. Sehr vorsichtig vermischen, damit die *tagliatelle* nicht zerdrückt werden. Die Masse langsam in eine mit Butter ausgestrichene Souffléform geben und im vorgeheizten Backofen bei 200° C (Gasherd Stufe 3–4) 40 Minuten backen, bis das Soufflé aufgegangen und goldbraun ist.

GULIANO BUGIALLI
THE FINE ART OF ITALIAN COOKING

Nudelpastete mit Fisch

Timballo of Vermicelli and Fish

In Neapel werden Spaghetti häufig als „vermicelli" bezeichnet. Anleitungen für das Säubern und Zubereiten von Kalmaren befinden sich auf S. 28. Miesmuscheln können wie Klaffmuscheln zubereitet werden. Anleitungen für das Kochen von Klaffmuscheln befinden sich auf S. 29. Wie man den Pastetenboden und den Teigdeckel vorbackt, wird auf S. 72 beschrieben.

Obwohl diese Pastete ein Fastengericht ist, das in Neapel stets am Palmsonntag gegessen wird, enthält es doch eine üppige Vielzahl an Zutaten. Das Rezept erscheint schon in der ersten bekannten Sammlung neapolitanischer Kochrezepte. Sie wurden von dem Herzog von Buonvicino zusammengestellt und 1849 veröffentlicht. Im 19. Jahrhundert wurde der Pastetenteig aus Mehl, Schweineschmalz, Zucker und Eiern zubereitet. Unsere Pastete wird mit einem etwas einfacheren Teig gebacken.

	Für 10 bis 12 Personen
500 g	Spaghetti
500 g	Fischfilet (Kabeljau, Seebarsch, Kleist, Petersfisch, Scholle, Wittling oder Seehecht)
90 g	schwarze Oliven, entsteint
1 EL	Kapern, abgespült
1 EL	Pinienkerne
4 EL	gehackte Petersilie
Etwa 30 cl	Olivenöl
Etwa 90 g	Semmelbrösel

	Tomatensauce
750 g	Tomaten, abgezogen, entkernt und püriert
1 EL	Olivenöl
90 g	junge Erbsen, enthülst
90 g	frische kleine Champignons, kurz in Öl sautiert
500 g	Meeresfrüchte (Klaffmuscheln, Miesmuscheln und Kalmare), gekocht, Garflüssigkeit aufgehoben
2 TL	Mehl

	Sardellensauce
3	eingelegte Sardellen, gewässert, filetiert, abgespült und abgetropft
3 EL	Olivenöl
1	Knoblauchzehe, zerdrückt
	Frisch gemahlener Pfeffer
2 EL	gehackte Petersilie

	Pastetenteig
250 g	weiche Butter
500 g	Mehl
2	Eier, geschlagen
1 TL	Salz

Für den Teig die Butter mit dem Mehl vermengen und nach und nach mit den Eiern und dem Salz zu einem krümeligen Teig verarbeiten. Zu einem Ball formen, in ein Tuch oder Frischhaltefolie einschlagen und 1 Stunde an einen kühlen Platz stellen.

Den Teig zu einer größeren und einer kleineren Platte von 1 cm Dicke ausrollen. Eine sehr große runde Auflaufform mit der größeren Teigplatte vollkommen auslegen; auch der Rand der Form muß mit Teig bedeckt sein. Ein Stück Pergamentpapier auf den Teig legen und mit Bohnen beschweren. Aus der kleineren Teigplatte einen Deckel von der Größe der Auflaufform schneiden und auf ein mit Fett bestrichenes Backblech legen. Beide im vorgeheizten Backofen bei 180° C (Gasherd Stufe 2–3) etwa 15 Minuten backen, bis sie fest und goldgelb sind. Das Pergamentpapier und die Bohnen entfernen, wieder in den Backofen stellen und noch 5 Minuten backen, bis die Oberfläche trocken ist. Abkühlen lassen.

Die Fischfilets mit den Oliven, Kapern, Pinienkernen und der Petersilie im Mörser zu einer festen Paste zerstoßen. Mit 2 EL Öl und einigen Eßlöffeln Semmelbrösel binden. Aus der Masse walnußgroße Bällchen formen, in Semmelbröseln wenden und in ¼ l sehr heißem Olivenöl goldbraun braten.

Für die Tomatensauce das Öl erhitzen und die pürierten Tomaten und die Fischbällchen hineingeben. Die Erbsen (es sollten junge kleine Erbsen sein, große müßten vorher blanchiert werden), die sautierten kleinen Champignons, die gekochten Meeresfrüchte mit der Garflüssigkeit dazugeben und bei mittlerer Hitze garen. Dann die Sauce mit Mehl andicken.

Für die Sardellensauce zunächst die zerdrückte Knoblauchzehe in heißem Öl braun werden lassen. Den Knoblauch herausnehmen, die abgetropften Sardellen in die Pfanne geben und bei schwacher Hitze garen, bis sie zerfallen. Etwas Pfeffer und die gehackte Petersilie hinzufügen.

Die Spaghetti in gesalzenem Wasser bißfest kochen, abtropfen lassen und mit der Sardellensauce vermischen. Auf den vorgebakkenen Teigboden eine Lage Nudeln, eine Lage Fischbällchen mit Tomatensauce und zuletzt noch eine Lage Nudeln füllen. Den Teigdeckel darauflegen und im vorgeheizten Backofen bei 180° C (Gasherd Stufe 2–3) 45 Minuten backen. Vor dem Servieren ein paar Minuten ruhen lassen.

VINCENZO BUONASSISI
IL CODICE DELLA PASTA

Gefüllte Teigwaren

Ravioli in Fleischbrühe

Ravioli al Brodo

Wie man Nudelteig zubereitet und Ravioli formt, wird auf S. 44 bzw. 53 beschrieben. Wenn Euter und Knochenmark nicht erhältlich sind, erhöht man die zugegebene Kalbfleischmenge auf 280 g. Eine „mezzaluna" ist ein Wiegemesser mit halbmondförmiger Klinge.

	Für 4 Personen
350 g	Nudelteig (S. 165)
1 l	kräftige Fleischbrühe (S. 166)
	Parmesankäse, frisch gerieben

	Füllung
1	Kopf Eskariol, die harten äußeren Blätter und Druckstellen entfernt
60 g	Borretschblätter
	Salz
125 g	mageres Kalbfleisch
	Butter
125 g	Kalbseuter
125 g	Kalbshirn, 5 Minuten blanchiert, Haut abgezogen
30 g	Knochenmark, 5 Minuten blanchiert, Haut abgezogen
60 g	Kalbsbries, 5 Minuten blanchiert, Haut abgezogen
1	Ei
2	Eigelb
30 g	Weißbrot ohne Rinde, in Brühe eingeweicht
15 g	Parmesankäse, frisch gerieben
½ TL	gemahlene Muskatblüte
½ TL	gemahlener Piment
	Frisch gemahlener schwarzer Pfeffer

Den Eskariol und die Borretschblätter in leicht gesalzenem Wasser 5 Minuten blanchieren. Abtropfen lassen und ausdrücken.

Das Kalbfleisch in etwas Butter anbraten. Das Kalbseuter in kochendes Wasser geben, wieder aufkochen lassen und 10 Minuten garen. Abtropfen lassen. Mit einer *mezzaluna* die Eskariol-Borretsch-Mischung, das Kalbfleisch, Kalbseuter, Hirn, Mark und Bries so fein wie möglich hacken. Anschließend im Mörser nach und nach zu einer Paste zerstoßen.

In einer Schüssel die Gemüse-Fleisch-Paste mit dem ganzen Ei, den Eigelben, dem eingeweichten Brot, 15 g Parmesankäse und den Gewürzen vermischen und mit Salz abschmecken.

Ein faustgroßes Stück Nudelteig so dünn wie möglich ausrollen. Dabei das Nudelholz und die Arbeitsfläche mit Mehl bestäuben, damit der Teig nicht klebt. Über den restlichen Teig ein feuchtes Tuch legen, damit er nicht austrocknet. Auf eine Hälfte der Teigplatte im Abstand von 3 cm je 1 TL Füllung geben. Die andere Teighälfte darüberschlagen und die Zwischenräume zwischen den Füllungen mit dem Finger fest andrücken. Die Teigkissen mit einem Teigrädchen ausschneiden. Auf diese Weise den restlichen Teig und die restliche Füllung verarbeiten. Die fertigen Ravioli auf ein trockenes Tuch legen und ½ Stunde trocknen lassen.

Die Brühe sprudelnd kochen lassen und die Ravioli portionsweise hineingeben; die Brühe darf nicht aufhören zu kochen. Sobald die Ravioli an der Oberfläche schwimmen, mit einem Schaumlöffel herausnehmen und in eine vorgewärmte Suppenterrine füllen. Wenn alle Ravioli fertig sind, die kochende Brühe darübergießen und mit Parmesankäse servieren.

EMANUELE ROSSI
LA VERA CUCINIERA GENOVESE

Gefüllte Nudeln mit Sahnesauce

Tortellini alla Panna

Die rechteckigen Teigtaschen in diesem Rezept sind mehr unter der Bezeichnung Ravioli als „tortellini" bekannt. Wie man Ravioli herstellt, wird auf S. 53 gezeigt.

	Für 6 Personen
500 g	Nudelteig (S. 165)
30 g	Butter
15 g	Parmesankäse, frisch gerieben
½ l	Sahne

	Spinat-, Quark-Füllung
250 g	Spinat, blanchiert, abgetropft und gehackt
250 g	*ricotta*-Käse oder Quark
100 g	Parmesankäse, frisch gerieben
2	Eier, geschlagen
	Gemahlener Piment
	Salz und frisch gemahlener schwarzer Pfeffer

Für die Füllung den Spinat, *ricotta* oder Quark, 100 g geriebenen Parmesan, die Eier und je eine Prise Piment, Salz und Pfeffer vermischen. Den Nudelteig auf einem mit Mehl bestreuten Brett dünn ausrollen. Die Füllung teelöffelweise im Abstand von etwa 5 cm auf der einen Hälfte des Teiges verteilen. Die andere Teighälfte vorsichtig darauflegen und zwischen den Füllungen fest andrücken. Die Teigtaschen mit einem Teigrädchen ausschneiden und kurze Zeit antrocknen lassen.

Aus der Butter, dem restlichen Parmesankäse und der Sahne bei mittlerer Hitze eine Sauce anrühren. Die Ravioli in sprudelnd kochendem Salzwasser etwa 5 Minuten garen. Mit einem Schaumlöffel herausnehmen, in eine Servierschüssel geben und mit der Sahnesauce überziehen. Sehr heiß servieren und dazu geriebenen Parmesan und frisch gemahlenen Pfeffer reichen.

FRANCO LAGATTOLLA
THE RECIPES THAT MADE A MILLION

Fasten-Ravioli

Ravioli di Magro

Die Grundtechnik für die Zubereitung von Ravioli wird auf S. 53 beschrieben. „Mascarpone" ist ein Sahnefrischkäse. Jeder andere Sahnefrischkäse eignet sich ebenso gut für dieses Gericht.

Diese schmackhaften Ravioli können auch mit Fischresten zubereitet werden.

	Für 6 Personen
300 g	Mehl
3	Eier
	Salz
100 g	Butter
2 EL	getrockneter Salbei (nach Belieben)
6 EL	frisch geriebener Parmesankäse

	Käse-Fisch-Füllung
100 g	*mascarpone*
500 g	Weißfisch, wie z. B. Meeräsche, Blei oder Seehecht
18 cl	Weißwein
1	Zwiebel, in dünne Scheiben geschnitten
1/2	Zitrone, Saft ausgepreßt
	Salz
300 g	Spinat
30 g	Butter
	Frisch gemahlener Pfeffer
1	Ei
2 EL	frisch geriebener Parmesankäse

In einen großen, ovalen Topf oder Fischkessel den Weißwein, die Hälfte der Zwiebelscheiben, den Zitronensaft, eine Prise Salz und so viel Wasser geben, daß es ausreicht, den Fisch zu bedecken. Die Flüssigkeit zum Kochen bringen, den Fisch hineinlegen und ohne Deckel 10 Minuten simmern lassen. Von der Kochstelle nehmen und den Fisch in dem Sud abkühlen lassen.

Inzwischen den Spinat waschen, aber nicht abtropfen lassen, in einen Topf geben und etwa 5 Minuten dämpfen, bis er zusammengefallen ist. Abtropfen lassen, gründlich ausdrücken und hacken. 30 g Butter in einer Pfanne zerlassen und die restlichen Zwiebelscheiben dazu bei schwacher Hitze glasig braten. Eventuell ein paar Tropfen Wasser dazugeben. Den Fisch abtropfen lassen, entgräten, die Haut abziehen und das Fleisch grob zerpflücken. Den Fisch in die Pfanne zu der Zwiebel geben, umrühren und den Spinat hinzufügen. Mit Salz und Pfeffer würzen, verrühren und bei schwacher Hitze etwa 10 Minuten garen. In eine Schüssel füllen; den *mascarpone*, das Ei und den Parmesankäse unterrühren und eventuell nachwürzen.

Für die Ravioli zunächst das Mehl auf eine Arbeitsfläche häufen und in die Mitte eine Mulde drücken. Die Eier aufschlagen, mit einer Prise Salz hineingeben und mit dem Mehl verkneten. Den Teig mit einem Nudelholz ausrollen und in kleine Vierecke schneiden. Die Käse-Fisch-Füllung auf die Teigstücke geben und zu Ravioli formen. Die 100 g Butter in einer kleinen Bratpfanne zerlassen und nach Belieben den Salbei hinzufügen. In einem großen Topf gesalzenes Wasser zum Kochen bringen. Die Ravioli im sprudelnd kochenden Wasser bißfest kochen. Mit einem Schaumlöffel herausnehmen und eine Schicht Ravioli in eine tiefe feuerfeste Form oder Schüssel füllen, mit etwas zerlassener Butter beträufeln und mit geriebenem Parmesankäse bestreuen. Darüber wieder Ravioli, Butter und Käse geben, bis alle Zutaten aufgebraucht sind.

Die Schüssel in den Topf mit dem Ravioli-Kochwasser stellen. Den Deckel auf den Topf legen und die Ravioli 5 Minuten darin ziehen lassen, damit sie das Aroma von der Butter und dem Parmesankäse aufnehmen.

FERNANDA GOSETTI
IN CUCINA CON FERNANDA GOSETTI

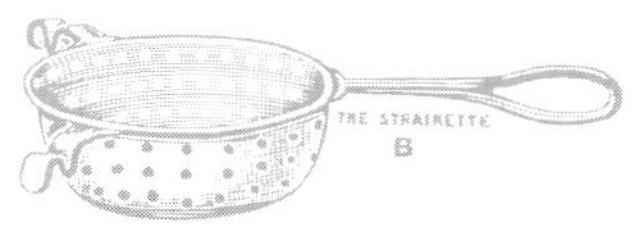

Chinesische gefüllte Nudeln

Won Ton

	Für 4 Personen
300 g	Mehl, gesiebt
1 TL	Salz
2	Eier, leicht geschlagen
	Wasser

	Füllung
500 g	Schweinefleisch, gegart und feingehackt
150 g	Bambussprossen, feingehackt
40 g	Pilze, gehackt
125 g	Garnelen, gekocht und gehackt
60 g	Wasserkastanien, feingehackt
1 EL	Erdnußöl
2 EL	Sesamkörner, ohne Fett geröstet
3 EL	Sojasauce
	Salz

Für den Nudelteig Mehl und Salz mischen, die geschlagenen Eier hinzufügen und mit etwas Wasser zu einem festen Teig verkneten. Auf einem mit Mehl bestäubten Backbrett dünn ausrollen und in 10 cm große Quadrate schneiden.

Für die Füllung alle Zutaten in eine Pfanne geben und bei mittlerer Hitze garen, bis die Flüssigkeit verdampft ist. Von der Kochstelle nehmen und abkühlen lassen.

1 TL der Füllung auf die Ecke eines Teigquadrats geben. Diese Ecke zwei- oder dreimal umschlagen, die beiden gegenüberliegenden freien Ecken zusammendrücken. Die vierte Ecke bleibt frei.

Die gefüllten Nudeln etwa 30 Minuten dämpfen oder in heißem Öl goldbraun fritieren. Auf Küchenkrepp legen, abtropfen lassen und anschließend servieren.

ALICE MILLER MITCHELL (HERAUSGEBERIN)
ORIENTAL COOKBOOK

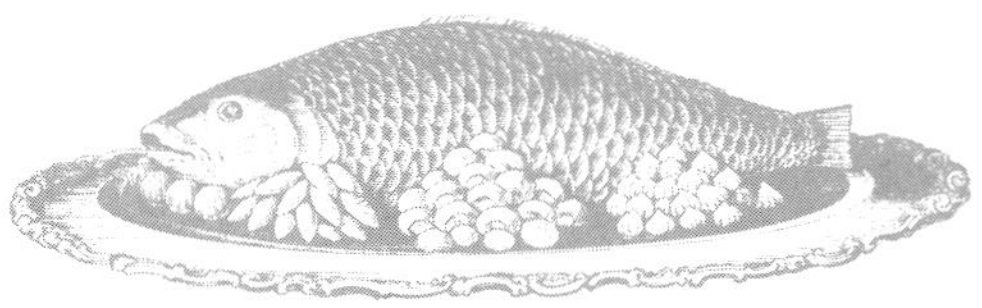

Piroggen mit einer Kartoffel-Quark-Füllung

Pierogi z Ziemniakami i Serem

Anleitungen für das Mischen, Kneten und Ausrollen des Teiges siehe S. 44. Wie man runde Teigscheiben füllt, wird auf S. 54 gezeigt.

	Für 4 Personen
350 g	Mehl
1	Ei
	Salz
60 g	Butter
	Kartoffel-Quark-Füllung
500 g	Kartoffeln, gekocht und püriert
125 g	Quark, zerbröckelt
½	Zwiebel, gehackt
30 g	Butter, zerlassen
1 TL	Salz
	Frisch gemahlener Pfeffer (nach Belieben)
1	Ei (nach Belieben)

Das Mehl auf ein Backbrett geben. Das Ei und etwas Wasser hinzufügen und mit den Fingerspitzen zu einem Teig verkneten. Nach und nach etwas Wasser hinzufügen, bis ein fester Teig entsteht. Der fertige Teig sollte weder bröckeln noch an den Fingern kleben. 1 bis 2 mm dick ausrollen und runde Scheiben von 5 cm Durchmesser ausschneiden.

Für die Füllung zunächst die pürierten Kartoffeln und den Quark in eine Schüssel geben. Die Zwiebel in 30 g Butter glasig braten und zu den Kartoffeln und dem Quark geben. Salz und nach Belieben Pfeffer hinzufügen. Ebenfalls nach Belieben ein Ei hinzufügen, es hebt den Geschmack und macht die Mischung gehaltvoller. Alle Zutaten gut vermischen.

Die Füllung auf die Teigscheiben verteilen. Die Ränder mit Wasser befeuchten, die Piroggen in eine Hand nehmen und die Ränder vorsichtig zusammendrücken. In einem großen Topf reichlich Salzwasser zum Kochen bringen und die Piroggen hineingeben. 3 Minuten garen und abtropfen lassen. 60 g Butter erhitzen, bis sie braun wird. Die Piroggen auf einer Platte anrichten, die Butter darüberträufeln und sofort servieren.

MARIA DISSLOWA
JAK GOTOWAC

Ravioli mit Kürbisfüllung

Ravioli con Zucca

Wie man Nudelteig zubereitet und Raviolo formt, wird auf S. 44 bzw. 53 gezeigt. Wenn Euter und Knochenmark nicht erhältlich sind, erhöht man die angegebenen Fleischmengen auf 350 g Schweinefleisch und 750 g Kalbfleisch. Eine „mezzulana", mit der in diesem Rezept der Kürbis und das Fleisch gehackt werden sollten, ist ein halbmondförmiges Wiegemesser.

	Für 12 Personen
1½ kg	Nudelteig (S. 165)
	Salz
125 g	Parmesankäse, frisch gerieben
60 cl	Fleischsauce (S. 166)
	Kürbisfüllung
5 kg	Kürbis, entkernt und in große Stücke geschnitten
160 g	Butter
120 g	Parmesankäse, frisch gerieben
500 g	mageres Kalbfleisch, gehackt
200 g	mageres Schweinefleisch, gehackt
300 g	Kuheuter, gehackt
50 g	Kalbsbries, 5 Minuten blanchiert, Haut abgezogen
1	Kalbshirn, 10 Minuten in warmem Wasser gewässert, Haut abgezogen
50 g	Rindermark, 10 Minuten in warmem Wasser gewässert, Haut abgezogen
150 g	Bratwurstmasse
8	Eier, geschlagen
500 g	Quark oder *ricotta*-Käse
	Feingehackter frischer Majoran
	Salz

Für die Füllung zunächst die Kürbisstücke in einen großen Topf geben, mit gesalzenem Wasser bedecken und mindestens 15 Minuten kochen. Mit einem Schaumlöffel herausnehmen und abkühlen lassen. Die Schale abschneiden und die Kürbisstücke in ein Nesseltuch einschlagen. Ein schweres Gewicht daraufstellen und 3 Stunden stehenlassen, bis die ganze Flüssigkeit herausgepreßt ist. Anschließend den Kürbis mit einer *mezzulana* feinhakken und mit 100 g Butter und 60 g Parmesankäse in einen Topf geben. Simmern lassen, bis alle Flüssigkeit verdampft ist. Von der Kochstelle nehmen und beiseite stellen.

Das Kalbfleisch, Schweinefleisch, Euter und Kalbsbries in der restlichen Butter anbraten. Das Hirn und das Mark dazugeben, kurz erhitzen und den Topf von der Kochstelle nehmen. Alles zusammen mit einer *mezzulana* feinhacken und anschließend im Mörser zu einer Paste zerstoßen. Die Fleischpaste mit der Wurstmasse und dem Kürbis in eine Schüssel füllen. Die Eier, den Quark oder *ricotta*, den restlichen Parmesankäse und eine Prise Majoran dazugeben und mit Salz abschmecken. Mit einem Holzlöffel gut vermischen.

Den Teig sehr dünn ausrollen, in kleine Quadrate schneiden und die Kürbisfüllung darauf verteilen und zu Ravioli formen. Die gefüllten Teigtaschen auf einem Tuch 30 Minuten trocknen lassen. Dabei darauf achten, daß sie nicht aneinanderstoßen. In einem großen Topf gesalzenes Wasser zum Kochen bringen und die Ravioli portionsweise hineingeben. Wenn die Ravioli an die Oberfläche aufsteigen, sie mit einem großen Schaumlöffel vorsichtig nach unten drücken und kochen lassen, bis sie bißfest sind. Mit dem Schaumlöffel herausnehmen und gut abtropfen lassen. Die Ravioli abwechselnd mit Fleischsauce und dem geriebenem Parmesankäse in eine große, vorgewärmte Schüssel schichten und sofort servieren.

GIOVANNI UND G. B. RATTO
CUCINIERA GENOVESE

Gefüllte Weinnudeln mit Walnußsauce

Pansoti con la Salsa di Noci alla Ligure

	Für 4 Personen
325 g	Mehl, gesiebt
6 EL	trockener Weißwein
	Salz
4 EL	Wasser
30 g	Parmesankäse, frisch gerieben

	Gemüsefüllung
350 g	Mangold, Stiele entfernt
125 g	Borretsch, Stiele entfernt
1	Knoblauchzehe, gehackt
1	Ei
125 g	*ricotta*-Käse
30 g	Parmesankäse, frisch gerieben
	Salz und frisch gemahlener Pfeffer

	Walnußsauce
150 g	Walnußkerne, blanchiert
40 g	altbackenes Weißbrot, in Wasser eingeweicht und ausgedrückt
	Salz
4 EL	Olivenöl
4 EL	Sauermilch (nach Belieben)

Für die Füllung zunächst den Mangold und den Borretsch in ganz wenig Salzwasser etwa 5 Minuten blanchieren, ausdrücken und durch ein Sieb streichen. Knoblauch, Ei, *ricotta* und Parmesankäse dazugeben, mit Salz und Pfeffer würzen und vermischen.

Das Mehl mit dem Wein, einer Prise Salz und dem Wasser vermischen und zu einem glatten, festen Teig verkneten. Den Teig ausrollen und in Dreiecke von 8 cm Kantenlänge schneiden. Die Füllung auf die Teigdreiecke verteilen und die *pansoti* formen, indem man die Dreiecke zusammenfaltet und die Kanten fest zusammendrückt.

Die Walnüsse mit dem Weißbrot und etwas Salz im Mörser zu einer dicken Paste zerstoßen. Das Olivenöl und nach Belieben die Sauermilch unterrühren.

Die *pansoti* in reichlich kochendem Salzwasser bißfest kochen. Gut abtropfen lassen und mit der Walnußsauce vermischen. Mit dem restlichen Parmesankäse bestreuen und in einer vorgewärmten Servierschüssel sehr heiß servieren.

ANNA MARTINI (HERAUSGEBERIN)
PASTA E PIZZA

Ravioli-Füllung

Farce à Raviolis

Wenn die Füllung nicht so fein püriert sein soll, werden die Zutaten lediglich mit einer Gabel vermischt.

Diese Füllung kann ebensogut aus Resten von gegartem Kalb-, Hühner- oder Rindfleisch zubereitet werden. Falls die Fleischreste sehr trocken sind, sollte man 1 EL Sauce dazugeben. Die Fleischfüllung muß fest, aber geschmeidig sein.

	Für 4 Personen
150 g	mageres Kalbfleisch, in kleine Würfel geschnitten
100 g	roher Schinken oder frischer durchwachsener Speck, in Würfel geschnitten
30 g	Butter
1	Zwiebel, in dünne Scheiben geschnitten
1	Lorbeerblatt
1	Stengel Thymian
15 bis 20 cl	Weißwein, Brühe (S. 166) oder Wasser
½	gekochtes Kalbshirn (nach Belieben)
30 g	*foie gras* (nach Belieben)
250 g	Spinat, in gesalzenem Wasser blanchiert, abgetropft und feingehackt
2	Eigelb
	Salz und frisch gemahlener Pfeffer

Das Kalbfleisch und den Schinken oder Speck in der Butter anbraten. Zwiebel, Lorbeerblatt und Thymian dazugeben, dann Weißwein, Brühe oder Wasser angießen und zugedeckt bei schwacher Hitze 1 Stunde simmern lassen. Das Fleisch sollte weich und die Flüssigkeit fast eingekocht sein.

Den Thymian und das Lorbeerblatt herausnehmen und das Fleisch auf einem großen Teller abkühlen lassen. Nach Belieben Kalbshirn und *foie gras* zum abgekühlten Fleisch geben. Anschließend die Fleischmischung zusammen mit dem blanchierten Spinat im Mörser zerstoßen und das Eigelb untermischen. Mit Salz und frisch gemahlenem Pfeffer würzen und die Mischung durch ein feinmaschiges Sieb passieren.

J. B. REBOUL
LA CUISINIÈRE PROVENÇALE

Persische Ravioli-Suppe

Gushe Barreh

Anleitungen für das Mischen, Kneten und Ausrollen des Teiges siehe S. 44.

	Für 5 oder 6 Personen
160 g	Mehl
1/4 TL	Salz
1 1/2 l	Wasser
1/4 TL	gemahlener Zimt
1 TL	getrocknete Pfefferminzblätter
4 bis 5 EL	gehackte Petersilie
Etwa 2 EL	Essig
	Joghurt (nach Belieben)

	Füllung
250 g	mageres Lamm- oder Rindfleisch, durch den Fleischwolf gedreht
1	kleine Zwiebel, gerieben
1 TL	Salz
1/4 TL	frisch gemahlener Pfeffer
1/4 TL	gemahlener Zimt

Für den Teig zunächst das Mehl mit dem Salz in eine Schüssel sieben. In die Mitte eine Mulde drücken, nach und nach 8 cl Wasser hineingeben und mit einer Gabel oder mit den Händen gut vermischen. Auf eine bemehlte Arbeitsfläche geben und zu einem glatten Teig verkneten. Den Teig wieder in die Schüssel legen, mit einem Tuch bedecken und 10 Minuten ruhen lassen.

Für die Füllung alle Zutaten miteinander vermischen.

Den Teig in drei Portionen teilen. Eine Teigportion auf einer bemehlten Arbeitsfläche zu einer runden Platte von etwa 30 bis 35 cm Durchmesser ausrollen und in kleine, etwa 4 cm große Quadrate schneiden. Auf jedes Teigquadrat 1/2 TL Füllung geben, ein zweites Teigquadrat darauflegen und die Ränder mit den Fingern oder einer Gabel gut zusammendrücken. Auf diese Weise fortfahren, bis der Teig und die Füllung verbraucht sind.

Das restliche Wasser leicht salzen, zum Kochen bringen und die Ravioli darin kochen, bis sie gar sind. Kurz vor Ende der Garzeit den Zimt mit der Minze vermischen und zusammen mit der Petersilie zu den Ravioli in das Wasser geben. Den Topf von der Kochstelle nehmen. Die Suppe mit Essig abschmecken und nach Belieben Joghurt einrühren.

MAIDEH MAZDA
IN A PERSIAN KITCHEN

Grüne Teigrollen

Rotolo Verde

Wie man eine Nudelteigrolle formt, wird auf S. 64 gezeigt. Hier werden aus dem Teig zwei Rollen geformt.

Die Füllung kann statt mit *ricotta*-Käse auch mit 150 g Bratwurstmasse zubereitet werden, die zusammen mit dem Spinat gegart wird. Die Fleischfüllung vermischt man anschließend mit 1 EL gehackter Petersilie und einer zerdrückten Knoblauchzehe und serviert die Teigrollen mit Tomatensauce.

	Für 4 Personen
250 g	Mehl
2	Eier
1 EL	Wasser
100 g	Butter
5 EL	frisch geriebener Parmesankäse

	Spinat-Quark-Füllung
1 kg	Spinat, gewaschen
40 g	Butter
250 g	*ricotta*-Käse oder Quark
3 EL	frisch geriebener Parmesankäse
	Salz und frisch gemahlener Pfeffer

Für die Füllung den Spinat nach dem Waschen nicht abtropfen lassen und in dem auf den Blättern verbliebenen Wasser garen. Dann abtropfen lassen, ausdrücken und hacken. In einer Bratpfanne die Butter braun werden lassen, den Spinat hineingeben und bei schwacher Hitze unter ständigem Rühren 5 Minuten garen. Den *ricotta* durch ein Sieb streichen. Den Spinat von der Kochstelle nehmen und *ricotta*, geriebenen Parmesankäse, Salz und Pfeffer unterrühren. Abkühlen lassen.

Für den Teig das Mehl auf ein Backbrett sieben, in die Mitte eine Mulde drücken und die Eier hineinschlagen. Das Wasser dazugeben und etwa 10 Minuten kneten, bis ein fester Teig entsteht. Den Teig in zwei Portionen teilen. Eine Hälfte in einen Plastikbeutel geben, damit der Teig nicht austrocknet. Die andere Hälfte zu einer Teigplatte von 25 cm Breite und 50 cm Länge ausrollen. Sie darf nicht länger sein als das Gefäß, in dem die Rollen gegart werden sollen.

Die Hälfte der Spinat-Käse-Füllung mit einem Spatel gleichmäßig auf dem ausgerollten Teigstreifen verteilen. Dann von der schmalen Seite her den Teigstreifen mit der Füllung einrollen. Die Rolle in ein Nesseltuch einschlagen und die Enden mit Küchengarn einwickeln. Die andere Teighälfte mit dem Rest der Füllmasse ebenso zu einer Rolle verarbeiten.

Einen tiefen ovalen Schmortopf oder Fischkessel mit Wasser füllen, Salz hinzufügen und zum Kochen bringen. Sobald das Wasser kocht, die Teigrollen hineingeben und 40 Minuten bis 1 Stunde garen. Die Rollen müssen immer mit Wasser bedeckt sein; eventuell kochendes Wasser nachgießen.

Die Butter bei schwacher Hitze zerlassen. Eine Rolle aus dem Wasser nehmen, das Tuch entfernen und die Rolle mit einem scharfen Messer in 1 cm dicke Scheiben schneiden. Die Scheiben in einen Schmortopf schichten, jede Schicht mit etwas zerlassener Butter beträufeln und mit geriebenem Parmesankäse bestreuen.

Auch die zweite Rolle aufschneiden und die Scheiben abwechselnd mit Butter und Parmesankäse in den Schmortopf schichten. Den Schmortopf in ein Wasserbad stellen und erhitzen. Dabei darauf achten, daß kein Wasser in den Schmortopf gelangt. Zugedeckt einige Minuten simmern lassen, damit die Teigscheiben das Aroma von Butter und Käse aufnehmen können. Das Gericht kann im Wasserbad bis zu 30 Minuten warm gehalten werden.

FERNANDA GOSETTI
IN CUCINA CON FERNANDA GOSETTI

Wareniki mit Sauerkraut und Pilzen

Vareniki with Cabbage and Mushrooms

Wareniki sind gefüllte Teigtaschen, die gewöhnlich eine dreieckige Form haben. Anleitungen für das Mischen, Kneten und Ausrollen von Nudelteig siehe S. 44.

	Für 6 Personen
500 g	Mehl
17 cl	kaltes Wasser
2	Eier
1/2 TL	Salz
	Sauerkraut-Pilz-Füllung
850 g	Sauerkraut, ausgedrückt, oder 1 kg frischer Weißkohl, Strunk entfernt und gehobelt
90 g	Butter
100 g	getrocknete Pilze, eingeweicht, in leicht gesalzenem Wasser blanchiert und gehackt, Garflüssigkeit aufbewahrt
2	Zwiebeln, feingehackt
	Salz und frisch gemahlener schwarzer Pfeffer

Aus Mehl, Wasser, Eiern und Salz einen glatten Teig kneten, der sich leicht ausrollen läßt und aus dem man kleine Teigtaschen formen kann, die die Füllung halten. Den Teig sehr dünn ausrollen und etwa 5 cm große Quadrate ausschneiden.

Für die Füllung zunächst 30 g Butter und die beiseite gestellte Garflüssigkeit der Pilze zu dem Sauerkraut oder zu dem Weißkohl geben und bei schwacher Hitze simmern lassen, bis das Kraut weich ist. Die Zwiebeln und Pilze in weiteren 30 g Butter 4 bis 5 Minuten sautieren und mit dem Sauerkraut oder dem Weißkohl vermengen. Mit Salz und Pfeffer würzen.

Auf jedes Teigquadrat 1 TL Füllung geben. Die Quadrate zu Dreiecken falten und die Ränder fest zusammendrücken.

Die Wareniki in einem großen Topf mit reichlich Salzwasser etwa 5 bis 6 Minuten simmern lassen, bis sie an der Oberfläche schwimmen. Den Schaum abschöpfen. Die Wareniki mit einem Schaumlöffel herausnehmen und in einem Sieb abtropfen lassen. In eine vorgewärmte Schüssel geben. Die restliche Butter zerlassen und über die Wareniki träufeln. Die Wareniki in der Butter wenden, damit sie nicht zusammenkleben, und servieren.

N. I. GEORGIEVSKY, M. E. MELMAN, E. A. SHADURA
UND A. S. SHEMJAKINSKY
UKRAINIAN CUISINE

Nudeln mit Gemüsefüllung

Tortelle di Piselli e di Faggioli Freschi

Bartolomeo Scappi war ein berühmter Koch des 16. Jahrhunderts, der für Papst Pius V. gearbeitet haben soll. Seine „Opera dell' Arte del Cucinare", 1610 in Venedig erschienen, ist das bekannteste und umfassendste Werk, das über die Küche der Renaissance Aufschluß gibt. Besonderen Ruhm hat es wegen seiner Illustrationen, die die vermutlich erste Abbildung einer Gabel einschließen, erlangt.

Die Zubereitung von Nudelteig wird auf S. 44 beschrieben. Wie man „tortellini" füllt, wird auf S. 54 gezeigt.

	Für 4 Personen
350 g	Nudelteig (S. 165)
2 EL	frisch geriebener Parmesankäse
1 EL	Zucker
1 TL	gemahlener Zimt
	Erbsen-Bohnen-Füllung
250 g	frische Erbsen, enthülst
250 g	frische grüne Bohnen, enthülst
1 3/4 l	Fleischbrühe (S. 166)
6	Frühlingszwiebeln, gehackt
30 g	Butter
2	Eigelb
1/2 TL	gemahlener Zimt
1/4 TL	gemahlene Nelken
1/2 TL	geriebene Muskatnuß
1 EL	Zucker
	Frisch gemahlener Pfeffer
30 g	Parmesankäse, frisch gerieben
60 g	frischer *ricotta-* oder *provatura-*Käse

Die Erbsen und Bohnen in der Fleischbrühe 15 Minuten kochen und dann abtropfen lassen; die Brühe auffangen und beiseite stellen. Die Erbsen und Bohnen im Mörser zerstoßen und anschließend durch ein Sieb passieren. Die Frühlingszwiebeln in wenig Butter kurz braten und mit dem Erbsen- und Bohnenpüree mischen. Eigelb, Zimt, Nelken, Muskat und Zucker hinzufügen. Mit etwas frisch gemahlenem Pfeffer abschmecken, den Käse hinzufügen und gut vermischen.

Aus dem ausgerollten Nudelteig Scheiben ausstechen, diese mit der Masse füllen und zu *tortellini* formen. Die *tortellini* in der Brühe 5 bis 10 Minuten kochen, mit Parmesankäse, Zucker und Zimt bestreuen und servieren.

BARTOLOMEO SCAPPI
OPERA DELL'ARTE DEL CUCINARE

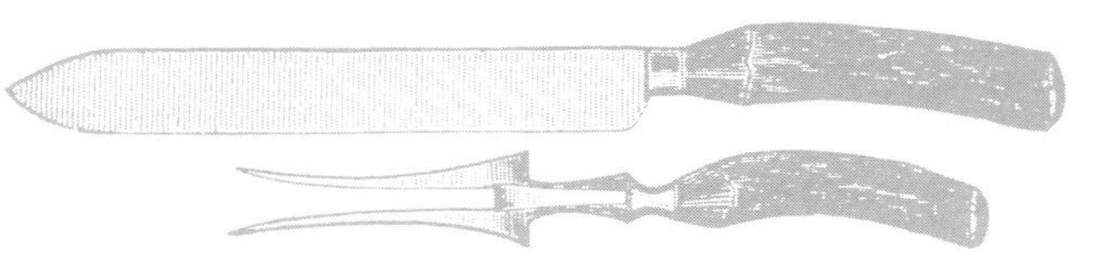

Klöße

Maismehlklöße

Cornmeal Dumplings

	Für 6 Personen
40 g	Maismehl
90 g	Mehl
1½ TL	Backpulver
½ TL	Salz
5 EL	Milch
1	Ei
2 EL	ausgelassenes Speckfett oder 30 g zerlassene Butter

Maismehl, Mehl, Backpulver und Salz in einer Schüssel vermischen. Die Milch und das Ei sowie das Speckfett oder die Butter unterrühren. Mit einem Eßlöffel Klöße abstechen und in einen Topf mit kochendem Gemüse oder Fleisch geben. In dem Topf sollte genügend Flüssigkeit und reichlich Gemüse oder Fleisch sein, damit die Klöße nicht auf den Topfboden sinken. Einen festschließenden Deckel auflegen und 15 Minuten simmern lassen. Die Klöße mit Gemüse oder Fleisch und ein wenig Garflüssigkeit servieren.

JEANNE A. VOLTZ
THE FLAVOR OF THE SOUTH

Kürbisklößchen

Gnocchi di Zucca alla Versiliese

Dies ist ein traditionelles Gericht aus der Küstenlandschaft Versilia in der Toskana. In und um Pietrasanta, der Hauptstadt von Versilia, wird das Gericht auch heute noch oft zubereitet.

Zu den Klößchen kann eine kräftige Fleischsauce gereicht werden. Sie schmecken jedoch besser, wenn sie – wie hier – nur mit Butter und Parmesan serviert werden.

	Für 6 bis 8 Personen
350 g	Kürbis, in walnußgroße Würfel geschnitten
4 EL	Wasser
	Salz
2	Eier
500 g	Mehl
60 g	Butter
45 g	Parmesankäse, frisch gerieben

Die Kürbiswürfel in einen großen Topf geben, das Wasser dazugeben und mit einer Prise Salz würzen. Unter gelegentlichem Rühren bei schwacher Hitze etwa 20 Minuten garen, bis das Kürbisfleisch zerfällt. Durch ein Sieb passieren und abkühlen lassen. Das Kürbispüree mit den Eiern und dem Mehl zu einer ziemlich dicken Paste verrühren. Sie sollte so fest sein, daß sie nicht vom Löffel gleitet. Mit einem Löffel kleine Klößchen abstechen und in kochendes Salzwasser geben. Garziehen lassen, bis sie an der Oberfläche schwimmen. Die Kürbisklößchen mit einem Schaumlöffel herausnehmen, in Butter und Parmesankäse wenden und servieren.

MARIÙ SALVATORI DE ZULIANI
LA CUCINA DI VERSILIA E GARFAGNANA

Litauische Teigbällchen

Kołduny Litewskie

Statt Rindernierenfett kann man auch Talg nehmen. Wie man Nudelteig-Scheiben füllt und zu Taschen formt, wird auf S. 54 beschrieben.

Wenn die kleinen gefüllten Teigbällchen – *kołduny* – mit dem Messer zerteilt werden, läuft der Fleischsaft heraus. Sie sollten deshalb so klein sein, daß man sie im Ganzen essen kann. Für die Füllung eignet sich am besten zartes, saftiges Rinderfilet.

	Für 4 Personen
250 g	Mehl
2	Eier
4 EL	Wasser
	Salz
1 l	Brühe (S. 166)
	Füllung
250 g	rohes Fleisch, feingehackt
250 g	Rindernierenfett, gehackt
	Salz und frisch gemahlener Pfeffer
	Majoran
1	Zwiebel, gerieben

Das Mehl auf ein Backbrett häufen. Eine Mulde hineindrücken und die Eier und etwas Wasser in die Mitte geben. Mit den Händen zu einem Teig verarbeiten. Nach und nach das restliche Wasser hinzufügen und den Teig gut kneten. Dünn ausrollen und Scheiben von 5 cm Durchmesser ausschneiden.

Für die Füllung zunächst Fleisch und Fett in einer Schüssel mischen. Mit Salz, Pfeffer und Majoran würzen. Die Zwiebel ganz kurz in etwas kochender Brühe blanchieren, mit einem Schöpflöffel herausnehmen und mit dem Fleisch vermischen.

Auf jede Teigscheibe etwas Fleischfüllung geben. Eine Teighälfte über die andere klappen. Die Ränder etwas anfeuchten und fest zusammendrücken. Die Brühe wieder zum Kochen bringen. Die Teigbällchen hineingeben und gar kochen. Im Topf servieren. Die *kołduny* sind so saftig, daß weder Butter noch Sauce dazu gereicht werden müssen.

MARIA DISSLOWA
JAK GOTOWAC

Gemüseklöße

Gnocchi à la Niçarde

	Für 6 bis 8 Personen
200 g	Spinat, Stiele entfernt, feingehackt
200 g	Mangold, Stiele entfernt, feingehackt
200 g	Kopfsalat, feingehackt
	Salz
1 kg	Mehl
1 EL	Olivenöl
2	Eier
50 g	Parmesankäse, frisch gerieben
30 g	Butter, zerlassen

Den Spinat, Mangold und Salat salzen, 30 Minuten stehenlassen und anschließend gut ausdrücken.

Das Mehl mit einer Prise Salz, Olivenöl, Eiern, dem ausgedrückten Gemüse und zwei Dritteln des Parmesankäses zu einem geschmeidigen Teig verrühren. Eventuell etwas Wasser hinzufügen. 30 Minuten stehenlassen.

Die Hände leicht mit Mehl bestäuben und kleine Klöße formen. Die Gemüseklöße in reichlich kochendem Salzwasser zugedeckt 20 Minuten garziehen lassen. Anschließend abtropfen lassen und auf eine vorgewärmte Platte geben. Mit heißer Butter beträufeln und den restlichen Parmesankäse darüberstreuen.

Man kann auch die Klöße in einer provenzalischen Rindfleisch-*daube* servieren und mit Käse bestreuen.

C. CHANOT-BULLIER
VIEILLES RECETTES DE CUISINE PROVENÇALE

Gekochtes Rindfleisch mit Klößen

Boiled Beef with Hodgils

„Hodgil" ist ein altes englisches Wort für Grenze: Das Rindfleisch wird in einem Kranz von Hafermehl-Klößen, also von Klößen „umgrenzt", serviert.

	Für 6 Personen
1½ bis 2 kg	gepökeltes Rindfleisch, über Nacht gewässert
1	Lorbeerblatt
750 g	Möhren, geputzt und in Viertel geschnitten
500 g	Zwiebeln, gehackt
350 g	Pastinaken oder Steckrüben, geschält und in Stücke geschnitten
	Hafermehl-Klöße
250 g	Hafermehl
1 EL	feingehackter Schnittlauch
	Salz und frisch gemahlener Pfeffer

Um die Garzeit zu bestimmen, muß das Fleisch gewogen werden. Die Grundgarzeit beträgt 25 Minuten. Für jedes Pfund Fleisch rechnet man dann noch einmal 25 Minuten Garzeit dazu.

Das Fleisch mit dem Lorbeerblatt in einen großen Topf geben, mit kaltem Wasser bedecken und langsam zum Kochen bringen. Den Deckel auflegen, die Temperatur herunterschalten und simmern lassen. 1½ Stunden vor Ende der Garzeit die Möhren, Zwiebeln und Pastinaken in den Topf geben.

Für die Klöße das Hafermehl mit dem Schnittlauch und reichlich Salz und Pfeffer vermischen. Von der Fleischgarflüssigkeit das Fett abschöpfen und damit das Hafermehl binden. Von der Masse etwa zehn Bällchen formen, 20 Minuten stehenlassen und dann zusammen mit dem Fleisch 15 Minuten garen.

Das Fleisch mit den Gemüsen und den Klößen servieren. Die Garflüssigkeit eventuell nachwürzen und als Sauce dazureichen.

JANET WARREN
A FEAST OF SCOTLAND

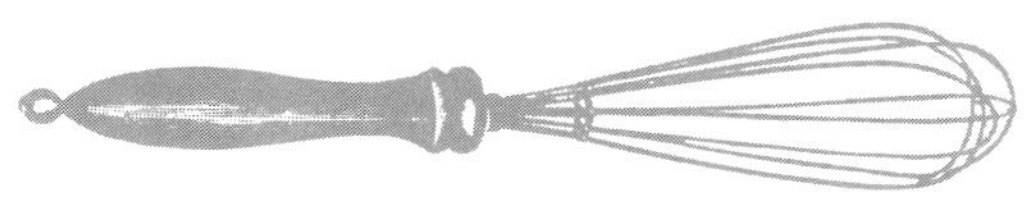

Spinat-Käse-Klöße

Les Caillettes

„Brousse" ist ein frischer, ungesalzener Schafskäse aus der Provence, der dem italienischen „ricotta" entspricht, den man statt des „brousse" auch verwenden kann. Die Klöße können auch flachgedrückt in Öl gebraten werden. Die gekochten oder gebratenen Klöße werden mit brauner Butter oder Tomatensauce überzogen. Man kann die gekochten Klöße auch in eine mit Butter ausgestrichene Form geben, mit Sahne oder Tomatensauce überziehen, mit Parmesankäse bestreuen und im vorgeheizten Backofen bei 200° C (Gasherd Stufe 3–4) 10 bis 15 Minuten überbacken.

	Für 6 Personen
500 g	Spinat, Stiele entfernt, gewaschen, abgetropft und gehackt
500 g	*brousse*-Käse
1 EL	feingehackte Petersilie
1	Knoblauchzehe, feingehackt
30 g	Butter
250 g	Mehl
	Salz
3	Eier

Den Spinat in Butter sautieren, bis er eingefallen und die Flüssigkeit verdampft ist. Anschließend abkühlen lassen.

Den Käse, die Hälfte des Mehls, den Spinat, die Petersilie, den Knoblauch und eine Prise Salz vermischen. Die Eier hinzufügen, gut vermischen und dann nach und nach Mehl einstreuen, bis ein fester, aber geschmeidiger Teig entsteht. 12 bis 15 Klöße abstechen und zu dicken, kurzen Würstchen formen. Die Klöße in dem restlichen Mehl wenden und in kochendes Wasser geben. Den Deckel auflegen und 15 Minuten simmern lassen; dann herausnehmen und abtropfen lassen.

C. CHANOT-BULLIER
VIEILLES RECETTES DE CUISINE PROVENÇALE

Klöße mit gepökeltem Schweinefleisch

La Mique

Dieses sättigende rustikale Gericht ist eine Spezialität der südfranzösischen Stadt Sarlat-La Canéda im Périgord im Südwesten Frankreichs.

	Für 6 Personen
750 g	gepökeltes Schweinefleisch, in 6 Portionen geteilt, 12 Stunden gewässert, dabei mehrmals das Wasser gewechselt
250 g	altbackenes Weißbrot mit Kruste, in Würfel geschnitten
100 g	frische Schweineflomen, in Würfel geschnitten
Etwa 8 cl	warme Milch, Fleischbrühe (S. 166) oder Wasser
	Salz und frisch gemahlener Pfeffer
1 TL	Backpulver
3	Eier
1 EL	ausgelassenes Schweine- oder Gänsefett oder Öl
150 g	Mehl
125 g	Weißkohl, grobgehackt
1	Zwiebel, in Viertel geschnitten
1	weiße Rübe, geschält und grobgehackt
1	Porree, grobgehackt
125 g	Mangold, Rippen entfernt, grobgehackt
2	Stengel Bleichsellerie, grobgehackt
1 TL	gemahlene Nelken

Die Brot- und Flomenwürfel in eine Schüssel geben. So viel warme Milch, Brühe oder Wasser darübergießen, daß die Brotwürfel feucht, aber nicht breiig werden. Mit Salz und Pfeffer würzen und das Backpulver hinzufügen.

Die Eier leicht schlagen und das Gänse- bzw. Schweinefett oder das Öl unterrühren. Die Ei-Masse mit den Brot- und Speckwürfeln vermischen. Etwas Mehl darüberstreuen und durch vorsichtiges Schütteln der Schüssel die Masse binden, so daß sie fest, aber dennoch geschmeidig ist; die Masse nicht mit den Händen oder einem Löffel rühren. Wenn sich die Masse vom Rand der Schüssel löst, einen eiförmigen Kloß formen, mit Mehl bestäuben und mit einem Tuch bedecken.

Das gepökelte Schweinefleisch und die Gemüse in reichlich Wasser 1½ Stunden kochen. Etwa 45 Minuten vor Ende der Garzeit den Kloß dazugeben und nach 20 Minuten mit einem Schaumlöffel wenden. Der Kloß sollte nach dem Garen etwa zur doppelten Größe aufgegangen sein.

Den Kloß quer halbieren, auf einer Servierplatte anrichten, die Gemüse darumlegen und die Schweinefleischstücke über die Kloßhälften geben.

ZETTE GUINAUDEAU-FRANC
LES SECRETS DES FERMES EN PÉRIGORD NOIR

Kartoffelklöße

Strapachka

	Für 4 Personen
600 g	Kartoffeln, geschält und gerieben
300 g	Weizenvollkornmehl
1	Ei
	Salz
90 g	Schweineschmalz
100 g	durchwachsener Speck, in Würfel geschnitten
150 g	Quark

Aus geriebenen Kartoffeln, Mehl, Ei, ½ TL Salz und Schweineschmalz einen Teig kneten. Dann Klöße in der Größe von Eiern formen, in einen Topf mit reichlich kochendem Salzwasser geben und etwa 20 Minuten garziehen lassen, bis sie eine lockere Konsistenz haben und an der Oberfläche schwimmen. In einem Sieb abtropfen lassen und warm halten.

Den Speck knusprig braten, mit dem Schaumlöffel aus der Pfanne nehmen und die Klöße in dem ausgelassenen Fett wenden. Den Quark über die Klöße geben, den knusprig gebratenen Speck darüber verteilen und servieren.

JÓZSEF VENESZ
HUNGARIAN CUISINE

Klöße aus Hüttenkäse

Cottage Cheese Dumplings

Wenn der Hüttenkäse verhältnismäßig trocken ist, empfiehlt es sich, etwas weniger Hartweizengrieß zu der Käse-Grieß-Mischung zu geben.

	Für 4 bis 6 Personen
750 g	Hüttenkäse, durch ein Sieb gestrichen
4	Eier
150 g	Hartweizengrieß
	Salz
60 g	Schweineschmalz
140 g	frische Weißbrotbrösel
20 cl	saure Sahne

Den Hüttenkäse mit den Eiern, dem Hartweizengrieß und etwas Salz vermischen. Etwa 1 Stunde stehenlassen, damit der Hartweizengrieß weich werden kann. Anschließend mit nassen Händen 20 Klöße jeweils von der Größe eines Eis aus der Masse formen. Die Klöße in gesalzenem Wasser etwa 15 Minuten kochen, bis sie fest und gar sind.

Inzwischen das Schweineschmalz erhitzen und die Brotbrösel darin goldgelb braten. Die Klöße in den Brotbröseln wenden und mit saurer Sahne servieren.

JÓZSEF VENESZ
HUNGARIAN CUISINE

Weißkohlklöße

Cabbage Dumplings

Für 4 Personen

500 g	Weißkohl, Strunk entfernt und gehobelt
4	Brötchen
325 g	Butter
60 cl	Milch
2	Eier
4	Eigelb
100 g	Mehl
1 TL	Salz
60 g	Schweineschmalz
100 g	Greyerzer Käse, frisch gerieben

Zwei Brötchen in Würfel schneiden und in 60 g Butter goldbraun braten. Die beiden übrigen Semmeln in kleine Stücke brechen und in Milch einweichen.

200 g Butter cremig rühren, dann mit den ganzen Eiern und dem Eigelb, dem Mehl und Salz verrühren. Den Kohl etwa 10 Minuten in dem Schweineschmalz dünsten, bis er weich ist; dann mit der Eimasse vermischen. Die eingeweichten Brötchen ausdrücken und zusammen mit den Croûtons zu der Kohl-Ei-Masse geben. Gut vermengen und Klöße in der Größe von Eiern formen, in kochendes Wasser geben und etwa 15 Minuten garen.

Die restliche Butter zerlassen. Die Klöße abtropfen lassen, die Butter darüberträufeln und mit dem Käse bestreuen.

JÓZSEF VENESZ
HUNGARIAN CUISINE

Kartoffelklöße mit Käse

Zemiakové Halušky s Bryndzou

„Bryndze“ ist ein weicher Schafkäse. Er ähnelt dem „feta“ und ist trockener und schärfer als „ricotta“. Ersatzweise kann man auch 300 g Sahnequark oder 20 cl saure Sahne nehmen. Der geräucherte Speck kann durch Butter und der Schnittlauch durch Dill ersetzt werden.

Für 6 bis 8 Personen

1 kg	neue Kartoffeln, gerieben
300 g	Mehl
	Salz
	Kochendes Wasser
100 g	geräucherter durchwachsener Speck, in kleine Würfel geschnitten
250 g	*bryndze*, zerbröckelt
	Schnittlauch oder Dill, feingehackt

Die geriebenen Kartoffeln in eine große Rührschüssel geben. Mehl und eine Prise Salz hinzufügen und gut vermischen. Der fertige Teig sollte sich in einem Kloß vom Rand der Schüssel lösen. Den Teig auf ein Holzbrett legen, in kleine Stücke schneiden und diese Teigklöße in kochendes Wasser geben. Sobald sie an der Oberfläche schwimmen, mit einem Schaumlöffel herausnehmen und auf einer Servierplatte anrichten. Inzwischen den Speck braten. Über die Klöße den zerbröckelten Käse oder Sahnequark oder saure Sahne geben, dann mit Schnittlauch oder Dill garnieren. Die Speckwürfel mit dem ausgebratenen Fett darüber verteilen und sofort servieren.

VOJTECH ŠPANKO
SLOVENSKÁ KUCHÁRKA

Porreeklöße

Nioques aux Poireaux

Für 4 bis 6 Personen

500 g	Porree, geputzt und in 2 bis 3 mm dicke Scheiben geschnitten
3 l	Wasser
	Salz
250 g	Kartoffeln, geschält
3	Eier
	Frisch gemahlener Pfeffer
100 g	Mehl
250 g	Greyerzer Käse, gerieben
50 g	Butter, zerlassen, oder 4 EL Sahne

In einem großen Topf das Wasser zum Kochen bringen und etwas Salz hinzufügen. Die Porreescheiben 15 Minuten in dem Wasser garen. Anschließend mit einem Schaumlöffel herausnehmen und die Garflüssigkeit aufbewahren. Die Porreescheiben in ein Tuch wickeln, das Tuch drehen und so die überschüssige Flüssigkeit aus dem Porree herausdrücken. Dann die Scheiben hacken und in eine Schüssel geben.

Die Kartoffeln in dem Porreewasser 20 bis 25 Minuten kochen und abtropfen lassen – die Flüssigkeit wiederum aufbewahren. Die Kartoffeln pürieren. Das Kartoffelpüree mit dem Porree vermischen und die Eier nach und nach unterrühren. Mit Salz und Pfeffer würzen. Das Mehl löffelweise hinzufügen und die Masse zu einem festen, aber geschmeidigen Teig verkneten.

Ein Brett mit Mehl bestäuben und den Teig in lange fingerdicke Rollen ausrollen. In 3 cm lange Stücke schneiden und in der Hand so lange rollen, bis die Enden spitz sind. Das Gemüsewasser zum Kochen bringen, die Porreeklöße hineingeben und bei schwacher Hitze garziehen lassen. Sobald die Klöße an der Oberfläche schwimmen, sie mit dem Schaumlöffel herausnehmen und auf einem Tuch abtropfen lassen.

Die Klöße in eine mit Butter ausgestrichene feuerfeste Form schichten und über jede Lage eine Handvoll geriebenen Greyerzer Käse streuen. Zum Schluß etwas zerlassene Butter oder Sahne darübergeben und im vorgeheizten Backofen auf der obersten Schiene bei 240° C (Gasherd Stufe 5–6) in etwa 15 Minuten goldbraun überbacken. Heiß servieren.

PIERRE ANDROUET
LA CUISINE AU FROMAGE

Ganze Hülsenfrüchte

Fleischtopf mit weißen Bohnen

Mon Favori

Für 4 Personen

250 g	weiße Bohnen, über Nacht eingeweicht, abgetropft und 30 Minuten gekocht
300 g	mageres Schweinefleisch, in Würfel geschnitten
300 g	Kalbfleisch, in Würfel geschnitten
250 g	Geflügelklein
4	kleine geräucherte Kochwürste
30 g	Butter
2	Tomaten, durch ein Sieb gestrichen
	Salz

Die Butter in einem schweren Topf erhitzen. Das Schweinefleisch hineingeben und anbraten. Dann das Kalbfleisch, das Geflügelklein und die Würste hinzufügen und braten, bis das Fleisch goldbraun ist. Die halbgar gekochten Bohnen mit der Kochflüssigkeit in den Topf geben. Alle Zutaten sollen mit Flüssigkeit bedeckt sein. Dann die passierten Tomaten dazugeben, den Deckel auflegen und 3 Stunden bei schwacher Hitze simmern lassen. Vor dem Servieren mit Salz abschmecken.

ÉDOUARD NIGNON (HERAUSGEBER)
LE LIVRE DE CUISINE DE L'OUEST-ÉCLAIR

Weiße Bohnen in Sauce

Haricots Blancs en Sauce

Da die Bohnen Gifte enthalten können, sollte man sie sicherheitshalber vorkochen (siehe S. 78).

Für 10 Personen

600 g	weiße Bohnen, über Nacht eingeweicht und abgetropft
5	Zwiebeln, 2 davon gehackt, 3 in dünne Scheiben geschnitten
1/4 TL	Safranpulver, in 2 EL Wasser aufgelöst
200 g	Butter
1 TL	frisch gemahlener Pfeffer
6 EL	gehackte Petersilie
	Salz

Die Bohnen mit den gehackten Zwiebeln, dem in Wasser aufgelösten Safran und der Butter in einen Schmortopf geben. Mit Wasser bedecken, zum Kochen bringen und zugedeckt etwa 2 Stunden simmern lassen, bis die Bohnen fast gar sind. Die Zwiebelscheiben, den Pfeffer und die Petersilie hinzufügen. Mit Salz würzen. Sobald die Zwiebeln weich sind, den Topf von der Kochstelle nehmen. Falls die Sauce zu dick ist, noch etwas Wasser dazugießen. In einer tiefen Schüssel sehr heiß servieren.

AHMED LAASRI
240 RECETTES DE CUISINE MAROCAINE

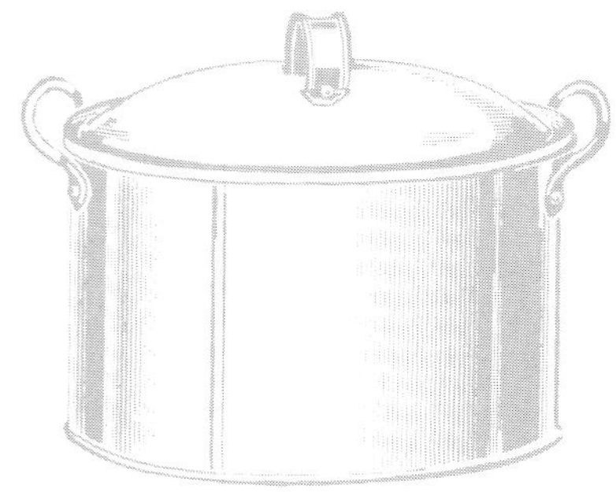

Weiße Bohnen

Da die Bohnen Gifte enthalten können, sollte man sie sicherheitshalber vorkochen (siehe S. 78).

Im Westfälischen werden weiße Bohnen häufig zusammen mit Äpfeln oder Birnen gegessen, die zuvor in etwas Wasser und Butter gedünstet wurden.

Für 6 bis 8 Personen

500 g	weiße Bohnen, über Nacht eingeweicht und abgetropft
1 l	Wasser
2	Lorbeerblätter
1	Bund Suppengrün (Möhre, Porree, Sellerie und Petersilie)
125 g	geräucherter durchwachsener Speck, in Würfel geschnitten
2	Zwiebeln, feingehackt
1	Knoblauchzehe, gehackt
	Salz und frisch gemahlener Pfeffer
	Majoran oder Thymian
1 EL	Weinessig oder Apfelessig (nach Belieben)

Die Bohnen mit dem kalten Wasser, den Lorbeerblättern und dem Suppengrün in einen Topf geben und 1 bis 1¼ Stunden simmern lassen, bis die Bohnen weich sind. In einem anderen Topf die Speckwürfel anbraten, die Zwiebeln und den Knoblauch hinzufügen und goldbraun braten. Das Suppengrün und die Lorbeerblätter herausnehmen. Die Bohnen mit der Garflüssigkeit zu dem Speck geben, mit Salz, Pfeffer, Majoran und nach Belieben Essig würzen und einige Minuten simmern lassen. Falls man die Bohnen lieber sämig ißt, passiert man einen Teil durch ein Sieb, bevor man sie mit dem Speck vermischt.

GRETE WILLINSKY
KOCHBUCH DER BÜCHERGILDE

Bohnenkerne

Für 4 Personen

500 g	weiße Bohnen, über Nacht eingeweicht und abgetropft
1	Lorbeerblatt
	Salz
50 g	geräucherter durchwachsener Speck, in Würfel geschnitten
1	Zwiebel, in Scheiben geschnitten
60 g	Butter
500 g	Tomaten, in Scheiben geschnitten
50 g	Greyerzer Käse, frisch gerieben

Die Bohnen mit dem Lorbeerblatt in gesalzenem Wasser etwa 2 Stunden kochen, bis sie weich sind, und mit Salz abschmecken. Den Speck und die Zwiebel in der Hälfte der Butter goldbraun braten. In eine mit Butter ausgestrichene feuerfeste Form abwechselnd Bohnen, Tomatenscheiben, den Speck und die Zwiebelringe füllen. Die restliche Butter in Flöckchen darüber verteilen, mit dem Käse bestreuen und im vorgeheizten Backofen bei 180° C (Gasherd Stufe 2–3) überbacken, bis die Oberfläche braun und knusprig ist.

ELIZABETH SCHULER
MEIN KOCHBUCH

Weiße Bohnen mit Kürbis

Haricot Beans in Spiced Pumpkin Sauce

Für dieses Gericht werden die Bohnen in sehr wenig Wasser gekocht, da der Kürbis und die Tomaten noch Flüssigkeit abgeben. Zu den weißen Bohnen können Teigwaren aus Vollkornmehl gereicht werden.

Für 4 Personen

250 g	weiße Bohnen, über Nacht eingeweicht und abgetropft
60 cl	Wasser
1 kg	Kürbis, geschält, entkernt und gehackt
1	große Zwiebel, feingehackt
1	Knoblauchzehe, feingehackt
1 EL	feingehacktes Bohnenkraut
2 EL	Tomatenpüree
250 g	Tomaten, abgezogen und halbiert

Die Bohnen in 60 cl Wasser 15 Minuten kochen. Kürbis, Zwiebel, Knoblauch, Bohnenkraut und Tomatenpüree dazugeben. Den Deckel wieder auflegen und 1½ Stunden simmern lassen.

Die halbierten Tomaten über einem Sieb vorsichtig ausdrücken, die Kerne mit dem Holzlöffel im Sieb auspressen und den Saft auffangen. Diesen zu den Bohnen gießen und zugedeckt weitere 30 Minuten garen.

Das feste Tomatenfleisch in Streifen schneiden und erst kurz vor dem Servieren in den Topf geben; die Streifen sollen nur heiß werden, nicht aber zerfallen.

GAIL DUFF
GAIL DUFF'S VEGETARIAN COOKBOOK

Ägyptische braune Bohnen

Ful Medames

„Hamine"-Eier sind zusammen mit Zwiebelschalen sehr hart gekochte Eier. Man läßt sie mindestens 6 Stunden mit mehreren Zwiebelschalen bei ganz schwacher Hitze simmern. Damit das Wasser nicht so schnell verdampft, fügt man etwas Öl hinzu. Ackerbohnen haben eine zähe, bittere Haut, die nach dem Einweichen oder Kochen abgezogen werden sollte.

Ful medames, dessen Erfindung die Kopten für sich in Anspruch nehmen, gab es schon in vorislamischer Zeit.

Für 6 Personen

1 kg	Ackerbohnen, über Nacht eingeweicht und abgetropft
	Salz
2 bis 4	Knoblauchzehen, zerdrückt (nach Belieben)
6	*hamine*-Eier oder hartgekochte Eier
8 EL	gehackte Petersilie
	Olivenöl
3	Zitronen, in Viertel geschnitten
	Frisch gemahlener schwarzer Pfeffer

In einem großen Topf die Bohnen in frischem, ungesalzenem Wasser in etwa 2 Stunden garkochen; sie dürfen nicht zu weich werden. Abtropfen lassen, mit Salz und nach Belieben mit Knoblauch würzen (oder den Knoblauch in einem Schälchen getrennt dazu reichen).

Die Bohnen in Suppentellern servieren, auf jeden Teller ein *hamine*-Ei oder anderes hartgekochtes Ei legen und mit gehackter Petersilie bestreuen. Dazu Olivenöl, Zitronenviertel, Salz und frisch gemahlenen schwarzen Pfeffer reichen, so daß jeder die Bohnen nach Belieben würzen kann. Am besten schmeckt *ful medames,* wenn man die Eier auf dem Teller mit einer Gabel zerdrückt und mit den Bohnen vermischt.

CLAUDIA RODEN
A BOOK OF MIDDLE EASTERN FOOD

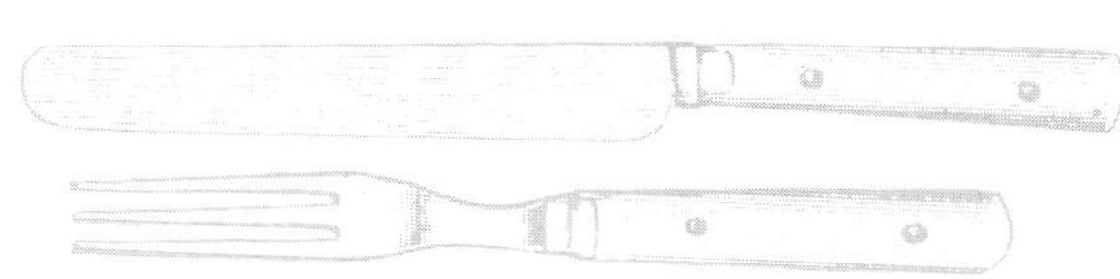

Amerikanischer Bohneneintopf

Cowpoke Beans

Das in diesem Rezept verlangte amerikanische Chilipulver ist eine Mischung aus Chili- und Paprikapulver und viel weniger scharf als das bei uns normalerweise erhältliche Chilipulver. Ersatzweise kann man eine Mischung aus Cayennepfeffer und Paprikapulver verwenden.

	Für 6 bis 8 Personen
500 g	Pintobohnen oder rote Kidneybohnen, über Nacht eingeweicht und abgetropft
1	Schinkenknochen
1	rote Chilischote (nach Belieben)
2 TL	Salz
125 g	Rindertalg, gehackt
1	große Zwiebel, gehackt
1	Knoblauchzehe, gehackt
4	reife Tomaten, abgezogen, entkernt und gehackt
6 EL	gehackte Petersilie
½ TL	gemahlener Kreuzkümmel
½ TL	getrockneter Majoran
1½ EL	amerikanisches Chilipulver

Die Bohnen in einen Topf geben und mit kaltem Wasser bedecken. Den Schinkenknochen, nach Belieben die Chilischote und 1 TL Salz hinzufügen und zum Kochen bringen. Nach 10 Minuten die Temperatur herunterschalten, den Deckel auflegen und etwa 2 bis 3 Stunden simmern lassen, bis die Bohnen gar sind. Die Bohnen abtropfen lassen und die Garflüssigkeit aufbewahren.

In einer großen Pfanne den Rindertalg erhitzen, Zwiebel und Knoblauch hinzufügen und unter Rühren 5 Minuten braten, bis die Zwiebelstücke Farbe annehmen. Dann Tomaten, Petersilie, ¼ l der Garflüssigkeit, 1 TL Salz und die restlichen Zutaten in die Pfanne geben. Bei schwacher Hitze unter gelegentlichem Rühren 45 Minuten garen. Die Bohnen hinzufügen und weitere 20 Minuten zugedeckt simmern lassen.

THE EDITORS OF
THE AMERICAN HERITAGE COOKBOOK

Bohnen mit Schweineschwarte

Haricots aux Couennes

Da getrocknete Bohnen Gifte enthalten können, sollte man sie vorkochen (siehe S. 78). Statt getrockneter Bohnen kann man auch frische nehmen. Frische Bohnen brauchen nicht eingeweicht zu werden. Sie werden in ungesalzenes kochendes Wasser gegeben und 1 bis 2 Stunden gegart, bis sie weich sind.

	Für 4 Personen
250 g	weiße Bohnen, über Nacht eingeweicht und abgetropft
125 g	frische Schweineschwarte
2	Zwiebeln, gehackt
2	Möhren, gehackt
1	Knoblauchzehe, gehackt
2 EL	gehackte Petersilie
30 g	frisches Schweinefett
	Salz und frisch gemahlener Pfeffer
2	Tomaten, abgezogen, entkernt und gehackt

Die Bohnen und die Schweineschwarte mit frischem kalten Wasser bedecken und zum Kochen bringen. Die Zwiebeln und Möhren dazugeben und etwa 2 Stunden zugedeckt simmern lassen, bis die Bohnen und die Schweineschwarten gar sind.

Etwa ½ Stunde vor Ende der Garzeit den Knoblauch, die Petersilie und das Schweinefett hinzufügen und mit Salz und frisch gemahlenem Pfeffer würzen. Die Tomaten erst kurz vor dem Servieren in den Topf geben.

ZETTE GUINAUDEAU-FRANC
LES SECRETS DES FERMES EN PÉRIGORD NOIR

Pintobohnen auf Rancher-Art

T-Dart Pinto Beans

Da die Bohnen Gifte enthalten können, sollte man sie sicherheitshalber vorkochen (siehe S. 78).

	Für 8 Personen
1 kg	Pintobohnen, 12 Stunden eingeweicht und abgetropft
1 kg	Rinderhackfleisch
200 g	Zwiebeln, gehackt
1	Knoblauchzehe, zerdrückt
1 bis 2 TL	Salz
	Oregano
1	getrocknete rote Chilischote, zerstoßen
50 g	ausgelassenes Speckfett

Die abgetropften Bohnen mit frischem Wasser bedecken und anschließend zum Kochen bringen. Die Temperatur herunterschalten und schwach simmern lassen. Das Hackfleisch mit den

Zwiebeln, dem Knoblauch, 1 TL Salz, einer Prise Oregano und der zerstoßenen Chilischote vermischen. Das Speckfett in einer Bratpfanne erhitzen und das Hackfleisch im Fett braunbraten. Zu den Bohnen geben und halb zugedeckt 4 Stunden simmern lassen. Zum Schluß eventuell noch Salz hinzufügen.

CLEMENTINE PADDLEFORD
THE BEST IN AMERICAN COOKING

Chili con Carne

Chile con Carne

Da die Bohnen Gifte enthalten können, sollte man sie vorkochen (siehe S. 78). Das in diesem Rezept verlangte amerikanische Chilipulver ist eine Mischung aus Chili- und Paprikapulver und viel weniger scharf als das bei uns normalerweise erhältliche Chilipulver. Ersatzweise kann man aber auch eine Mischung aus Cayennepfeffer und Paprikapulver verwenden.

	Für 8 Personen
500 g	Bohnen (Pintobohnen, rote Kidneybohnen oder ähnliche Sorten), über Nacht eingeweicht und abgetropft
1 kg	mageres Rinderschmorfleisch, in Würfel geschnitten
2	Lorbeerblätter
2	große Zwiebeln, in Scheiben geschnitten
1	Knoblauchzehe, feingehackt
2 EL	Öl
5	Tomaten, abgezogen und püriert
2 TL	Salz
1 EL	Maisstärke oder 2 EL Maismehl
Je 1/4 TL	getrockneter Oregano, Salbei und gemahlener Kreuzkümmel
1 1/2 TL	frisch gemahlener schwarzer Pfeffer
1 EL	amerikanisches Chilipulver

Die Bohnen mit dem Fleisch in einen Topf geben, mit Wasser bedecken und zum Kochen bringen. Die Lorbeerblätter, die Zwiebeln und den Knoblauch dazugeben.

Wenn die Bohnen nach etwa 2 Stunden gar sind, das Öl in einer Bratpfanne erhitzen und die pürierten Tomaten, Salz, Maisstärke oder Maismehl, Kräuter und Gewürze unter Rühren dazugeben. Gut vermischen und 5 Minuten simmern lassen. Anschließend die Mischung zu den Bohnen geben, gut verrühren und noch eine weitere Stunde simmern lassen.

GEORGE C. BOOTH
THE FOOD AND DRINK OF MEXICO

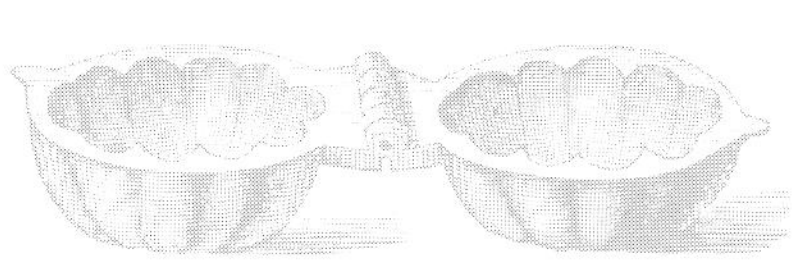

Weiße Bohnen scharf gewürzt

La Loubia

Da die Bohnen Gifte enthalten können, sollte man sie sicherheitshalber vorkochen (siehe S. 78).

	Für 6 Personen
1 kg	weiße Bohnen, über Nacht eingeweicht und abgetropft
4	Knoblauchzehen
	Gemahlener Kreuzkümmel
1 TL	Paprika
2	Nelken
	Salz
1	kleine rote Chilischote
1 EL	Olivenöl

Die Bohnen etwa $1\frac{1}{2}$ Stunden in ungesalzenem Wasser garen. In der Zwischenzeit den Knoblauch zusammen mit einer kräftigen Prise Kreuzkümmel, Paprika, Nelken, etwas Salz und der Chilischote im Mörser zerstoßen. Das Olivenöl hinzufügen und mit den Bohnen vermischen. Mit Salz abschmecken und noch etwa 20 Minuten garen, bis die Bohnen weich sind.

LÉON ISNARD
LA CUISINE FRANÇAISE ET AFRICAINE

Rote Kidneybohnen

Haricots Rouges

	Für 6 Personen
750 g	rote Kidneybohnen, über Nacht eingeweicht und abgetropft
	Salz und frisch gemahlener Pfeffer
200 g	durchwachsener Speck, Schwarte entfernt, in 2,5 mal 0,5 cm große Stücke geschnitten
1 EL	Öl oder Butter
15 g	Mehl
30 cl	Rotwein
20 cl	Wasser
30 g	Butter, in kleine Stücke geschnitten

Die Bohnen mit Wasser bedecken, 10 Minuten kochen, dann den Deckel auflegen und bei schwacher Hitze 2 Stunden simmern lassen, bis sie weich sind. Nach Belieben Salz hinzufügen.

Inzwischen den Speck 5 Minuten blanchieren. Abtropfen lassen und anschließend in einem schweren, 2 l fassenden Topf in Öl von allen Seiten anbraten. Das Mehl dazugeben und 3 Minuten bei mittlerer Hitze mit einem Holzlöffel rühren. Wein, Wasser, Salz und Pfeffer hinzufügen und 25 Minuten simmern lassen. Die Bohnen abtropfen lassen und in den Topf geben. Die Butterstückchen dazugeben und den Topf schwenken, bis die Butter geschmolzen ist. Sofort servieren.

JULES GOUFFÉ
LE LIVRE DE CUISINE

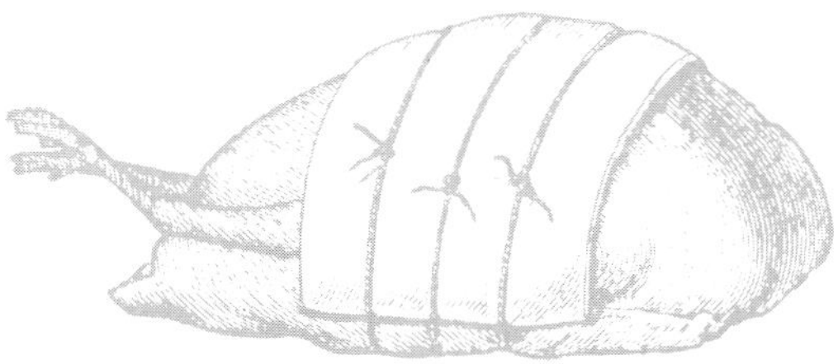

Pikante Bohnen

Frijoles a la Charra

Da die Bohnen Gifte enthalten können, sollte man sie sicherheitshalber vorkochen (siehe S. 78).

Der mexikanische Name dieses Gerichtes bedeutet soviel wie „Bohnen nach Art der *charro*-Frauen". (*Charros* heißen in Mexiko elegante Männer zu Pferde.) Die grünen Chilischoten und der Koriander geben diesem Bohnengericht das interessante, unverwechselbare Aroma.

	Für 6 Personen
250 g	Pintobohnen, über Nacht eingeweicht und abgetropft
125 g	frische Schweineschwarte, in kleine Vierecke geschnitten
1/4	Zwiebel, in Scheiben geschnitten
2	kleine Knoblauchzehen, abgezogen und in dünne Scheiben geschnitten
1 1/2 l	Wasser
1 1/4 TL	Salz
125 g	durchwachsener Speck, in kleine Stücke geschnitten
30 g	Schweineschmalz
350 g	Tomaten, abgezogen, entkernt und gehackt, Saft aufgefangen, oder Dosentomaten
3	grüne Chilischoten, feingehackt
2	große Stengel frischer Koriander

Die Schwartenstücke zusammen mit den Bohnen, der Zwiebel und dem Knoblauch in einen Bohnentopf oder einen großen Schmortopf geben. Das Wasser dazugießen und zum Kochen bringen. Die Temperatur herunterschalten und zugedeckt 1 1/2 Stunden simmern lassen. Die Bohnen salzen und im offenen Topf weitere 15 Minuten garen.

Den durchwachsenen Speck in dem Schweineschmalz bei schwacher Hitze hellbraun braten. Die Tomaten mit dem Saft und die übrigen Zutaten hinzufügen. 10 Minuten dünsten, bis sich die Aromen gut verbunden haben. Die Tomatenmischung mit den Bohnen vermischen und im offenen Topf bei schwacher Hitze etwa 15 Minuten kochen.

In kleine Schälchen verteilen und als Beilage zu gegrilltem Fleisch oder mit etwas mehr Flüssigkeit als Suppe servieren.

DIANA KENNEDY
CUISINES OF MEXICO

Balearischer Linseneintopf

Cocido de Lentejas

Dieses Rezept stammt aus Ibiza. „Butifarrón", eine balearische und katalanische Spezialität, ist eine leicht gewürzte Blutwurst, die Pinienkerne, Mandeln, Kreuzkümmel und Zimt enthält. „Butifarrón" erhält man in Delikateßläden, die spanische Spezialitäten führen. Ersatzweise kann man auch die bekanntere „chorizo"-Wurst nehmen.

	Für 4 Personen
350 g	Linsen
4 EL	Olivenöl
2	mittelgroße Zwiebeln, gehackt
6	Tomaten, abgezogen, entkernt und gehackt
2	Knoblauchzehen, abgezogen
6	Scheiben *butifarrón*
125 g	grüne Bohnen, geputzt und in 3 cm lange Stücke geschnitten
	Salz und frisch gemahlener Pfeffer
90 cl	Wasser
150 g	Kartoffeln, in Würfel geschnitten

Die Linsen mit Wasser bedecken, aufkochen lassen und das Wasser abgießen. Das Öl in einer Pfanne erhitzen und die Zwiebeln, Tomaten, Knoblauchzehen, *butifarrón* und die grünen Bohnen darin braten. Mit Salz und Pfeffer würzen. Das Wasser dazugießen und die Linsen und Kartoffeln hinzufügen. Den Deckel auflegen und 1 1/4 bis 1 1/2 Stunden simmern lassen, bis die Linsen gar sind und alle Flüssigkeit aufgesogen ist.

LUIS RIPOLL
COCINA DE LAS BALEARES

Gebratene Linsen

Lentejas Salteadas

	Für 4 Personen
350 g	braune Linsen oder Puy-Linsen
Etwa 1 l	kochendes Salzwasser
45 g	Butter
4 EL	gehackte Petersilie
1	Zitrone, Saft ausgepreßt
	Frisch gemahlener schwarzer Pfeffer
16	dreieckige Croûtons
4	hartgekochte Eier, in Scheiben geschnitten
8	Streifen durchwachsener Speck, knusprig gegrillt

Die Linsen in dem kochenden Salzwasser in etwa 1 Stunde garkochen. Abtropfen lassen. In einer schweren Bratpfanne die Butter zerlassen. Die Linsen hineingeben und, bis sie Farbe anzunehmen beginnen, braten. Petersilie, Zitronensaft und eine

Prise frisch gemahlenen schwarzen Pfeffer hinzufügen und unter häufigem Rühren weiterbraten, bis die Linsen braun sind. Mit den Croûtons, den Eierscheiben und den Speckstreifen garnieren und servieren.

MANUEL M. PUGA Y PARGA
LA COCINA PRÁCTICA

Hirse-Linsen-Brot

Millet Lentil Loaf

	Für 4 bis 6 Personen
200 g	Linsen, gekocht und abgetropft
90 g	Hirse, gekocht
2	Frühlingszwiebeln, in dünne Scheiben geschnitten
4 EL	Öl
100 g	Spinat, grobgehackt
2	Eier, geschlagen
2	Äpfel, geschält, entkernt und gerieben
1 EL	gemahlener Koriander
	Salz
1 EL	Zitronensaft

Den Backofen auf 180° C (Gasherd Stufe 2–3) vorheizen. Die Frühlingszwiebeln in dem Öl 1 Minute sautieren, dann den Spinat hinzufügen und 1 oder 2 Minuten garen. Die Hirse und die Linsen mit dem Spinat, den Frühlingszwiebeln und den übrigen Zutaten vermischen. In eine mit Öl ausgestrichene Kastenform geben und im vorgeheizten Backofen 30 bis 40 Minuten backen, bis das „Brot" fest und goldbraun ist.

NANCY ALBRIGHT
RODALE'S NATURALLY GREAT FOODS COOKBOOK

Linsen mit Backaprikosen

	Für 4 Personen
250 g	Linsen, 3 bis 4 Stunden eingeweicht, abgetropft, in frischem Wasser 45 Minuten gekocht und abgetropft
50 g	getrocknete Aprikosen, 15 Minuten in warmem Wasser eingeweicht und abgetropft
1	große Zwiebel, feingehackt
40 g	Butter
	Salz und frisch gemahlener Pfeffer
4	Walnüsse, gehackt
2 EL	gehackte Petersilie oder Korianderblätter

Die Aprikosen mit der gehackten Zwiebel in zerlassener Butter bei schwacher Hitze braten, bis sie anfangen, weich zu werden. Mit Salz und Pfeffer würzen. Die Mischung mit den gehackten Walnüssen und den gekochten Linsen in einen großen Topf geben und zusammen etwa 10 Minuten bei ganz schwacher Hitze ziehen lassen; das Gericht darf nicht trocken werden. Mit gehackter Petersilie oder Koriander bestreuen und servieren.

KULINARISCHE GERICHTE: ZU GAST BEI FREUNDEN

Rote Linsen auf indische Art

Masūr Dāl

	Für 4 Personen
200 g	rote Linsen, 1 Stunde eingeweicht und abgetropft
1 TL	Salz
2 EL	*ghee* oder geklärte Butter
2	Zwiebeln, gehackt
	Masala-Paste
1 TL	Kreuzkümmelkörner
1 TL	Mohn
1 TL	Paprikapulver oder Chilipulver
1 TL	Kurkumapulver
2 TL	Korianderkörner
6	Nelken
1	Zimtstange, etwa 5 cm lang
4	grüne Kardamomkapseln
90 g	Kokosnuß, geraspelt
4	schwarze Pfefferkörner
4	Knoblauchzehen

Die Linsen mit frischem Wasser bedecken, Salz hinzufügen und zum Kochen bringen. Bei mittlerer Hitze etwa 40 Minuten kochen lassen, bis die Linsen gar sind und das ganze Wasser aufgenommen haben. In der Zwischenzeit die Zutaten für die *masala*-Paste zerstoßen. *Ghee* oder geklärte Butter in einer Pfanne erhitzen und die Zwiebeln darin goldgelb braten. Die *masala*-Paste hinzufügen und noch einige Minuten braten. Kurz vor Ende der Garzeit den Inhalt der Pfanne zu den Linsen geben und verrühren. Sehr heiß mit Reis servieren.

JACK SANTA MARIA
INDIAN VEGETARIAN COOKERY

Löffelerbsen nach Berliner Art

Für 6 Personen

500 g	gelbe Erbsen, über Nacht eingeweicht und abgetropft
1	Zwiebel, gehackt
1	Stange Porree, gehackt
1	kleine Sellerieknolle, geraspelt
30 g	Schweineschmalz
500 g	Schweinsohr und -schnauze, abgesengt, 5 Minuten in kochendem Wasser blanchiert und in Würfel geschnitten
1 EL	Thymian oder Majoran
	Salz und frisch gemahlener Pfeffer
2	rohe Kartoffeln, in Würfel geschnitten

Die Zwiebel, den Porree und den Sellerie in einem großen Topf in Schweineschmalz braten. Die Erbsen hinzufügen, mit Wasser bedecken und zum Kochen bringen. Die Fleischwürfel und die Kräuter hinzufügen und mit Salz und Pfeffer würzen. Den Deckel auflegen und 40 Minuten simmern lassen. Die Kartoffeln hinzufügen und noch etwa 20 Minuten simmern lassen, bis die Kartoffeln und Erbsen gar sind. Frische Brötchen dazu reichen.

ELIZABETH SCHULER
MEIN KOCHBUCH

Mungobohnen mit Kapern und Zitrone

Mung Beans with Capers and Lemon

Für 4 Personen

250 g	Mungobohnen, 1 Stunde eingeweicht und abgetropft
60 cl	Wasser
4 EL	Olivenöl
2	mittelgroße Zwiebeln, feingehackt
1	Knoblauchzehe, gehackt
2 EL	gehackte Kapern
1	große Zitrone, Schale abgerieben, Saft ausgepreßt
4 EL	gehackte Petersilie

Die Bohnen in frischem Wasser 40 Minuten simmern lassen und, falls erforderlich, abtropfen lassen. Das Öl bei niedriger Temperatur in einem Schmortopf erhitzen und die Zwiebeln und den Knoblauch darin glasig braten. Bohnen, Kapern, abgeriebene Zitronenschale und Zitronensaft einrühren, den Deckel auflegen und 2 Minuten simmern lassen. Kurz vor dem Servieren die Petersilie untermischen.

GAIL DUFF
GAIL DUFF'S VEGETARIAN COOKBOOK

Sahne-Linsen mit Ochsenschwanz

Für 4 bis 6 Personen

500 g	kleine Linsen, über Nacht eingeweicht und abgespült
3 l	kräftige Fleischbrühe (S. 166)
2	große Zwiebeln, 1 mit Nelken besteckt und 1 in Scheiben geschnitten
3 EL	gehackter Schinken
400 g	Kartoffeln, geschält und in Stücke geschnitten
1	Ochsenschwanz, in Stücke geschnitten
2 EL	Öl
1	Knoblauchzehe, zerdrückt
1/2	Sellerieknolle, in Würfel geschnitten
1	Porree, in Streifen geschnitten
2	Möhren, in Scheiben geschnitten
2 EL	Tomatenpüree
1 l	Rotwein
1/4 l	dicke, saure Sahne
	Salz und frisch gemahlener Pfeffer

Die Linsen in der Fleischbrühe mit der gespickten Zwiebel, dem Schinken und den Kartoffeln etwa 45 bis 60 Minuten simmern lassen, bis die Linsen gar sind.

In einem anderen Topf die Ochsenschwanzstücke in Öl bei starker Hitze von allen Seiten anbraten. Nach etwa 10 Minuten den Knoblauch, Sellerie, Porree, die Möhren, Zwiebelscheiben und das Tomatenpüree dazugeben. Die Temperatur herunterschalten und unter gelegentlichem Rühren weitere 5 Minuten garen. Den Wein dazugießen und zugedeckt etwa 2 Stunden simmern lassen, bis das Fleisch gar ist. Die Ochsenschwanzstücke herausnehmen, das Fleisch von den Knochen lösen, solange es noch warm ist, und in Würfel schneiden. Die Fleischwürfel, das Gemüse und die Brühe zu den Linsen geben. Saure Sahne dazugießen und noch einmal aufkochen lassen. Vor dem Servieren mit Salz und Pfeffer abschmecken.

HANS KARL ADAM
DAS KOCHBUCH AUS SCHWABEN

Linsen mit Nudeln

Lentils with Rishta

Rezepte für „rishta" – frische Nudeln – finden sich schon in sehr alten arabischen Schriften. Sie können nach dem Rezept für Eiernudelteig (S. 165) hergestellt werden. Wie man den Teig knetet, ausrollt und schneidet, wird auf S. 44 und S. 48 gezeigt.

Wenn die Linsen ganz bleiben sollen, nimmt man braune Linsen. Für ein Püree verwendet man rote oder gelbe Linsen. Sie werden püriert, bevor man sie zu den Nudeln gibt.

	Für 4 Personen
250 bis 350 g	Linsen
350 g	*rishta*-Nudeln
2	Zwiebeln, feingehackt
2 EL	Öl
2 oder 3	Knoblauchzehen
1 TL	Korianderpulver
	Salz und frisch gemahlener Pfeffer
30 g	Butter

Die Linsen mit etwa 60 cl gesalzenem Wasser bedecken und ½ bis 1½ Stunden kochen, bis sie das ganze Wasser aufgenommen haben und weich sind. Gut abtropfen lassen und in einen großen Topf geben, in dem auch die Nudeln Platz haben.

Die Zwiebeln im Öl glasig braten, dann den Knoblauch und Koriander hinzufügen und bei schwacher Hitze noch 2 Minuten weiterbraten. Zu den Linsen geben und mit Salz und Pfeffer würzen. Die *rishta* in reichlich Salzwasser in etwa 5 Minuten bißfest kochen. Abtropfen lassen und mit den Linsen vermengen. Die Butter unterrühren und vermischen. Sehr heiß servieren.

CLAUDIA RODEN
A BOOK OF MIDDLE EASTERN FOOD

Hopping John

Dieses Gericht mit dem ungewöhnlichen Namen „Hinkender Hans" stammt aus dem Süden der Vereinigten Staaten. Am Neujahrstag vor 12 Uhr mittags gegessen, soll es Glück bringen.

	Für 6 Personen
250 g	Augenbohnen, über Nacht eingeweicht oder aufgekocht und 2 Stunden eingeweicht und abgetropft
1	Schinkeneisbein, gespalten
1	Zwiebel, gehackt
½ TL	Chilipulver (nach Belieben mehr)
200 g	Reis
1 TL	Salz

Das Schinkeneisbein, die Zwiebel und das Chilipulver in einen Topf geben und mit Wasser bedecken. Zum Kochen bringen und zugedeckt 30 Minuten simmern lassen. Die abgetropften Bohnen hinzufügen, eventuell etwas Wasser dazugießen, damit die Bohnen bedeckt sind. Den Deckel wieder auflegen und etwa 45 Minuten simmern lassen, bis die Bohnen gar sind. Falls notwendig, zwischendurch noch etwas Wasser nachgießen, damit die Bohnen nicht trocken werden. Den Reis und das Salz hinzufügen und kurz umrühren. Noch etwa 20 Minuten zugedeckt simmern lassen, bis der Reis gar ist. Bei Bedarf zwischendurch kochendes Wasser nachgießen. Heiß servieren.

JEANNE A. VOLTZ
THE FLAVOR OF THE SOUTH

Erbsen, scharf gewürzt

Amti

	Für 4 Personen
250 g	geschälte gelbe Erbsen *(channa dal)*, 1 Stunde eingeweicht und abgetropft
2 EL	*ghee*
½ TL	Senfkörner
3	grüne Chilischoten, entkernt und gehackt (nach Belieben)
1	Zwiebel, feingehackt
½ TL	Kurkumapulver
½ TL	Rosenpaprika oder Chilipulver
12	schwarze Pfefferkörner
1	Zimtstange, etwa 2,5 cm lang, zerbröckelt
4	Nelken
2	grüne Kardamomkapseln
1 EL	Zitronensaft
1 TL	Salz

Die Erbsen in 60 cl Wasser etwa 40 Minuten kochen, bis sie weich sind und das Wasser aufgenommen haben. *Ghee* erhitzen und darin die Senfkörner braten, bis sie in der Pfanne springen. Die Chilischoten und die Zwiebel dazugeben und goldgelb braten. Kurkuma und Paprika oder Chilipulver hinzufügen. Pfefferkörner, Zimt, Nelken und Kardamom im Mörser zerstoßen und in die Pfanne geben. 2 Minuten braten und mit den Erbsen vermischen. Mit Zitronensaft beträufeln und Salz hinzufügen. Einige Minuten bei schwacher Hitze garen. Heiß servieren.

JACK SANTA MARIA
INDIAN VEGETARIAN COOKERY

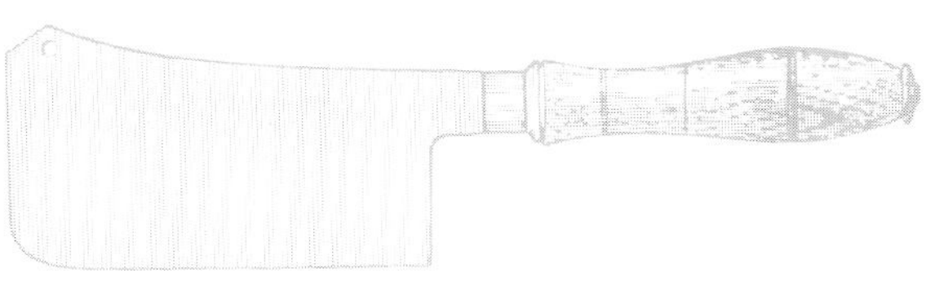

Hülsenfrüchte mit Kürbis

Tbikha à la Courge Rouge

Getrocknete dicke Bohnen haben eine zähe, bittere Haut, die nach dem Einweichen oder nach dem Garen abgezogen werden sollte. Auf S. 39 wird beschrieben, wie man eine „harissa"-Sauce zubereitet.

	Für 4 Personen
100 g	Kichererbsen, über Nacht eingeweicht und abgetropft
100 g	dicke Bohnen, über Nacht eingeweicht, abgetropft und abgezogen
500 g	Kürbis, geschält, entkernt und in Würfel geschnitten
2	Zwiebeln, in Stücke geschnitten
20 cl	Olivenöl
250 g	Tomaten, abgezogen, entkernt und püriert
1½ TL	*harissa*
1½ TL	Cayennepfeffer
½ l	Wasser
150 g	rote Paprikaschoten, entkernt und gehackt
1	Bund Petersilie
	Salz

In einem tiefen Schmortopf die Zwiebeln im Olivenöl glasig braten. Die pürierten Tomaten, *harissa*, Cayennepfeffer, die Kichererbsen und die dicken Bohnen dazugeben. Das Wasser dazugießen und zugedeckt bei mittlerer Hitze 2 bis 3 Stunden garen. Den Kürbis, die Paprikaschoten, die Petersilie und etwas Salz hinzufügen und weitere 30 Minuten bei schwacher Hitze garen, bis die Kürbisstücke weich, aber noch nicht zerfallen sind. Auf einer Servierplatte anrichten und sehr heiß servieren.

AHMED LAASRI
240 RECETTES DE CUISINE MAROCAINE

Auberginen mit Kichererbsen

Aubergines aux Pois Chiches Moronia

	Für 6 bis 8 Personen
250 g	Kichererbsen, über Nacht eingeweicht und abgetropft
1,5 kg	Auberginen, in 2 cm dicke Scheiben geschnitten, 30 Minuten in Salzwasser eingeweicht, abgetropft und trockengetupft
1 kg	Rippe oder Bug vom Rind
1 TL	Paprikapulver
4	Knoblauchzehen
Etwa 2 l	kaltes Wasser
15 cl	Öl
	Salz und frisch gemahlener Pfeffer

Rindfleisch, Kichererbsen, Paprika und Knoblauch in einen großen Topf geben und mit dem Wasser bedecken. Zum Kochen bringen, den Schaum abschöpfen, dann die Temperatur herunterschalten und halb zugedeckt 2 Stunden simmern lassen. Eventuell kochendes Wasser nachgießen.

Das Öl erhitzen und die Auberginenscheiben darin braten. Anschließend auf Küchenkrepp abtropfen lassen und dann auf das Fleisch und die Kichererbsen legen. Mit Salz und frisch gemahlenem Pfeffer würzen und im offenen Topf noch 1 Stunde garen. Die Flüssigkeit sollte bis auf einen kleinen Rest (etwa eine Schöpfkelle voll) einkochen.

IRÈNE UND LUCIENNE KARSENTY
LA CUISINE PIED-NOIR

Mungobohnen mit Schweinefleisch und Garnelen

Gulay Na Mongo

	Für 4 Personen
200 g	Mungobohnen, 1 Stunde in Wasser eingeweicht und abgetropft
150 g	Schweineschulter, in kleine Stücke geschnitten
150 g	Garnelen (große Nordseegarnelen oder Sägegarnelen), aus den Schalen gelöst und die schwarzen Eingeweide entfernt, zuerst längs, dann quer halbiert
1 l	Wasser
2	Knoblauchzehen, gehackt
30 g	Schweineschmalz
1	kleine Zwiebel, gehackt
4 EL	Tomatensaft
	Salz

Die Bohnen in dem Wasser in etwa 40 bis 60 Minuten garkochen; abtropfen lassen und warm halten. Die Knoblauchzehen im Schweineschmalz sautieren, dann die Zwiebelstücke dazugeben und unter Rühren glasig braten. Anschließend das Schweinefleisch hinzufügen und zugedeckt unter gelegentlichem Rühren etwa 30 Minuten garen; den Tomatensaft hinzugießen. Garnelen dazugeben, weitere 10 Minuten zugedeckt garen und schließlich die heißen Mungobohnen in den Topf geben. Gut umrühren und mit Salz abschmecken.

ALICE MILLER MITCHELL (HERAUSGEBERIN)
ORIENTAL COOKBOOK

Kichererbsen mit Paprika und Chillies

Chick Peas with Green Peppers and Chilis

Wenn grüne Chilischoten nicht erhältlich sind, kann man ersatzweise ½ TL Tabasco-Sauce nehmen, die man zusammen mit dem Zitronensaft zu den Erbsen gibt.

	Für 4 Personen
250 g	Kichererbsen, über Nacht eingeweicht und abgetropft
2	mittelgroße grüne Paprikaschoten, entkernt und in Würfel geschnitten
4	grüne Chilischoten, entkernt und feingehackt
3 EL	Olivenöl
1	große Knoblauchzehe, feingehackt
1	Zitrone, Saft ausgepreßt

Die Kichererbsen in einem großen Topf mit frischem Wasser bedecken und etwa 3 Stunden simmern lassen, bis sie weich sind. Gut abtropfen lassen. Das Öl in einer Bratpfanne erhitzen und die Paprika- und Chilischoten und den Knoblauch darin bei schwacher Hitze 5 Minuten braten. Die Kichererbsen dazugeben und braten, bis sie etwas braun werden. Den Zitronensaft dazugießen, aufkochen lassen und sofort servieren.

GAIL DUFF
GAIL DUFF'S VEGETARIAN COOKBOOK

Kichererbsen-Eintopf

Les Pois Chiches du Vendredi

Am Freitag werden im Languedoc, im Südwesten Frankreichs, traditionell Kichererbsen mit Stockfisch und Kartoffelpüree als Zeichen der „Buße" gegessen. Man sollte nie weniger als 500 g Kichererbsen kochen. Die Menge ist für 4 Personen etwas zuviel, aber die Reste können als Zutat für eine Suppe, einen Salat, eine Paella oder einen Couscous verwendet werden. Die Garflüssigkeit der Kichererbsen kann man als Suppe servieren, sie ist schmackhaft und regt die Verdauung an.

	Für 4 Personen
500 g	Kichererbsen, über Nacht eingeweicht und abgetropft
2	große Möhren, geputzt
1	große Zwiebel, mit 1 Nelke besteckt
3	Knoblauchzehen
4 EL	Olivenöl
	Salz
Etwa 1 EL	Weißweinessig
	Frisch gemahlener schwarzer Pfeffer

Die Kichererbsen gründlich abspülen, in einen großen, tiefen Topf geben und mit Wasser bedecken. Der Topf sollte so groß sein, daß er höchstens zu zwei Dritteln gefüllt ist. Die Möhren, die Zwiebel, den Knoblauch und 3 EL Olivenöl hineingeben, zum Kochen bringen und dann zugedeckt 2 Stunden simmern lassen. Das Mengenverhältnis von Wasser, Öl und Gemüsesäften darf sich während der Garzeit nicht verändern. Deshalb muß darauf geachtet werden, daß die Brühe nicht kocht. Mit etwas Salz würzen, den Deckel wieder auflegen und eine weitere Stunde garen lassen.

Die Kichererbsen abtropfen lassen, die Garflüssigkeit auffangen und die Möhren, Zwiebel und Knoblauch entfernen. Die Kichererbsen mit einem kleinen Teil der Garflüssigkeit, einem Schuß Essig, dem restlichen Olivenöl und etwas Pfeffer vermischen und heiß servieren.

ALBIN MARTY
FOURMIGUETTO: SOUVENIRS, CONTES ET RECETTES DU LANGUEDOC

Kichererbsen mit Kürbis

Garabanzos

	Für 6 bis 8 Personen
500 g	Kichererbsen, über Nacht eingeweicht und abgetropft
1	Scheibe Kürbis ohne Schale und Kerne (etwa 250 g)
3	Knoblauchzehen, gehackt
4 EL	Olivenöl
250 g	Tomaten, abgezogen, entkernt und gehackt
1	hartgekochtes Ei, feingehackt
	Salz und frisch gemahlener Pfeffer
4 EL	feingehackte Petersilie

Die Kichererbsen in 2½ l kaltem Wasser mit der Kürbisscheibe aufsetzen und zugedeckt bei schwacher Hitze 2 bis 3 Stunden garen, bis die Kichererbsen weich sind. Abtropfen lassen. In einem glasierten Tontopf den Knoblauch in Olivenöl braten. Sobald der Knoblauch hellbraun ist, die Tomaten dazugeben. Den Kürbis durch ein Sieb passieren und zusammen mit dem hartgekochten Ei in den Topf geben, sobald die Tomaten zerfallen. Mit Salz und Pfeffer würzen. Die Petersilie und zuletzt die Kichererbsen hinzufügen. Gut vermischen und dann servieren.

COLOMA ABRINAS VIDAL
COCINA SELECTA MALLORQUINA

Hülsenfrucht-Pürees

Kichererbsen-Fladen

La Socca

La socca ist eine Genueser Spezialität, die sich auch in Südfrankreich großer Beliebtheit erfreut. In Nizza werden die Fladen aus Kichererbsenmehl auf den Straßen verkauft. Flinke Jungen holen die frisch gebackene *socca* von den Bäckern in der Altstadt und bringen sie zu den Händlern auf den Straßenmärkten, wobei sie ein ganzes Dutzend davon geschickt auf dem Kopf balancieren. Auf dem Markt werden die Fladen in Viertel geschnitten und mit Pfeffer bestreut verkauft.

	Für 4 Personen
Etwa 125 g	Kichererbsenmehl
Etwa 30 cl	gesalzenes Wasser
2 EL	Olivenöl
	Frisch gemahlener Pfeffer

Das Kichererbsenmehl in einen Topf geben und nach und nach das Salzwasser einrühren. Es dürfen sich keine Klumpen bilden. Bei schwacher Hitze unter Rühren zu einem dicken Brei einkochen; wenn nötig, noch etwas Wasser dazugießen. Den Brei auf einem mit Öl bestrichenen Backblech dünn verteilen, mit Öl beträufeln und im vorgeheizten Backofen bei 220° C (Gasherd Stufe 4–5) 5 bis 10 Minuten backen, bis er goldbraun ist. Mit frisch gemahlenem Pfeffer bestreuen und heiß servieren.

C. CHANOT-BULLIER
VIEILLES RECETTES DE CUISINE PROVENÇALE

Erbsenpüree

Erbsenpüree mit Sauerkraut und Eisbein ist eine Berliner Spezialität, die in ganz Norddeutschland beliebt ist. Statt in Fleischbrühe können die Erbsen auch zusammen mit gepökeltem oder geräuchertem Eisbein oder Rippchen gegart werden. Das Fleisch wird sorgfältig in kleine Würfel geschnitten und zusammen mit ½ l Wasser zu den Erbsen gegeben. Das Fleisch und die pürierten Erbsen können zusammen serviert werden.

	Für 6 Personen
500 g	geschälte gelbe Erbsen, über Nacht eingeweicht und abgetropft
1¼ l	Wasser
½ l	Fleischbrühe (S. 166)
	Salz und frisch gemahlener Pfeffer
	Majoran
60 g	Butter
2	Zwiebeln, gehackt

Die eingeweichten und abgetropften Erbsen in dem Wasser kochen, bis sie es teilweise aufgenommen haben und gequollen, aber noch nicht zerfallen sind. Dann die Fleischbrühe dazugießen und die Erbsen weichkochen. Durch ein Sieb passieren und mit Salz, Pfeffer und Majoran würzen. Die Hälfte der Butter unterrühren und warm stellen. Die Zwiebeln in der restlichen Butter goldbraun braten und über das Püree geben.

GRETE WILLINSKY
KOCHBUCH DER BÜCHERGILDE

Erbsenpudding

Pease Pudding

	Für 6 Personen
500 g	geschälte Erbsen, 1 Stunde eingeweicht und abgetropft, oder ganze Erbsen, über Nacht eingeweicht und abgetropft
60 g	Butter, in kleine Stücke geschnitten
1	großes Ei
	Salz und frisch gemahlener Pfeffer

Die Erbsen in einen Topf geben, mit frischem Wasser reichlich bedecken und bei schwacher Hitze garkochen. (Geschälte Erbsen benötigen 45 bis 60 Minuten, ganze Erbsen mindestens 2 Stunden.) Die Flüssigkeit abgießen, für eine Suppe aufbewahren und die Erbsen im Mixer grob pürieren. Die Butterstückchen untermischen, dann das Ei hinzufügen und mit Salz und Pfeffer abschmecken. Eine 1¼ l fassende Puddingform mit Butter ausstreichen und das Erbsenpüree hineinfüllen. Mit Folie oder einem Tuch abdecken und im Wasserbad 1 Stunde garen. Anschließend auf eine Platte stürzen und mit gekochtem gepökelten Schweinefleisch servieren.

JANE GRIGSON
ENGLISH FOOD

Gebratene Bohnen mit Totopos

Frijoles Refritos

Da die Bohnen Gifte enthalten können, sollte man sie sicherheitshalber vorkochen (siehe S. 78). Wie man „frijoles refritos" zubereitet, wird auf S. 80 beschrieben. Die „totopos" sind dreieckige, in Schmalz goldbraun gebratene „tortilla"-Stücke.

	Für 6 Personen
250 g	schwarze Bohnen oder Pintobohnen, über Nacht eingeweicht und abgetropft
12	*totopos*
Etwa 1 l	Wasser
½	Zwiebel, feingehackt
125 g	Schweineschmalz oder ausgelassenes Speckfett
	Salz
60 g	Quark
	Kopfsalatblätter
6	Radieschen, zu Rosetten geformt

Die Bohnen in einen Topf geben und mit dem Wasser bedecken. Die Hälfte der gehackten Zwiebel und 30 g Schweineschmalz hinzufügen und zum Kochen bringen. Die Temperatur herunterschalten, den Deckel auflegen und simmern lassen, bis die Bohnen gar, aber noch nicht zerfallen sind (schwarze Bohnen benötigen dazu 2 Stunden, andere Sorten 1½ Stunden). Dabei nicht rühren. Eine große Prise Salz hinzufügen und weitere 30 Minuten simmern lassen. Die Bohnen mehrere Stunden – wenn es möglich ist, bis zum nächsten Tag – stehenlassen. Im Topf sollten dann noch etwa 90 cl Garflüssigkeit sein.

Die restlichen Zwiebelstücke in dem restlichen Schweineschmalz glasig braten; sie dürfen auf keinen Fall braun werden. ¼ l Bohnen mit ihrer Garflüssigkeit dazugeben und bei starker Hitze rühren, bis sie zerfallen. Nach und nach die restlichen Bohnen dazugeben und grob pürieren. Wenn das Püree trocken wird und am Rand zu brutzeln beginnt, löst es sich vom Topfboden. Das Püree etwa 15 bis 20 Minuten weitergaren und dabei den Topf hin und wieder schwenken, bis sich eine lockere Rolle bildet.

Die Rolle wie ein Omelett auf eine Servierplatte gleiten lassen und den Quark locker darübergeben. Die *totopos* aufrecht in das Püree stecken. Mit Salatblättern und Radieschen garnieren und sofort servieren.

DIANA KENNEDY
CUISINES OF MEXICO

Fritierte Fladen aus Erbsenmehl

Panisses

	Für 4 Personen
250 g	Kichererbsenmehl
1 l	gesalzenes Wasser
2 EL	Olivenöl
	Frisch gemahlener Pfeffer
	Öl zum Fritieren

Das gesalzene Wasser mit dem Olivenöl zum Kochen bringen. Das Kichererbsenmehl einstreuen, kräftig umrühren und bei sehr schwacher Hitze unter weiterem ständigem Rühren mit einem Holzlöffel etwa 20 Minuten garen, bis die Masse dick ist. Vier Untertassen mit etwas Öl bepinseln und die Masse darauf verteilen. Abkühlen lassen, auf eine Arbeitsfläche stürzen und in 3 cm dicke Scheiben schneiden. Die Fladen in heißem Öl in 3 Minuten goldgelb fritieren. Mit Pfeffer bestreuen und servieren.

BENOÎT MASCARELLI
LA TABLE EN PROVENCE ET SUR LA CÔTE D'AZUR

Falafel

Falafel – fritierte Bällchen aus gemahlenen Kichererbsen – sind besonders in Ägypten und Israel, aber auch im ganzen übrigen Vorderen Orient beliebt. Sie werden auf der Straße verkauft und zusammen mit Salat und „tahini" – einer Paste aus Sesamkörnern – von arabischen „pita"-Brotfladen umschlossen gegessen. Falafel können auch als Vorspeise auf einer Platte mit „hummous" – einer Paste aus gemahlenen Kichererbsen – serviert werden. Man garniert sie gewöhnlich mit hartgekochten, in Viertel geschnittenen Eiern, bestreut sie mit gehackter Petersilie, Cayennepfeffer und „tahini" und träufelt ein paar Tropfen grünes Olivenöl darüber.

	Für 4 Personen
500 g	Kichererbsen, über Nacht eingeweicht, abgetropft und im Mixer püriert
1 TL	gemahlener Koriander
1	Knoblauchzehe, gehackt
1 TL	gemahlener Kreuzkümmel
½ TL	Cayennepfeffer
	Salz
30 g	Mehl
	Öl zum Fritieren

Das Kichererbsenpüree mit Koriander, Knoblauch, Kreuzkümmel, Cayennepfeffer und Salz vermischen. Das Mehl dazugeben und gut vermengen. Aus dem Teig kleine Bällchen von jeweils etwa 3 cm Durchmesser formen und in heißem Öl in etwa 2 bis 3 Minuten goldbraun fritieren.

NAOMI UND SHIMON TZABAR
YEMENITE AND SABRA COOKERY

Erbsen-, Bohnen- und Linsen-Eintöpfe

Hackfleischkloß mit Kichererbsen

T'fina aux Pois Chiches

Statt Kichererbsen kann man auch weiße Bohnen nehmen.

	Für 6 Personen
300 g	Kichererbsen, über Nacht eingeweicht und abgetropft
1 kg	Rinderbrust ohne Knochen, gerollt
1 kg	Kalbsfuß
10 bis 12	Kartoffeln, geschält und mehrere Stunden in gesalzenem Wasser eingeweicht
6	Eier
1	Knoblauchzwiebel
1 TL	Honig
1 TL	Paprikapulver
1 EL	Olivenöl
	Salz und frisch gemahlener Pfeffer
Etwa 2 l	Wasser

	Fleischkloß
300 g	Rinderhackfleisch
100 g	Weißbrot, Rinde entfernt, in Wasser eingeweicht und ausgedrückt
	Geriebene Muskatnuß
	Muskatblüte
	Gewürzmischung
	Salz und frisch gemahlener Pfeffer
1 EL	gehackte Petersilie
1	Knoblauchzehe, gehackt
1	Ei

Für den Fleischkloß Hackfleisch, Weißbrot, Muskat, Muskatblüte, Gewürzmischung, Salz, Pfeffer, Petersilie und die Knoblauchzehe vermischen, mit dem Ei binden und beiseite stellen.

Die Rinderbrust, den Kalbsfuß, die Kichererbsen, Kartoffeln und die 6 Eier in ihrer Schale in einen Schmortopf geben. Knoblauch, Honig, Paprika, Olivenöl, Salz und Pfeffer hinzufügen. Das Wasser dazugießen, zum Kochen bringen, den Fleischkloß dazugeben und zugedeckt 4 Stunden simmern lassen.

Anschließend im vorgeheizten Backofen bei 130° C (Gasherd Stufe 1) ohne Deckel 1 Stunde oder länger backen. Zum Schluß sollte nur noch ganz wenig Flüssigkeit im Topf sein.

Vor dem Servieren die Eier schälen; die Kichererbsen, Kartoffeln und Eier in eine tiefe Schüssel geben und das Fleisch auf einer Servierplatte anrichten.

IRÈNE UND LUCIENNE KARSENTY
LA CUISINE PIED-NOIR

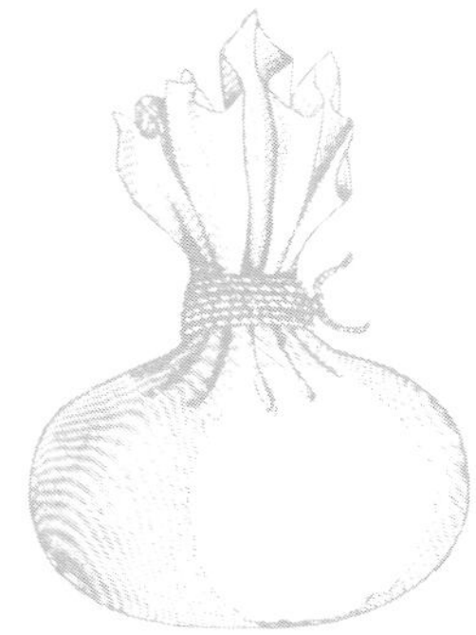

Bohneneintopf Castelnaudary

Le Cassoulet de Castelnaudary

Castelnaudary liegt im Südwesten Frankreichs zwischen Toulouse und der von einer alten Stadtmauer umgebenen Stadt Carcassonne. Als Knoblauchkochwurst eignet sich am besten „cervelas" oder Toulouser Wurst.

	Für 8 Personen
800 g	weiße Bohnen, mindestens 7 Stunden eingeweicht und abgetropft
300 g	frischer durchwachsener Speck
200 g	frische Schweineschwarte, in Streifen geschnitten und zusammengebunden
1	Möhre
1	Zwiebel, mit 2 Nelken besteckt
2	*bouquets garnis*
5	Knoblauchzehen
	Salz
750 g	Schweinerippchen ohne Knochen
500 g	Lammschulter ohne Knochen
Etwa 10 cl	ausgelassenes Gänsefett
	Frisch gemahlener Pfeffer
200 g	Zwiebeln, gehackt
30 cl	Fleischbrühe (S. 166)
10 cl	Tomatenpüree
100 g	Knoblauchkochwurst
100 g	luftgetrocknete Wurst
	Semmelbrösel

Die Bohnen zusammen mit dem Speck, der Schweineschwarte, Möhre, Zwiebel, 1 *bouquet garni* und 3 Knoblauchzehen in einen Topf geben, mit reichlich Wasser bedecken und bei ganz schwacher Hitze etwa 2 Stunden simmern lassen.

Das Schweinefleisch und das Lammfleisch in 2 EL Gänsefett anbraten und mit Salz und Pfeffer würzen. Die gehackten Zwiebeln, das zweite *bouquet garni* und die restlichen Knoblauchzehen mit etwas Brühe und dem Tomatenpüree in den Topf geben. Den Deckel auflegen, 30 Minuten simmern lassen. Von Zeit zu Zeit etwas Fleischbrühe nachgießen.

Sobald die Bohnen gar sind, salzen und die Schweineschwarten, die Möhre, die Zwiebel, das *bouquet garni* und den Knoblauch herausnehmen. Die Würstchen und das Fleisch mit der Schmorflüssigkeit zu den Bohnen geben. Zugedeckt 1 Stunde simmern lassen. Das Schweinefleisch, das Lammfleisch und die Würstchen aus dem Topf nehmen und abtropfen lassen. Das Fleisch in Scheiben schneiden, die Haut von den Würstchen abziehen und ebenfalls in Scheiben schneiden. Die Bohnen abtropfen lassen und die Garflüssigkeit auffangen.

Die Fleisch- und Wurstscheiben sowie die Bohnen in einen 2 l fassenden Schmortopf schichten. Die letzte Lage sollte aus Bohnen bestehen. So viel von der aufgefangenen Garflüssigkeit hinzugießen, daß alle Zwischenräume ausgefüllt sind, aber die Garflüssigkeit nicht bis zu der obersten Bohnenschicht reicht. Semmelbrösel und das restliche Gänsefett darübergeben. Ohne Deckel im vorgeheizten Backofen bei 140° C (Gasherd Stufe 1) 1½ Stunden backen. Dabei mindestens dreimal (traditionell siebenmal) die Kruste aufbrechen und mit der restlichen Garflüssigkeit von den Bohnen begießen, damit sich eine dicke, knusprige Kruste bilden kann.

HISTORIA HORS SERIE, NO. 42
LES FRANÇAIS À TABLE

Guernsey-Bohneneintopf

Guernsey Bean Jar

Da die Bohnen Gifte enthalten können, sollte man sie sicherheitshalber vorkochen (siehe S. 78).

Der Bohneneintopf sollte erst nach dem Garen mit Salz und Pfeffer abgeschmeckt werden.

	Für 4 Personen
500 g	weiße Bohnen, über Nacht eingeweicht und abgetropft
1	Schweinspfote
1	Rindermarkknochen aus der Vorderhesse (nach Belieben)
300 g	Kutteln (nach Belieben)
500 g	Zwiebeln
500 g	Möhren
1	*bouquet garni* mit Thymian, Salbei und Petersilie

Alle Zutaten mit reichlich Kräutern in einen Bohnentopf oder einen Schmortopf geben und mit Wasser bedecken. Zum Kochen bringen und zugedeckt 8 Stunden simmern lassen. Eventuell etwas Wasser nachgießen.

J. STEVENS COX (HERAUSGEBER)
GUERNSEY DISHES OF BYGONE DAYS

Bohneneintopf mit Lammfleisch

Haricot de Mouton

	Für 6 Personen
750 g	weiße Bohnen, über Nacht eingeweicht, im Einweichwasser gekocht und abgetropft
Je 500 g	Lammfleisch von Nacken, Brust und Schulter, in Würfel geschnitten
60 g	Butter
2	weiße Rüben, in dünne Scheiben geschnitten
4	Knoblauchzehen, zerdrückt
30 g	Mehl
1 l	Wasser
	Salz und frisch gemahlener Pfeffer
1	*bouquet garni*
3	Tomaten, abgezogen, entkernt und grobgehackt
200 g	frischer durchwachsener Speck, in Streifen geschnitten, blanchiert und in Butter angebraten
250 g	frische Perlzwiebeln, in Butter goldgelb sautiert

Die Butter in einer Pfanne erhitzen; das Fleisch und die Rübenscheiben darin goldbraun braten. Den Knoblauch und das Mehl dazugeben und 5 Minuten garen. Das Wasser dazugießen, mit Salz und Pfeffer würzen und dann das *bouquet garni* und die Tomaten hinzufügen. Den Deckel auflegen und 50 Minuten bei schwacher Hitze garen.

Den Inhalt der Pfanne in ein Sieb geben und abtropfen lassen; die Flüssigkeit in einer Schüssel auffangen. Die Fleisch-Rüben-Mischung in einen Schmortopf geben, die Speckstreifen und Perlzwiebeln darauf verteilen und zuletzt die weißen Bohnen hinzufügen. Die beiseite gestellte Garflüssigkeit entfetten und dann in den Schmortopf geben. Den Eintopf zum Kochen bringen, den Deckel auflegen und im vorgeheizten Backofen bei 170° C (Gasherd Stufe 2) 1 Stunde garen.

ÉDOUARD NIGNON (HERAUSGEBER)
LE LIVRE DE CUISINE DE L'OUEST-ÉCLAIR

Cassoulet

Am besten eignet sich für dieses Gericht „cervelas" oder Toulouser Wurst.

	Für 6 bis 8 Personen
1 kg	Gans (Brust oder Keule)
	Gemischte Kräuter
	Salz
	Fett aus dem Inneren der Gans
	Bohneneintopf
1 kg	weiße Bohnen, über Nacht eingeweicht und abgetropft
175 g	frische Schweineschwarte, zu einer Rolle zusammengebunden
250 g	frischer durchwachsener Speck
1	Schweinspfote
2	Möhren, in Stücke geschnitten
1	große Zwiebel, mit 2 Nelken besteckt
2	Knoblauchzehen
1	*bouquet garni*
1	Knoblauchkochwurst, mit einer Gabel eingestochen
	Salz
	Lammtopf
Etwa 1 1/2 kg	Lammschulter, Fett abgeschnitten, in große Stücke geschnitten, aber nicht von den Knochen gelöst
2	mittelgroße Möhren, in 2 cm große Stücke geschnitten
2	mittelgroße Zwiebeln, grobgehackt
	Salz
2 EL	Mehl
30 cl	trockener Weißwein
5	Knoblauchzehen
1	*bouquet garni*
3 oder 4	Tomaten, abgezogen, entkernt und gehackt
	Frisch gemahlener Pfeffer
	Weißbrotbrösel

Eine große Prise gemischte Kräuter im Mörser pulverisieren, das Gänsefleisch mit diesen Kräutern und einer Prise Salz bestreuen und über Nacht stehenlassen. Das Gänsefleisch trockenreiben. Das Gänsefett mit 6 EL Wasser bei schwacher Hitze auslassen. Die Grieben entfernen und das Gänsefleisch in dem flüssigen Fett bei schwacher Hitze 1 bis 1½ Stunden schmoren; dabei alle 15 Minuten wenden. Das Fett aufheben.

Für den Bohneneintopf die Schweineschwarte, den frischen Speck und die Schweinspfote in einen Topf geben und mit kaltem Wasser bedecken. Zum Kochen bringen und einige Minuten simmern lassen. Abtropfen lassen und in kaltem Wasser abspülen. Die abgetropften Bohnen mit den Gemüsen, dem Knoblauch, dem *bouquet garni*, der Schweineschwarte, dem Speck, der Schweinspfote und der Wurst in einen schweren Topf geben. So viel Wasser dazugießen, daß Gemüse und Fleisch 5 cm mit Wasser bedeckt sind. Langsam zum Kochen bringen, dann simmern lassen. Noch kein Salz hinzufügen. Nach etwa 40 Minuten die Wurst herausnehmen und beiseite stellen und nach etwa 1 Stunde den Speck herausnehmen, wenn er gar, aber noch fest ist. Die Bohnen mit der Schweinspfote und der Schweineschwarte 2 Stunden garen. Dann beides herausnehmen und zu der Wurst und dem Speck geben. Die Zwiebel und das *bouquet garni* entfernen. Jetzt die Garflüssigkeit der Bohnen mit Salz würzen.

Während die Bohnen garen, den Lammtopf zubereiten. Dazu in einer schweren Pfanne – die so groß sein sollte, daß die Lammstücke darin nebeneinander Platz haben – die Möhren und die Zwiebeln in 2 EL Gänsefett etwa 15 Minuten unter gelegentlichem Rühren braten, bis sie eine goldbraune Farbe angenommen haben. Die Zwiebeln und die Möhren herausnehmen. Dabei darauf achten, daß keine Zwiebelstückchen in der Pfanne zurückbleiben. Anschließend die Temperatur heraufschalten und die Lammstücke in dem Fett anbraten. Vor dem Wenden salzen. Wenn das Fleisch auf allen Seiten angebraten ist, mit Mehl bestäuben. Die Fleischstücke noch einmal in der Pfanne wenden und die Zwiebeln und Möhren wieder dazugeben. Wenn das Mehl nach 4 bis 5 Minuten hellbraun ist, den Wein dazugießen und drei Knoblauchzehen und das *bouquet garni* hinzufügen. Mit einem Holzlöffel rühren und den Bratensatz vom Boden der Pfanne lösen. Die Tomaten dazugeben, mit Garflüssigkeit von den Bohnen bedecken und zugedeckt 1½ Stunden simmern lassen. Dabei zwei- bis dreimal das Fett von der Oberfläche abschöpfen. Das Lammfleisch und die Möhren herausnehmen, das *bouquet garni* entfernen und den restlichen Inhalt der Pfanne durch ein Sieb passieren. Die Sauce wieder in die Pfanne geben, nur zur Hälfte auf die Kochstelle setzen und ohne Deckel 15 Minuten simmern lassen. Immer wieder den Schaum abschöpfen.

Einen halbhohen, 2 l fassenden Keramikschmortopf mit zwei Knoblauchzehen ausreiben, bis sie vollkommen aufgebraucht sind. Die Schwarte in 1 cm breite und 5 cm lange Streifen schneiden und auf dem Boden des Topfes verteilen. Das Gänsefleisch in zwei Stücke schneiden und darauflegen. Die Bohnen abtropfen lassen und die Garflüssigkeit auffangen. Ein Drittel der Bohnen über die Gänsestücke geben.

Die Schweinspfote in zwei Hälften teilen, die großen Knochen entfernen. Jede Hälfte in drei oder vier Stücke schneiden und mit den Lammstücken und den Möhren (sowohl von dem Bohneneintopf als auch dem Lamm-Stew) gleichmäßig über den Bohnen verteilen. Großzügig mit Pfeffer bestreuen und mit einem weiteren Drittel der Bohnen bedecken. Wurst in 2 cm dicke Scheiben schneiden und auf die Bohnen legen. Den Speck in 2 cm große Stücke schneiden und ebenfalls darüber verteilen. Wiederum mit einer kräftigen Prise Pfeffer bestreuen und dann mit den restlichen Bohnen bedecken.

Reichlich Weißbrotbrösel darüberstreuen und mit einem Schöpflöffel so vorsichtig die Sauce von dem Lamm-Stew darübergießen, daß die Brotbrösel befeuchtet, aber nicht fortgespült werden. Nach und nach so viel Flüssigkeit hinzufügen, daß sie bis zu der obersten Bohnenschicht reicht. Wieder mit Weißbrotbröseln bestreuen, ein paar Eßlöffel zerlassenes Gänsefett darüberträufeln und im vorgeheizten Backofen bei 220° C (Gasherd Stufe 4–5) erhitzen, bis die Oberfläche Blasen wirft. Die Temperatur auf 150° C (Gasherd Stufe 1) herunterschalten, so daß die Flüssigkeit nur noch simmert.

Nach etwa 20 Minuten zunächst mit der restlichen Lammsauce und, wenn diese aufgebraucht ist, mit der Garflüssigkeit der

Bohnen begießen. Etwa alle 20 Minuten das Cassoulet begießen. Sobald sich eine knusprige goldbraune Kruste bildet, die Kruste an mehreren Stellen mit einem Löffel eindrücken und wiederum mit der Sauce begießen. Das Cassoulet sollte mindestens 2 Stunden im Backofen bleiben und die Kruste mindestens dreimal aufgebrochen werden. Falls jedoch die Flüssigkeit nicht mehr ausreicht, sollte man das Cassoulet schon vorher aus dem Backofen nehmen, damit es nicht zu trocken wird.

RICHARD OLNEY
THE FRENCH MENU COOKBOOK

Toulouser Bohneneintopf

Le Cassoulet de Toulouse

Für 4 Personen

500 g	weiße Bohnen, über Nacht eingeweicht und abgetropft
100 g	frische Schweineschwarte, zu einer Rolle zusammengebunden und 5 Minuten blanchiert
1	Brühwurst (etwa 500 g schwer), eingestochen
1	*bouquet garni*
2	Möhren, in Scheiben geschnitten
5	Knoblauchzehen, zerdrückt
1/4	Gans, in 2 Stücke zerlegt
2	Tomaten, abgezogen, entkernt und gehackt
4 EL	ausgelassenes Gänsefett
100 g	luftgetrocknete Wurst, in dünne Scheiben geschnitten

Die Bohnen in gesalzenem Wasser 1 Stunde kochen und abtropfen lassen. Wieder in den Topf geben und mit kochendem Wasser bedecken. Die Schweineschwarte, die Brühwurst, das *bouquet garni*, die Möhren und 3 Knoblauchzehen dazugeben. Den Deckel auflegen und 1 Stunde simmern lassen. Die Kochwurst herausnehmen, in Scheiben schneiden und wieder zu den Bohnen geben.

Die beiden restlichen Knoblauchzehen zerdrücken und mit den Gänsestücken und den Tomaten in dem Gänsefett anbraten. Wenn die Gänsestücke braun sind, den Inhalt der Pfanne mit den Bohnen vermischen und zusammen weitere 2 Stunden garen. Abtropfen lassen und die Kochflüssigkeit auffangen. Die Bohnen, die Kochwurst, die getrocknete Wurst und die Gänsefleischstücke in einen Steingut-Schmortopf schichten. Die oberste Schicht sollte aus Bohnen bestehen. So viel Kochflüssigkeit dazugießen, daß alle Zwischenräume ausgefüllt sind, aber die Flüssigkeit nicht bis zur obersten Bohnenschicht reicht. Die restliche Kochflüssigkeit aufbewahren.

Ohne Deckel im vorgeheizten Backofen bei 130° C (Gasherd Stufe 1) 1½ bis 2 Stunden garen. Die Kruste, die sich beim Backen bildet, während der Garzeit etwa achtmal aufbrechen und mit der Kochflüssigkeit begießen. Im Schmortopf servieren.

HISTORIA HORS SERIE, NO. 42:
LES FRANÇAIS À TABLE

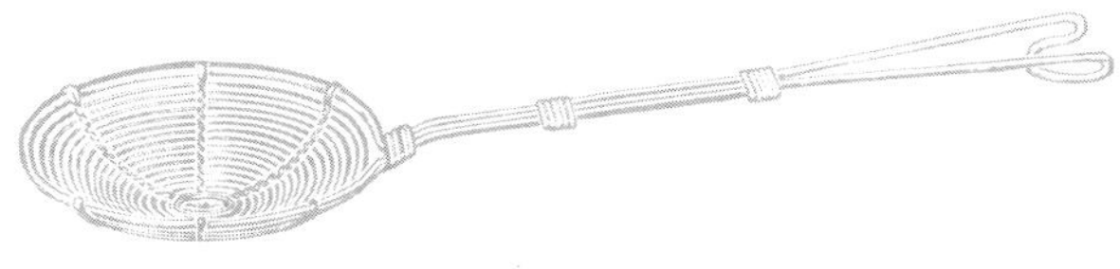

Marokkanischer Bohneneintopf

Frackh

Frackh ist ein traditionelles Sabbatgericht der marokkanischen Juden. Am Sabbat darf kein Feuer angezündet werden, deshalb wird der Backofen schon am Freitagabend, bevor der Sabbat beginnt, angeheizt. Der Bohneneintopf kann dann die ganze Nacht bis zum Mittag des nächsten Tages simmern, wenn die Männer aus der Synagoge kommen und sich zum Mahl niederlassen. Wenn die Bohnen im Backofen gegart werden sollen, benötigt man einen 8 bis 10 l fassenden Topf, in den man alle Zutaten gibt. Dann wird der Topf mit einer Paste aus Mehl und Wasser abgedichtet.

Für 8 bis 10 Personen

200 g	Bohnen (weiße Bohnen, Flageoletbohnen oder Limabohnen), über Nacht eingeweicht und abgetropft
200 g	Kichererbsen, über Nacht eingeweicht und abgetropft
2	Kalbsfüße mit Klauen, Fußgelenk und unterer Haxe; abgesengt, gewaschen und die Knochen mit einem Fleischerbeil gehackt
60 g	Petersilie, feingehackt
4	Knoblauchzwiebeln, die Zehen abgelöst, aber nicht abgezogen
6	mittelgroße Kartoffeln
8 bis 10	Eier, in der Schale
1 EL	Salz
1 EL	gemahlener Kreuzkümmel
1/2 TL	gehackte rote Chilischote
2 EL	Paprikapulver
1/4 l	Olivenöl, erhitzt

Alle Zutaten in einen tiefen Topf geben, aber nicht vermischen. 1¼ l Wasser dazugießen. Den Topf fest verschließen und bei mittlerer Hitze auf der Kochstelle oder im vorgeheizten Backofen bei 130° C (Gasherd Stufe 1) garen. Nach 1 Stunde ¾ l Wasser nachgießen und nach einer weiteren Stunde noch einmal die gleiche Menge. Diese Wassermenge reicht zum Garen aus, wenn der Topf gut abgedichtet ist. Gegen Ende der Garzeit, die mindestens 4 Stunden betragen sollte, empfiehlt es sich jedoch, noch einmal zu prüfen, ob genügend Flüssigkeit im Topf ist, und eventuell etwas Wasser nachzugießen, damit die Bohnen nicht trocken werden.

Der so zubereitete Bohneneintopf hat die gleiche Konsistenz wie andere Bohneneintöpfe: Er ist saftig, aber nicht wässerig; doch durch die Kalbsknochen und die Gewürze erhält dieses Gericht seinen besonderen Geschmack.

IRENE F. DAY
KITCHEN IN THE KASBAH

Lammnacken mit Bohnen

Lamb Neck and Bean Casserole

Die Zubereitung dieses Gerichts nimmt relativ viel Zeit in Anspruch. Es kann jedoch auch in mehreren Etappen oder ganz und gar im voraus zubereitet werden. Es wird dann vor dem Servieren aufgewärmt.

Für 6 Personen

500 g	Pintobohnen, rosa Bohnen oder weiße Bohnen, über Nacht eingeweicht, in frischem Wasser 2 Stunden gesimmert und abgetropft
750 g	Lammnacken, in kleine Stücke geschnitten
4 EL	Öl
	Salz und frisch gemahlener Pfeffer
2	mittelgroße Zwiebeln, in Scheiben geschnitten
2	Knoblauchzehen, feingehackt
350 g	Tomaten, abgezogen und gehackt, oder Dosentomaten, abgetropft und gehackt
$\frac{1}{2}$ TL	getrockneter Thymian
1	Lorbeerblatt
$\frac{1}{2}$ TL	zerdrückte getrocknete rote Chilischote (nach Belieben)
$\frac{1}{4}$ l	trockener Rotwein

Die Lammstücke mit Küchenkrepp trockentupfen. Das Öl in einer schweren Pfanne erhitzen und das Fleisch bei mittlerer Hitze darin anbraten. Das Fleisch in eine feuerfeste Form geben und mit Salz und Pfeffer würzen. Die Zwiebeln und den Knoblauch bei schwacher Hitze in der Pfanne sautieren, dabei rühren, um den Bratensatz vom Boden der Pfanne zu lösen. Die Tomaten, Kräuter und den Rotwein dazugeben. Unter Rühren zum Kochen bringen und dann einige Minuten simmern lassen.

Die Bohnen abtropfen lassen und die Garflüssigkeit beiseite stellen. Die Bohnen vorsichtig mit dem Lammfleisch vermischen, ohne sie dabei zu zerdrücken. Die heiße Tomatensauce über die Bohnen gießen. Eventuell etwas von der Garflüssigkeit hinzufügen, damit das Fleisch und die Bohnen vollkommen bedeckt sind. Einen Deckel auflegen oder mit einer doppelten Lage Alufolie bedecken und den Rand fest andrücken. Im vorgeheizten Backofen bei 170° C (Gasherd Stufe 2) 1 Stunde backen, bis die Bohnen den größten Teil der Flüssigkeit aufgesogen haben. Falls noch zuviel Flüssigkeit in der Form ist, den Deckel abnehmen und bei 190° C (Gasherd Stufe 3) so lange backen, bis die überschüssige Flüssigkeit verdampft ist.

MIRIAM UNGERER
GOOD CHEAP FOOD

Rote Bohnen scharf gewürzt

Red-Hot Bean Casserole

Statt der roten Chilischoten kann man auch frische grüne Chilischoten oder $\frac{1}{4}$ TL Cayennepfeffer nehmen. Auf jeden Fall sollte als Beilage Naturreis gereicht werden.

Für 4 Personen

250 g	rote Kidneybohnen, eingeweicht und abgetropft
500 g	Tomaten, abgezogen, entkernt und in Scheiben geschnitten
2	mittelgroße Zwiebeln, in dünne Scheiben geschnitten
2	große rote Paprikaschoten, Rippen und Kerne entfernt und in streichholzgroße Streifen geschnitten
2	frische rote Chilischoten, entkernt und feingehackt
1	große Knoblauchzehe, feingehackt
2 TL	Paprikapulver

Die Bohnen in frischem Wasser zugedeckt 1 Stunde simmern lassen. Falls erforderlich, abtropfen lassen.

250 g Tomaten auf dem Boden einer feuerfesten Form verteilen. Dann jeweils die Hälfte der Zwiebeln, Paprikaschoten, Chilischoten, des Knoblauchs und des Paprikapulvers in die Form schichten. Die Bohnen darübergeben und anschließend die andere Hälfte der Zutaten in umgekehrter Reihenfolge darüberlegen. Die Tomaten bilden die oberste Schicht. Zugedeckt im vorgeheizten Backofen bei 170° C (Gasherd Stufe 2) $1\frac{1}{2}$ Stunden garen. Vor dem Servieren das Gericht gut durchrühren.

GAIL DUFF
GAIL DUFF'S VEGETARIAN COOKBOOK

Gebackene Bohnen auf toskanische Art

Fagioli al Forno

Für „pancetta“ kann man ersatzweise frischen durchwachsenen Speck nehmen.

Für 6 Personen

600 g	Cannellinibohnen, in $1\frac{1}{2}$ l Wasser über Nacht eingeweicht
125 g	*pancetta*, in kleine Stücke geschnitten
2	große Knoblauchzehen, abgezogen
6 oder 7	frische Salbeiblätter
4 EL	Olivenöl
125 g	Dosentomaten
	Wasser
	Salz und frisch gemahlener schwarzer Pfeffer

Die Bohnen abtropfen lassen und in einen Schmortopf geben. Den Backofen auf 190° C (Gasherd Stufe 3) vorheizen. *Pancetta* zusammen mit dem Knoblauch, Salbei, Olivenöl und den Tomaten in den Schmortopf geben. So viel Wasser dazugießen, daß die Bohnen vollkommen bedeckt sind (etwa $\frac{3}{4}$ l). Dann mit Salz und Pfeffer würzen.

Den Deckel auflegen und die Bohnen 3½ bis 4½ Stunden im Backofen garen (die Garzeit ist je nach Alter und Trockenheit der Bohnen unterschiedlich). Die Bohnen alle ½ Stunde vorsichtig umrühren. Den Topf aus dem Backofen nehmen und zugedeckt 15 Minuten abkühlen lassen. Im Topf servieren.

GIULIANO BUGIALLI
THE FINE ART OF ITALIAN COOKING

Fleischbällchen mit Zucchini und Kichererbsen

Karyaprak

Für 4 Personen

250 g	Kichererbsen, über Nacht eingeweicht, abgetropft und in etwa 1 Stunde halb gargekocht
500 g	Rindfleisch mit etwas Fett, feingehackt
1 kg	Zucchini, in dicke Scheiben geschnitten
100 g	Weißbrot, Kruste abgeschnitten, in Wasser eingeweicht und ausgedrückt
4	Knoblauchzehen, gehackt
2 EL	gehackte Petersilie
	Salz und frisch gemahlener Pfeffer
½ TL	Gewürzmischung
2	Eier
4 EL	Mehl
20 cl	Öl
3	Zwiebeln, gehackt
4	Tomaten, abgezogen, entkernt und gehackt
½ l	heißes Wasser

Für die Fleischbällchen Rindfleisch, Brot, Knoblauch und Petersilie vermischen. Mit Salz, Pfeffer und der Gewürzmischung würzen. Ein Ei dazugeben und die Mischung gut kneten. Vier Fleischbällchen jeweils von der Größe einer Mandarine daraus formen und etwas flachdrücken.

Das zweite Ei schlagen. Die Fleischbällchen zuerst in Mehl und dann in geschlagenem Ei wenden. Anschließend 15 Minuten in heißem Öl braten. Die Fleischbällchen aus der Pfanne nehmen und in dem Öl die Zwiebeln und Tomaten bei schwacher Hitze 20 Minuten garen. Mit Salz und Pfeffer würzen und das heiße Wasser dazugießen. Einige Minuten simmern lassen und dann durch ein Sieb passieren. Die Sauce beiseite stellen.

Die Kichererbsen in einen Steinguttopf geben. Darüber die Zucchini schichten und darauf die Fleischbällchen legen. Mit der Sauce überziehen, den Topf mit Alufolie bedecken und die Folie an mehreren Stellen einritzen. Im Backofen bei 180° C (Gasherd Stufe 2–3) 2 Stunden garen.

IRÈNE UND LUCIENNE KARSENTY
LA CUISINE PIED-NOIR

Augenbohnen mit Speck und Reis

Black-Eyed Peas with Bacon

Für 4 bis 6 Personen

350 g	Augenbohnen, verlesen, gewaschen, über Nacht gewässert und abgetropft
	Salz
60 g	durchwachsener Speck, in kleine Streifen geschnitten
1	große Zwiebel, gehackt
1	kleine frische rote Chilischote, feingehackt, oder 1 getrocknete Chilischote, zerstoßen und 30 Minuten in ein paar Eßlöffeln Wasser eingeweicht
6	dicke Scheiben durchwachsener Speck
400 g	Reis
2 EL	Wein- oder Apfelessig
	Frisch gemahlener Pfeffer (nach Belieben)
2 EL	feingehackte Petersilie

Die abgetropften Augenbohnen in einen Topf geben, mit Wasser bedecken, Salz hinzufügen und etwa 45 Minuten bis 1 Stunde garziehen lassen. Die Speckstreifen in einer Bratpfanne auslassen und goldbraun braten. Aus der Pfanne nehmen und zum Abtropfen auf Küchenkrepp legen.

In dem ausgelassenen Speckfett die Zwiebel goldgelb braten. Die frische Chilischote oder die getrocknete Chilischote mit dem Einweichwasser dazugeben. Während die Bohnen garen, die Speckscheiben grillen und den Reis kochen.

Die Augenbohnen abtropfen lassen und 10 cl der Garflüssigkeit aufbewahren. Die Bohnen, die Speckstreifen, die Zwiebel, den Reis und den Essig vorsichtig mit dem Stiel eines Holzlöffels vermengen, ohne die Augenbohnen zu zerdrücken. Nach Belieben mit Salz und Pfeffer würzen. Eine feuerfeste Form mit Butter ausstreichen und die Masse hineingeben. Mit der aufgefangenen Bohnenflüssigkeit beträufeln, die gegrillten Speckscheiben darauflegen und im vorgeheizten Backofen bei 180° C (Gasherd Stufe 2–3) etwa 20 Minuten backen. Mit der Petersilie garnieren und dann servieren. Dazu grünen Salat reichen.

MIRIAM UNGERER
GOOD CHEAP FOOD

Brasilianisches Bohnengericht

Feijoāda Completa

Da die Bohnen Gifte enthalten können, sollte man sie sicherheitshalber vorkochen (siehe S. 78).

Brasilien ist der größte Bohnenproduzent der Welt. *Feijão* oder schwarze Bohnen sind die Hauptzutat des Nationalgerichtes, der *feijoada completa.* Nach Möglichkeit sollte man *carne seca* oder *charqui* – an der Sonne gedörrte, gepökelte Rindfleischstreifen – nehmen. Falls diese nicht erhältlich sind, kann man auch gepökeltes Rindfleisch nehmen.

	Für 8 bis 10 Personen
500 g	schwarze Bohnen, über Nacht eingeweicht und abgetropft
350 g	gepökeltes, an der Sonne getrocknetes Rindfleisch, über Nacht gewässert, abgetropft, 5 Minuten blanchiert, wieder abgetropft und abgekühlt
250 g	geräucherte Kochwurst
250 g	geräuchertes Schweinefleisch
125 g	geräucherte Zunge
125 g	durchwachsener Speck
1	Schweinspfote, blanchiert und abgeschabt
1	Schweinsohr
1	Schweineschwanz

	Chilisauce
2 oder 3	kleine rote Chilischoten, entkernt und gehackt, oder ½ TL Cayennepfeffer
2 EL	Öl
1	Zwiebel, gehackt
1	Frühlingszwiebel, gehackt
60 g	Bratwurstmasse
1	Knoblauchzehe, feingehackt

Das ganze Fleisch in einen Topf geben, mit lauwarmem Wasser bedecken und langsam zum Kochen bringen. Etwa 1½ Stunden simmern lassen, bis es fast gar ist. Die Bohnen in einen anderen Topf geben, mit Wasser bedecken und zum Kochen bringen. Zugedeckt etwa 1½ Stunden simmern lassen, bis sie gar sind. Dann die Bohnen zum Fleisch geben und weitere 45 Minuten garen, bis das Fleisch von den Knochen fällt und die Bohnen so weich sind, daß sie leicht püriert werden können.

Eine halbe Stunde vor Ende der Garzeit die Chilisauce zubereiten. Das Öl erhitzen und die Zwiebel und die Frühlingszwiebel mit dem Wurstfleisch bei schwacher Hitze darin anbraten. Dann den Knoblauch und die Chilischoten oder den Cayennepfeffer dazugeben, umrühren und braunbraten. 150 g Bohnen aus dem Topf hinzufügen und mit einem Holzlöffel zerdrücken. Etwa 30 cl Garflüssigkeit der Bohnen-Fleisch-Mischung dazugießen, umrühren und zu einer Sauce einkochen. Die Sauce zum Fleisch und den Bohnen geben und simmern lassen, bis alle Zutaten gut verbunden sind.

Vor dem Servieren das Fleisch aus dem Topf nehmen, in Scheiben schneiden und auf einer großen Platte anrichten. Traditionell wird die Zunge in die Mitte gelegt. Das Fleisch mit etwas Garflüssigkeit beträufeln und mit Bohnen belegen. Dazu in einer Schüssel die Bohnen in der Garflüssigkeit servieren.

CORA, ROSE UND BOB BROWN
THE SOUTH AMERICAN COOK BOOK

Gebackene Bohnen auf Bostoner Art

Boston Baked Beans

	Für 6 bis 8 Personen
600 g	weiße Bohnen oder rote Kidneybohnen, über Nacht eingeweicht und abgetropft
75 g	brauner Zucker
⅛ l	Rübensirup
2 TL	Senfpulver
2 TL	Salz
1	mittelgroße Zwiebel
175 g	gepökeltes Schweinefleisch oder frischer durchwachsener Speck, in 3 Stücke geschnitten

Die Bohnen in einen Topf geben und mit frischem Wasser bedecken. Aufkochen lassen, dann abtropfen lassen und die Garflüssigkeit auffangen. Die Bohnen in einen 1½ l fassenden Bohnentopf oder einen tiefen Schmortopf geben. Braunen Zukker, Sirup, Senfpulver und Salz einrühren. In die Mitte die Zwiebel geben und nach unten drücken. Zwei Schweinefleischstücke in die Bohnen drücken und das dritte darauflegen. Die Bohnen mit der Garflüssigkeit bedecken und den ganzen Tag (etwa 7 bis 8 Stunden) bei 140° C (Gasherd Stufe 1) zugedeckt backen. Dabei gelegentlich prüfen, ob noch genügend Flüssigkeit in dem Topf ist und eventuell etwas von der beiseite gestellten Garflüssigkeit nachgießen. Eine Stunde vor Ende der Garzeit den Deckel abnehmen und im offenen Topf weitergaren. Vor dem Servieren die Zwiebel herausnehmen.

CHARLOTTE TURGEON UND FREDERIC A. BIRMINGHAM
THE SATURDAY EVENING POST ALL AMERICAN COOKBOOK

Standardrezepte

Nudelgrundteig

Für hausgemachten Nudelteig nimmt man am besten Hartweizenmehl, das sich auch zum Brotbacken eignet, oder sehr feinen Hartweizengrieß. Man kann aber auch jedes andere Weizenmehl verwenden. Die genaue Menge hängt von der Größe der Eier und der Mehlsorte ab. Jedoch rechnet man im Durchschnitt 100 g Mehl auf ein Ei. Bei kleineren Teigmengen werden die Zutaten in einer Rührschüssel vermischt.

	Ergibt etwa 750 g Teig
500 g	Mehl
5 oder 6	Eier
	Salz
2 bis 3 EL	Olivenöl

Das Mehl auf eine glatte Arbeitsfläche häufen. In die Mitte eine Mulde drücken und die Eier hineinschlagen. Eine kräftige Prise Salz und das Olivenöl dazugeben. Mit einer Hand den Mehlrand abstützen, damit die Eier nicht herausfließen können. Mit der anderen Hand das Mehl vorsichtig vom Rand zur Mulde hin mit den Eiern vermischen. So das ganze Mehl und die Eier zu einer festen, aber geschmeidigen Masse verarbeiten. Aus dem Teig einen Ball formen und auf eine bemehlte Arbeitsfläche legen.

Den Teig 5 Minuten kneten, dabei mit dem Handballen flachdrücken, zusammenklappen und wieder flachdrücken, bis der Teig glatt und elastisch ist. Wenn man mit einer Nudelmaschine arbeitet, werden die Zutaten kurz mit der Hand vermengt und dann mit der Maschine gründlich geknetet. Den gekneteten Teig mit einem Tuch bedecken und 1 Stunde ruhenlassen.

Den Teig in faustgroße Stücke teilen und jedes Stück auf einer bemehlten Arbeitsfläche dünn ausrollen. Dann die Teigwaren in beliebiger Form ausschneiden.

Gefärbter Nudelteig

Die hier angegebenen Zutatenmengen zum Färben reichen aus, um einen Grundteig aus 500 g Mehl zu färben. Wenn man Teigwaren in zwei oder drei verschiedenen Farben herstellen will, werden Teig und Zutaten entsprechend geteilt. Die Zutaten für gefärbte Nudeln werden nicht auf einer flachen Arbeitsfläche, sondern besser in einer Rührschüssel vermischt. Dies gilt besonders für die Verarbeitung von kleinen Mengen. Außerdem sollte man den Teig mit mehr Mehl verkneten, wenn man ihn mit Gemüse, vor allem mit Spinat färbt, da dem Teig durch die Gemüse wieder Flüssigkeit zugeführt wird. Wie man den Teig mit einer Nudelmaschine knetet und ausrollt, wird auf S. 46 gezeigt.

Grüne Nudeln: 250 g Spinat etwa 2 Minuten oder 250 g Mangold etwa 5 Minuten blanchieren. Abtropfen lassen, in kaltem Wasser abschrecken und gut ausdrücken. Den Spinat oder Mangold durch ein Sieb passieren oder, falls man mit einer Nudelmaschine arbeitet, ihn feinhacken. Mit einer Gabel den Spinat oder Mangold mit den Teigzutaten vermengen. Den Teig kneten und ausrollen.

Grüngesprenkelte Nudeln: Etwa 6 EL gemischte Kräuter – beispielsweise Petersilie, Sauerampfer, Thymian, 1 oder 2 Salbeiblätter, Estragon, Liebstöckel, Majoran, Basilikum, Löwenzahn, Ysop und Bohnenkraut – putzen, waschen, trockentupfen und feinhacken. Die Kräuter mit einer Gabel mit den Teigzutaten vermengen. Die stark aromatischen Kräuter – Thymian, Salbei, Bohnenkraut, Majoran und Estragon – passen jedoch nicht zu manchen anderen Kräutern. Deshalb sollte man die Kräuter für die Mischung sorgfältig auswählen. Die Kräuter mit einer Gabel mit den Teigzutaten vermengen. Den Teig kneten und ausrollen.

Rote Nudeln: Eine kleine ungeschälte rote Rübe in Salzwasser in 40 Minuten bis 1 Stunde garkochen. Die rote Rübe schälen und dann im Mixer pürieren. Die pürierte rote Rübe mit den Teigzutaten vermengen, den Teig kneten und ausrollen.

Orangefarbene Nudeln: 4 bis 6 EL stark eingekochte Tomatensauce (S. 167) oder Püree von Dosentomaten mit den Teigzutaten vermengen. Den Teig kneten und ausrollen.

Gelbe Nudeln: Das Mehl für den Teig mit einer Prise Safranpulver gut vermischen. Die Eier und das Öl mit dem Mehl vermengen, den Teig kneten und ausrollen.

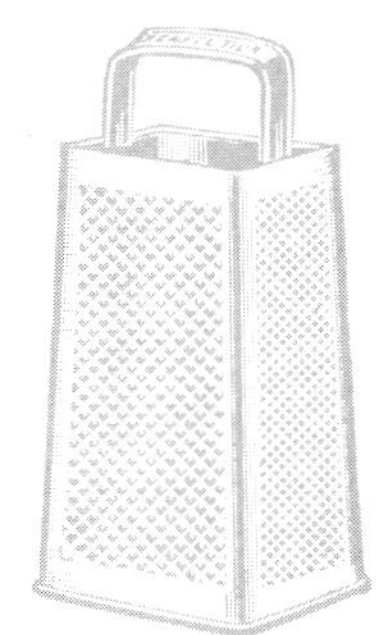

Fester Nudelteig

Dieser Teig für geriebene und geschabte Nudeln wird ebenso zubereitet wie der Nudelgrundteig, nur braucht man 125 g Mehl pro 500 g Mehl des Grundteiges zusätzlich. Zunächst den Grundteig kneten und dann nach und nach mehr Mehl dazugeben, bis der Teig glatt und fest ist, aber nicht bröckelt. Der Teig läßt sich leichter reiben, wenn er vorher in Plastikfolie eingeschlagen und mindestens 30 Minuten ins Gefrierfach gelegt wird. Anschließend herausnehmen und mit einer groben Reibe auf einen Bogen Pergamentpapier reiben. Wenn die geriebenen Nudeln nicht sofort weiterverarbeitet werden, reichlich Mehl darüberstäuben, damit sie nicht aneinanderkleben.

Pastetenteig

Der Teig wird geschmeidiger und erhält ein besonderes Aroma (siehe S. 72), wenn man statt der Butter 1/8 l Olivenöl, etwas weniger Wasser und dafür 1 oder 2 Eier nimmt. Die Zutaten in einer Schüssel mit einer Gabel gut vermengen. Den Teig mit den Fingerknöcheln kneten und etwas Mehl dazugeben, wenn er zu klebrig wird. Zu einem Ball formen, mit einem Tuch bedecken und vor dem Ausrollen 1 Stunde in den Kühlschrank stellen.

	Ergibt etwa 750 g Teig
400 g	Mehl
2 TL	Salz
350 g	gut gekühlte Butter
Etwa 1/8 l	Wasser

Das Mehl und das Salz in eine Schüssel sieben und die Butter dazugeben. Die Butter in dem Mehl mit den Fingern zerbröckeln oder mit zwei Messern kleinschneiden und vermengen. In dem Teig sollten noch Butterstückchen sichtbar sein. Mit einer Gabel gerade so viel Wasser unterrühren, daß man den Teig zu einem festen Ball formen kann. Den Teigkloß in Plastikfolie, Pergamentpapier oder Alufolie einschlagen und vor dem Ausrollen mindestens 30 Minuten kühlen.

Fleischbrühe

Diese kräftige Fleischbrühe eignet sich für viele Zwecke. Sie hält sich im Kühlschrank bis zu 1 Woche, wenn sie alle 2 Tage einmal aufgekocht wird.

	Ergibt etwa 3 l Brühe
1 kg	Rinderbeinfleisch (Vorder- oder Hinterhaxe)
1 kg	Kalbshaxe (mit Kalbsfuß)
1 kg	Hühnerklein (Rücken, Hals, Füße und Flügelspitzen)
Etwa 5 l	Wasser
1	*bouquet garni* mit Porree und Bleichsellerie
1	Knoblauchzwiebel
2	mittelgroße Zwiebeln, davon 1 Zwiebel mit 2 Nelken besteckt
4	große Möhren
	Salz

Einen runden Drahtuntersatz oder einen Dreifuß auf den Boden eines großen Topfes legen, damit die Zutaten nicht ansetzen können. Das Fleisch mit den Knochen und das Hühnerklein in den Topf geben und so viel Wasser dazugießen, daß es etwa 5 cm über den Zutaten steht. Langsam zum Kochen bringen und den Schaum immer wieder mit einem Schaumlöffel abschöpfen. Dabei gelegentlich ein Glas kaltes Wasser nachgießen. Wenn sich nach etwa 10 bis 15 Minuten kein Schaum mehr an der Oberfläche bildet, *bouquet garni,* Knoblauchzwiebel, Zwiebeln, Möhren und Salz dazugeben. Aufkochen lassen und noch einmal den Schaum abschöpfen. Die Temperatur herunterschalten, den Deckel halb auflegen und 4 bis 5 Stunden simmern lassen. Dabei gelegentlich den Schaum abschöpfen. Wenn das Fleisch anschließend gegessen werden soll, das Kalbfleisch nach 1½ Stunden und das Rindfleisch nach 3 Stunden herausnehmen.

Ein Sieb mit einem feuchten Nesseltuch auslegen, über eine große Schüssel halten und die Brühe mit einem Schöpflöffel in das Sieb geben. Die passierte Brühe vollkommen abkühlen lassen. Das an der Oberfläche schwimmende Fett mit einem Schaumlöffel oder Küchenkrepp oder, falls die Brühe zum Kühlen in den Eisschrank gestellt wurde, mit einem Messer abnehmen.

Kalbsbrühe. Die Rind- und Hühnerfleischstücke durch 2 kg Kalbfleisch und -knochen (Hals, Haxe oder Rippe) ersetzen.

Rinderbrühe. Die Kalbshaxe und das Hühnerklein durch 2 kg Rinderschwanz und Beinfleisch oder Fehlrippe ersetzen. Wenn die Brühe nicht so gelatinehaltig werden soll, kann auch noch der Kalbsfuß weggelassen werden.

Hühnerbrühe. Am kräftigsten schmeckt die Brühe, wenn sie aus Suppenhühnern gekocht wird. 2½ kg Gerippe, Hälse, Füße, Flügel, Mägen und Herzen 2 Stunden simmern lassen.

Hammelbrühe. Etwa 3 kg Hammelknochen, Haxe und Nacken oder Hals 7 bis 8 Stunden simmern lassen.

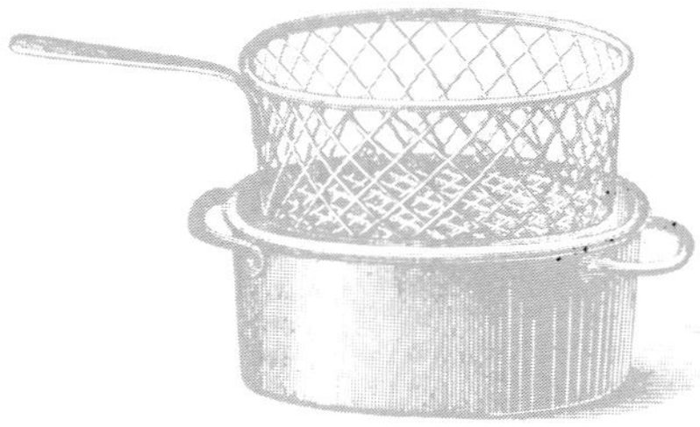

Fleischsauce

Diese Sauce wird manchmal auch Sauce bolognese genannt. Sie kann etwa mit Knoblauch, Möhren, Petersilie, Zitronenschale und Brühe verfeinert werden.

	Ergibt etwa 60 cl Sauce
250 g	Fleischreste, in kleine Stücke geschnitten oder durch den Fleischwolf gedreht, oder frisches gehacktes Fleisch
3 EL	Olivenöl
	Zwiebeln, gehackt
	Salz
1	*bouquet garni* oder gemischte Kräuter und Lorbeerblatt
20 cl	Wein oder Wasser
1 kg	Tomaten, abgezogen, entkernt und gehackt, oder Tomatenpüree oder Tomaten aus der Dose

Das Fleisch in dem Öl kurz anbraten. Die Zwiebeln dazugeben und unter gelegentlichem Rühren glasig braten. Mit Salz würzen und die Kräuter hinzufügen. Die Temperatur heraufschalten, den

Wein oder das Wasser dazugießen und unter gelegentlichem Rühren mit einem Holzlöffel etwa 3 bis 4 Minuten kochen lassen, bis der Wein bzw. das Wasser fast ganz verdampft ist. Dann die Tomaten dazugeben.

Den Deckel auflegen und etwa 1 Stunde simmern lassen. Wenn nötig, gegen Ende der Garzeit den Deckel abnehmen, damit die Sauce weiter einkocht und die gewünschte Konsistenz erhält.

Tomatensauce

Falls frische reife Tomaten nicht erhältlich sind, kann man statt dessen auch italienische Dosentomaten nehmen.

Wenn man die Tomaten vor dem Kochen abzieht und entkernt, braucht man sie nicht durch ein Sieb zu streichen. Die Tomaten zunächst 30 Sekunden in kochendes Wasser tauchen, anschließend herausnehmen und die Haut abziehen. Jede Tomate quer durchschneiden und mit einem Löffel die Kerne herausschaben. Eine feingehackte Zwiebel und eine gehackte Knoblauchzehe in etwas heißem Öl und heißer Butter kurz braten. Die Tomaten hineingeben und bei starker Hitze unter gelegentlichem Rühren in etwa 10 Minuten zu einer dickflüssigen Sauce einkochen. Mit Salz, Pfeffer und Kräutern würzen.

Wenn die Sauce noch gehaltvoller werden soll, zum Schluß etwa 30 g Butter dazugeben.

	Ergibt etwa 30 cl Sauce
750 g	sehr reife Tomaten, in Viertel geschnitten
1	Lorbeerblatt
1	großer Stengel getrockneter Thymian
	Grobkörniges Salz
1	Zwiebel, in Scheiben geschnitten, oder 1 Knoblauchzehe, zerdrückt (nach Belieben)
Etwa 30 g	Butter (nach Belieben)
	Frisch gemahlener Pfeffer
1 bis 2 TL	Zucker (nach Belieben)
1 EL	feingehackte Petersilie
1 EL	zerrupfte Basilikumblätter

Die Tomaten mit dem Lorbeerblatt, Thymian und einer Prise grobkörnigem Salz in einen verzinnten Kupfertopf oder Edelstahltopf geben. Die Zwiebel oder nach Belieben Knoblauch hinzufügen. Zum Kochen bringen, die Tomaten mit einem Holzlöffel etwas zerdrücken und ohne Deckel bei starker Hitze in etwa 10 Minuten zu einer dickflüssigen Sauce einkochen. Das Lorbeerblatt und den Thymian herausnehmen. Die Tomaten in ein Plastik- oder Edelstahlsieb geben, über eine Schüssel halten und mit einem hölzernen Stößel durchrühren. Die Haut und die Kerne entfernen und die durchgerührten Tomaten wieder in den Topf geben. Im offenen Topf bei schwacher Hitze bis zu der gewünschten Konsistenz einkochen. Etwas Butter hineinrühren, wenn die Sauce noch gehaltvoller werden soll. Mit Salz, Pfeffer und – bei Verwendung von Dosentomaten – mit Zucker würzen. Mit Petersilie und Basilikum bestreuen.

Weiße Grundsauce

Diese Sauce kann auch verwendet werden, wenn in einem Rezept eine Béchamelsauce vorgeschrieben ist. Wenn die weiße Sauce als Grundlage für ein Soufflé verwendet werden soll, läßt man die Sahne ganz weg, nimmt die halbe Menge Milch und die doppelte Menge Mehl und läßt nach dem Aufkochen die Sauce nur noch ein paar Minuten simmern.

	Ergibt etwa 45 cl Sauce
30 g	Butter
2 EL	Mehl
60 cl	Milch
	Salz
	Frisch gemahlener weißer Pfeffer (nach Belieben)
	Geriebene Muskatnuß (nach Belieben)
	Sahne (nach Belieben)

Die Butter in einem schweren Topf zerlassen. Das Mehl hineinrühren und bei schwacher Hitze 2 bis 3 Minuten weiterrühren. Die Milch dazugießen und mit einem Schneebesen schlagen, bis die Sauce glatt ist. Die Temperatur heraufschalten und bis zum Aufkochen weiterschlagen. Dann die Temperatur herunterschalten und ohne Deckel etwa 40 Minuten simmern lassen. Gelegentlich umrühren, damit die Sauce nicht ansetzt und sich keine Haut bildet. Mit Salz und nach Belieben mit weißem Pfeffer und einer Prise Muskat würzen. Die Sauce noch einmal glattschlagen; wenn sie gehaltvoller werden soll, etwas Sahne dazugeben.

Register der Rezepte

Deutsche Bezeichnungen der Rezepte sind unter den jeweiligen Oberbegriffen, wie Bohnen, Nudeln, Auflauf, Eintopf, aufgeführt. Fremdsprachige Rezepttitel erscheinen in fortlaufender alphabetischer Reihenfolge und kursiver Schrift.

Allgemeines Register/Glossar

Dieses Register schließt Erläuterungen küchentechnischer Fachausdrücke ein, die in diesem Buch vorkommen. Die Definitionen sind kursiv gesetzt. Die Rezepttitel des zweiten Teils sind im Register der Rezepte auf S. 168 aufgeführt.

Quellennachweis der Rezepte

Die Quellen der Rezepte in diesem Buch sind im folgenden aufgeführt. Die Seitenangaben in Klammer verweisen auf die Stellen, in denen die Rezepte im zweiten Teil des Bandes erscheinen.

Adam, Hans Karl: *Das Kochbuch aus Schwaben.* © Copyright 1976 by Verlagsteam Wolfgang Hölker. Verlag Wolfgang Hölker, Münster. Mit Genehmigung von Verlag Wolfgang Hölker (S. 121, 152).
Alberini, Massimo: *Cento Ricette Storiche.* Copyright Sansoni Editore, Firenze. Sansoni Editore, Florenz 1974. Übersetzt mit Genehmigung von G. C. Sansoni Editore Nuova S. p. A. (S. 126, 134).
Albright, Nancy: *Rodale's Naturally Great Foods Cookbook.* Copyright © 1977 by Rodale Press, Inc. Rodale Press, Inc., Emmaus, P. A. 18049. Übersetzt mit Genehmigung von Rodale Press Inc. (S. 151).
Alston, Elizabeth: *The Best of Natural Eating Around the World.* Copyright © 1973 by Elizabeth Alston. David McKay Company, Inc., New York. Übersetzt mit Genehmigung von David McKay Company, Inc. (S. 107).
American Heritage, The Editors of: *The American Heritage Cookbook.* © 1964 American Heritage Publishing Co., Inc., New York. American Heritage Publishing Co., Inc. Übersetzt mit Genehmigung von American Heritage Publishing Co., Inc. (S. 148).
Anderson, Beth: *Wild Rice for all Seasons Cookbook.* © 1977 Minnehaha Publishing. Minnehaha Publishing, Minnesota. Übersetzt mit Genehmigung von Beth Anderson und Minnehaha Publishing (S. 103, 104).
Androuet, Pierre: *La Cuisine au Fromage.* © 1978, Éditions Stock. Éditions Stock, Paris. Übersetzt mit Genehmigung von Éditions Stock (S. 145).
Artusi, Pellegrino: *La Scienza in Cucina e l'Arte di Mangiar Bene.* Copyright © 1970 Giulio Einaudi Editore S.p.A., Torino Giulio Einaudi Editore S.p.A. (S. 92).
Aureden, Lilo: *Was Männern so gut schmeckt.* Copyright 1954 Paul List Verlag, München. Paul List Verlag, München. Paul List Verlag (S. 93, 100).
Ayrton, Elisabeth: *The Cookery of England.* Copyright © Elisabeth Ayrton, 1974. Zuerst erschienen bei André Deutsch, 1974. 1977 erschienen bei Penguin Books Ltd., London. Übersetzt mit Genehmigung von Elisabeth Ayrton (S. 101).
Beard, James A.: *James Beard's American Cookery.* Copyright © 1972 by James A. Beard. Little, Brown and Company, Boston. Übersetzt mit Genehmigung von Little, Brown and Company (S. 106).
Berry, Mary: *Family Cooking.* © Macdonald Educational Ltd. 1978. Text © Thames Television 1978. Macdonald Educational Ltd., London. Übersetzt mit Genehmigung von Thames Television Ltd. (S. 130).
Booth, George C.: *The Food and Drink of Mexico.* Copyright © 1964 by George C. Booth. Dover Publications, Inc., New York 1976. Übersetzt mit Genehmigung von Dover Publications, Inc. (S. 149).
Borer, Eva Maria: *Die echte Schweizer Küche.* Mary Hahns Kochbuchverlag, Berlin W. 1963. Mit Genehmigung von Mary Hahns Kochbuchverlag, München (S. 113).
Bozzi, Ottorina Perna: *Vecchia Milano in Cucina.* © 1975 by Aldo Martello-Giunti Editore S.p.A. Aldo Martello-Giunti Editore S. p. A. Übersetzt mit Genehmigung von Aldo Martello Giunti Editore S.p.A., Florenz (S. 98).
Brown, Cora, Rose und Bob: *The South American Cook Book.* Ursprünglich erschienen bei Doubleday, Doran & Company, Inc. 1939. Neu erschienen bei Dover Publications, Inc., New York 1971 (S. 164).
Bugialli, Giuliano: *The Fine Art of Italian Cooking.* Copyright © 1977 by Giuliano Bugialli. Times Books, a Division of Quadrangle/The New York Times Book Co., Inc., New York. Übersetzt mit Genehmigung von Times Books, a Division of Quadrangle/The New York Times Book Co., Inc. (S. 134 – 135, 162 – 163).
Buonassisi, Vincenzo: *Il Codice della Pasta.* © 1973, Rizzoli Editore Milano. Rizzoli Editore, Mailand 1973. Übersetzt mit Genehmigung von Rizzoli Editore (S. 115, 122, 127, 135).
Carnacina, Luigi, und Buonassisi, Vincenzo: *Il Libro della Polenta.* © di Aldo Martello Editore, Milano. Aldo Martello Editore, Mailand 1967. Übersetzt mit Genehmigung von Aldo Martello Giunti Editore S.p.A., Florenz (S. 110 – 111, 112 – 113).
Carréras, Marie-Thérèse, und Lafforgue, Georges: *Les Bonnes Recettes du Pays Catalan.* © Presses de la Renaissance, 1979. Presses de la Renaissance, Paris. Übersetzt mit Genehmigung von Presses de la Renaissance (S. 92).
Cavalcanti, Ippolito, Duca di Buonvicino: *Cucina Teorico-Pratica.* 6. Auflage, November 1849, Neapel (S. 129).

Chamberlain, Narcisse und Narcissa G.: *The Chamberlain Sampler of American Cooking.* Copyright © 1961 by Hastings House, Publishers, Inc. Hastings House, Publishers, Inc., New York. Übersetzt mit Genehmigung von Hastings House, Publishers, Inc. (S. 109).
Chanot-Bullier, C.: *Vieilles Recettes de Cuisine Provençale.* Tacussel, Éditeur, Marseille. Übersetzt mit Genehmigung von Tacussel, Éditeur (S. 143, 156).
Chantiles, Vilma Liacouras: *The Food of Greece.* Copyright © 1975 by Vilma Liacouras Chantiles. Atheneum, New York 1975. Übersetzt mit Genehmigung von Vilma Liacouras Chantiles (S. 96 – 97, 103).
Cheng, S. K. (Hrsg.): *Shanghai Restaurant Chinese Cookery Book.* Die Eigentümer von The Shanghai Restaurant, London 1936 (S. 123).
Correnti, Pino: *Il Libro d'Oro della Cucina e dei Vini di Sicilia.* © Copyright 1976 Ugo Mursia Editore. Ugo Mursia Editore, Mailand. Übersetzt mit Genehmigung von Ugo Mursia Editore (S. 119, 120 – 121, 128).
Cox, J. Stevens (Hrsg.): Guernsey Dishes of Bygone Days. © James und Gregory Stevens Cox, The Toucan Press, Guernsey 1974. The Toucan Press, Guernsey. Übersetzt mit Genehmigung von Gregory Stevens Cox, The Toucan Press (S. 159).
Crossley, Rosemary: *The Dole Cookbook.* Copyright © 1978 by Rosemary Crossley und Prudence Borthwick. Outback Press, Melbourne. Übersetzt mit Genehmigung von Outback Press (S. 116 – 117).
David, Elizabeth: *Italian Food.* Copyright © Elizabeth David 1954, 1963, 1969. Penguin Books Ltd., London. Übersetzt mit Genehmigung von Elizabeth David (S. 94, 102 – 103).
Davidson, Alan: *Mediterranean Seafood.* Copyright © Alan Davidson, 1972. Penguin Books Ltd., London. Übersetzt mit Genehmigung von Penguin Books Ltd. (S. 130 – 131).
Davidson, Alan: *North Atlantic Seafood.* Copyright © Alan Davidson, 1979. Macmillan London Ltd. und Penguin Books Ltd., London. Übersetzt mit Genehmigung von Penguin Books Ltd. (S. 97).
Davidson, Alan: *Seafood of South-East Asia.* © Alan Davidson 1976. Zuerst erschienen bei dem Autor bei World's End, Chelsea, London 1976. Ebenfalls erschienen bei Macmillan London Ltd. 1978. Übersetzt mit Genehmigung von Alan Davidson (S. 101).
Day, Irene F.: *Kitchen in the Kasbah.* Copyright © 1975 by Irene F. Day. André Deutsch Limited, London 1976. Übersetzt mit Genehmigung von André Deutsch Limited (S. 105, 161).
Devi, E. Maheswari: *Handy Rice Recipes.* © Copyright MPH Publications Sdn Bhd 1971. MPH Publications Sdn Bhd, Singapur 1971. Übersetzt mit Genehmigung von MPH Publications Sdn Bhd (S. 91).
Disslowa, Maria: *Jak Gotowac.* Instytut Gospodarstwa Domowego, Wydawnictwo Rybitwa. Übersetzt mit Genehmigung der Agencja Autorska, Warschau, für den Autor (S. 127, 138, 142).
Donati, Stella: *Le Famose Economiche Ricette di Petronilla.* © Casa Editrice Sonzogno 1974. Casa Editrice Sonzogno S.p.A., Mailand 1974. Übersetzt mit Genehmigung von Casa Editrice Sonzogno (S. 93).
Dubois, Urbain: *École des Cuisinières.* 6. Auflage. E. Dentu, Paris 1887 (S. 133).
Duff, Gail: *Gail Duff's Vegetarian Cookbook.* © Gail Duff 1978. Macmillan London Limited 1978. Übersetzt mit Genehmigung von Richard Scott Simon Ltd., Authors Agents (S. 147, 152, 155, 162).
Engle, Fannie, und Blair, Gertrude: *The Jewish Festival Cookbook.* Copyright 1954 by Fannie Engle und Gertrude Blair. David McKay Company, Inc., New York. Übersetzt mit Genehmigung von David McKay Company Inc. (S. 109, 116).
Eren, Neşet: *The Art of Turkish Cooking.* Copyright © 1969 by Neşet Eren. Doubleday & Company, Inc., Garden City,New York. Übersetzt mit Genehmigung von Neşet Eren (S. 108).
Feng, Doreen Yen Hung: *The Joy of Chinese Cooking.* Zuerst erschienen bei Faber and Faber Limited, London 1952. Übersetzt mit Genehmigung von Faber and Faber Limited (S. 98 – 99).
Francesconi, Jeanne Caròla: *La Cucina Napoletana.* Copyright 1965 by Casa Editrice Fausto Fiorentino, Casa Editrice Fausto Fiorentino, Neapel 1965. Übersetzt mit Genehmigung von Jeanne Caròla Francesconi (S. 118 – 119).
Georgievsky, N. I., Melman, M. E., Shadura, E. A., und Shemjakinsky, A. S.: *Ukrainian Cuisine.* © der englischen Übersetzung Technika Publishers, 1975. Technika Publishers, Kiew 1975. Übersetzt mit Genehmigung von VAAP, Copyright-Agentur der UdSSR, Moskau (S. 107, 141).
Gosetti, Fernanda: *In Cucina con Fernanda Gosetti.* © 1978 Fabbri Editori, S.p.A., Milano. Fabbri Editori S.p.A., Mailand. Übersetzt mit Genehmigung der Fabbri Editori S.p.A. (S. 116, 117, 137, 140 – 141).
Gouffé, Jules: *Le Livre de Cuisine.* Librairie Hachette, Paris 1867 (S. 149).
Green, Karen: *The Great International Noodle Experience.* Copyright © 1977 by Karen Green. Atheneum Publishers, New York 1977. Übersetzt mit Genehmigung von Jane Jordan Browne, Author's Agent (S. 131).
Grigson, Jane: *English Food.* Copyright © Jane Grigson, 1974. Zuerst erschienen bei Macmillan 1974. Penguin Books 1977. Übersetzt mit Genehmigung von David Higham Associates Ltd., für den Autor (S. 156).
Guasch, Juan Castelló: *Bon Profit! El Libro de la Cocina Ibicenca.* Imprenta Alfa, Palma, Mallorca 1967. Übersetzt mit Genehmigung von Juan Castelló Guasch (S. 97).
Guinaudeau-Franc, Zette: *Les Secrets des Fermes en Périgord Noir.* © 1978 Éditions Serg, Paris. Éditions Serg, Paris. Übersetzt mit Genehmigung von Madame Guinaudeau (S. 144, 148).
Hawliczkowa, Helena: *Kuchnia Polska* (Herausgeberin: Maria Librowska). Panstwowe Wydawnictwo Ekonomiczne, Warschau 1976. Übersetzt mit Genehmigung der Agencja Autorska, für den Autor (S. 106, 108).
Hazelton, Nika: *The Regional Italian Kitchen.* Copyright © 1978 by Nika Hazelton. M. Evans and Company, Inc., New York. Übersetzt mit Genehmigung von Curtis Brown Ltd., New York (S. 102).
Historia Hors Serie, No. 42: *Les Français à Table* (Zwei-Monats-Zeitschrift). © Librairie Jules Tallandier, 1975. Librairie Jules Tallandier, Paris. Übersetzt mit Genehmigung von Librairie Jules Tallandier (S. 158 – 159, 161).
Holkar, Shivaji Rao und Shalini Devi: *Cooking of the Maharajas.* Copyright © 1975 by Shivaji Rao Holkar und Shalini Devi Holkar. Zuerst erschienen 1975 bei The Viking Press, Inc., New York. Übersetzt mit Genehmigung von Shivaji Rao Holkar (S. 105).
Iny, Daisy: *The Best of Baghdad Cooking.* Copyright © 1976 by Daisy Iny. Saturday Review Press/E. P. Dutton & Co., Inc., New York. Übersetzt mit Genehmigung von E. P. Dutton Publishing Company, Inc., New York (S. 100).
Isnard, Léon: *La Cuisine Française* et Africaine. © Albin Michel, 1949. Éditions Albin Michel, Paris. Übersetzt mit Genehmigung von Éditions Albin Michel (S. 149).
Jarratt, Enrica und Vernon: *The Complete Book of Pasta.* © 1969 by Enrica und Vernon Jarratt. Michael Joseph Ltd., London 1975. Übersetzt mit Genehmigung von A. L. I. Milan, Authors' Agents (S. 122).
Junior League of New Orleans, The: *The Plantation Cookbook.* Copyright © 1972 by The Junior League of New Orleans, Inc. Doubleday & Company, Inc., Garden City, New York. Übersetzt mit Genehmigung von Doubleday & Company, Inc. (S. 92).
Kagawa, Aya: *Japanese Cookbook.* © 1967 by Japan Travel Bureau, Inc. Japan Travel Bureau, Inc., Publishing Division, Tokio. Übersetzt mit Genehmigung von Japan Travel Bureau, Inc. (S. 88).
Karsenty, Irène und Lucienne: *La Cuisine Pied-Noir.* (Cuisines du Terroir). © 1974 by Éditions Denoël, Paris. Éditions Denoël. Übersetzt mit Genehmigung von Éditions Denoël (S. 154, 158, 163).
Kennedy, Diana: *Cuisines of Mexico.* Copyright © 1972 by Diana Kennedy. Harper & Row, Publishers, Inc., New York. Übersetzt mit Genehmigung von Harper & Row, Publishers, Inc. (S. 150, 157).
Khayat, Marie Karam, und Keatinge, Margaret Clark: *Food from the Arab World.* © Marie Karam Khayat und Margaret Clark Keatinge 1959. Khayats, Beirut 1959, 1961, 1965. Übersetzt mit Genehmigung von S.A. Les Editions Khayat (EDIK), Paris (S. 108).
Kouki, Mohamed: *La Cuisine Tunisienne d' „Ommok Sannafa".* © by Mohamed Kouki. In Zusammenarbeit mit L'Office National des Peches, Tunis 1974. Übersetzt mit Genehmigung von Mohamed Kouki (S. 114).
Kouki, Mohamed: *Poissons Méditerranéens.* © by Mohamed Kouki. In Zusammenarbeit mit L'Office National des Peches, Tunis 1970. Übersetzt mit Genehmigung von Mohamed Kouki (S. 90).
Kulinarische Gerichte: Zu Gast bei Freunden. Copyright Verlag für die Frau, DDR, Leipzig. Verlag für die Frau, Leipzig, und Verlag MIR, Moskau 1977. Mit Genehmigung von Verlag für die Frau (S. 151).
Kürtz, Jutta: *Das Kochbuch aus Schleswig-Holstein.* © Copyright 1976 by Verlagsteam Wolfgang Hölker. Verlag Wolfgang Hölker, Münster. Mit Genehmigung von Verlag Wolfgang Hölker (S. 107).
Laasri, Ahmed: *240 Recettes de Cuisine Marocaine.* © 1978, Jacques Grancher, Éditeur. Jacques Grancher, Éditeur, Paris. Übersetzt mit Genehmigung von Jacques Grancher, Éditeur (S. 100, 146, 154).
Lagattolla, Franco: *The Recipes that Made a Million.* © Franco Lagattolla 1978. Orbis Publishing Limited, London. Übersetzt mit Genehmigung von Orbis Publishing Limited (S. 128, 136).
Lang, George: *The Cuisine of Hungary.* Copyright © 1971 by George Lang. Atheneum Publishers, Inc., New York. Übersetzt mit Genehmigung von Atheneum Publishers, Inc. (S. 133).
Lecourt, H.: *La Cuisine Chinoise.* © 1968 by Éditions Robert Laffont. Éditions Robert Laffont, Paris. Übersetzt mit Genehmigung von Éditions Robert Laffont (S. 124).
Lin, Florence: *Florence Lin's Chinese Vegetarian Cookbook.* Copyright © 1976 Florence Lin. Hawthorn Books, Inc., New York. Übersetzt mit Genehmigung von John Schaffner, Literary Agent, New York (S. 123).
Lopez, Candido: *El Libro de Oro de la Gastronomía.* © 1979 by Candido Lopez. Plaza & Janes S. A., Barcelona. Übersetzt mit Genehmigung von Plaza & Janes S. A. (S. 91).
Manuel de Cocina. Published by Editorial Almena, Instituto del Bienestar, Ministerio de Cultura, Madrid 1965. Übersetzt mit Genehmigung von Editorial Almena, Instituto del Bienestar, Ministerio de Cultura (S. 101).
Maria, Jack Santa: *Indian Vegetarian Cookery.* © Jack Santa Maria 1973. Rider and Company, für Hutchinson Publishing Group, London. Übersetzt mit Genehmigung von Hutchinson Publishing Group (S. 88, 89, 151, 153).
Martini, Anna (Hrsg.): *Pasta e Pizza.* Copyright © 1974 Arnoldo Mondadori Editore. Arnoldo Mondadori Editore, Mailand. Übersetzt mit Genehmigung von Arnoldo Mondadori Editore (S. 124, 126, 139).
Marty, Albin: *Fourmiguetto: Souvenirs Contes et Recettes du Languedoc.* Éditions CREER, Nonette 1978. Übersetzt mit Genehmigung von Éditions CREER (S. 129, 155).
Mascarelli, Benoît: *La Table en Provence & sur la Côte d'Azur.* Jacques Haumont, Paris 1947 (S. 157).
Mazda, Maideh: *In a Persian Kitchen.* Copyright in Japan 1960 by Charles E. Tuttle Co., Inc. Charles E. Tuttle Co., Inc., Tokio 1960, 1975. Übersetzt mit Genehmigung von Charles E. Tuttle Co., Inc. (S. 140).
Mitchell, Alice Miller (Hrsg.): *Oriental Cookbook.* Copyright 1954 by Alice Miller Mitchell. Rand McNally & Company, New York. Übersetzt mit Genehmigung von Rand McNally & Company (S. 137, 154).
Mondo in Cucina, Il: *Minestre, Zuppe, Riso.* Copyright © 1969, 1971 by Time Inc. In Zusammenarbeit von Sansoni/Time-Life (S. 99).
Nignon, Édouard (Hrsg.): *Le Livre de Cuisine de L'Ouest-Éclair.* L'Ouest-Éclair, Rennes 1941. Übersetzt mit Genehmigung der Societe d'Éditions Ouest-France, Rennes (S. 146, 159).
Olney, Richard: *The French Menu Cookbook.* Copyright © 1970 by Richard Olney. Simon and Schuster, New York. Übersetzt mit Genehmigung von John Schaffner, Literary Agent, New York (S. 132 – 133, 160 – 161).
Olney, Richard: *Simple French Food.* Copyright © 1974 by Richard Olney. Atheneum Publishers, New York. Übersetzt mit Genehmigung von Jill Norman Ltd., London (S. 118).
Paddleford, Clementine: *The Best in American Cooking.* Copyright © 1960 Clementine Paddleford. Copyright © 1970 Chase Manhttan Bank als Nachlaß-Verwalter von

Clementine Paddleford. Charles Scribner's Sons, New York. Übersetzt mit Genehmigung von Charles Scribner's Sons (S. 148 – 149).
Paradissis, Chrissa: *The Best Book of Greek Cookery.* Copyright © 1976 P. Efstathiadis & Sons. Efstathiadis Group, Athen 1976. Übersetzt mit Genehmigung von Efstathiadis Group (S. 131).
Petrov, Dr. L., Djelepov, Dr. N., Iordanov, Dr. E., und Uzunova, S.: *Bulgarska Nazionalna Kuchniya.* Copyright © by the authors, 1978, c/o Jusautor, Sofia. Zemizdat, Sofia 1978. Übersetzt mit Genehmigung von Jusautor Copyright-Agentur (S. 111, 121).
Picture Cook Book. Copyright © 1958, 1968 by Time Inc. Time-Life Books, Alexandria (S. 107, 108 – 109).
Puga y Parga, Manuel M. (Picadillo): *La Cocina Práctica.* 5. Ausgabe, 1916. Privat herausgegeben in La Coruña (S. 150 – 151).
Raris, F. und T.: *Les Champignons, Connaissance et Gastronomie.* © Librarie Larousse, 1974, für französischsprachige Rechte. Librairie Larousse, Paris. Ursprünglich erschienen bei Fratelli Fabbri Editori, Mailand, unter dem Titel „I Funghi, Cercarli, Conoscerli, Cucinarli". © 1973 Fratelli Fabbri Editori, Milano. Übersetzt mit Genehmigung von Fratelli Fabbri Editori (S. 94, 95).
Ratto, Giovanni und G. B.: *Cuciniera Genovese.* Edizioni Pagano, Genf 1963. Übersetzt mit Genehmigung von Industrie Grafiche Editoriali, Fratelli Pagano S. p. A. (S. 138 – 139).
Reboul, J. B.: *La Cuisinière Provençale.* Zuerst erschienen bei Tacussel, Éditeur, Marseille. Übersetzt mit Genehmigung von Tacussel, Éditeur (S. 139).
Ripoll, Luis: *Cocina de las Baleares.* © by Luis Ripoll. Mallorca 1974. Übersetzt mit Genehmigung von Luis Ripoll (S. 150).
Roden, Claudia: *A Book of Middle Eastern Food.* Copyright © Claudia Roden, 1968. Zuerst erschienen bei Thomas Nelson 1968. Penguin Books 1970. Übersetzt mit Genehmigung von Claudia Roden (S. 147, 153).
Rossi, Emanuele: *La Vera Cuciniera Genovese.* Casa Editrice Bietti, Mailand 1973. Übersetzt mit Genehmigung von Casa Editrice Bietti, Rom (S. 136).
Scappi, Bartolomeo: *Opera dell'Arte del Cucinare.* Presso Alessandro Vecchi, Venedig 1610 (S. 141).
Schapira, Christiane: *La Cuisine Corse.* © Solar, 1979. Solar, Paris. Übersetzt mit Genehmigung von Solar (S. 110).
Schrecker, Ellen und John: *Mrs. Chiang's Szechwan Cookbook.* Copyright © 1976 by Chiang Jung-feng und Ellen Schrecker. Harper & Row, Publishers, Inc., New York. Übersetzt mit Genehmigung von Deborah Rogers Ltd., Literary Agency, London (S. 124 – 125).
Schuler, Elizabeth: *Mein Kochbuch.* © Copyright 1948 by Schuler-Verlag, Stuttgart-N, Lenzhalde 28. Schuler Verlagsgesellschaft. Mit Genehmigung der Schuler Verlagsgesellschaft (S. 147, 152).
Singh, Dharamjit: *Indian Cookery.* Copyright © Dharamjit Singh, 1970. Penguin Books Ltd., London. Übersetzt mit Genehmigung von Penguin Books Ltd. (S. 89).
Smires, Latifa Bennani: *La Cuisine Marocaine.* © Les Éditions Alpha G. E. A. M. Les Éditions Alpha G. E. A. M., Casablanca 1974. Übersetzt mit Genehmigung der Société d'Édition et de Diffusion AL MADARISS, Casablanca (S. 113).
Španko, Vojtech (Hrsg.): *Slovenská Kuchárka.* © Obzor, Bratislava 1968. Obzor 1968. Übersetzt mit Genehmigung von LITA, Slovak Literary Agency, Prag (S. 117, 145).
Stan, Anisoara: *The Romanian Cookbook.* Copyright © 1951 by Anisoara Stan. Citadel Press, Inc., New York 1969. Übersetzt mit Genehmigung von Citadel Press, Inc., Secaucus, N.J. (S. 110).
Suñol, Victoria Serra: *Sabores: Cocina del Hogar.* © Victoria Serra Suñol. Editorial Luis Gili, Barcelona 1975. Übersetzt mit Genehmigung von Editorial Luis Gili (S. 90, 125).
Tiano, Myrette: *Pâtes et Riz.* © Solar 1978. Solar, Paris. Übersetzt mit Genehmigung von Solar (S. 94 – 95, 115, 117, 119).
Turgeon, Charlotte, und Birmingham, Frederic A.: *The Saturday Evening Post All American Cookbook.* Copyright © 1976 by The Curtis Publishing Company. Thomas Nelson Publishers, Inc., Nashville. Übersetzt mit Genehmigung von Thomas Nelson Publishers, Inc. (S. 164).
Tzabar, Naomi und Shimon: *Yemenite and Sabra Cookery.* Copyright © 1963, 1966, 1974 by SADAN Publishing House Ltd. SADAN Publishing House Ltd., Tel-Aviv. Übersetzt mit Genehmigung von SADAN Publishing House Ltd. (S. 157).
Ungerer, Miriam: *Good Cheap Food.* Copyright © 1973 by Miriam Ungerer. Zuerst erschienen bei The Viking Press, Inc., New York 1973. Übersetzt mit Genehmigung von John Schaffner, Literary Agent, New York (S. 162, 163).
Valente, Maria Odette Cortes: *Cozinha Regional Portuguesa.* Livraria Almedina, Coimbra 1973. Übersetzt mit Genehmigung von Livraria Almedina (S. 93).
Venesz, József: *Hungarian Cuisine.* © by Mrs. József Venesz. Corvina Press, Budapest. Übersetzt mit Genehmigung von Artisjus Literary Agency, Budapest, für Mrs. József Venesz (S. 144, 145).
Vidal, Coloma Abrinas: *Cocina Selecta Mallorquina.* Imprenta Roig, Campos, Mallorca, 1975. Übersetzt mit Genehmigung des Autors (S. 155).
Volpicelli, Luigi, und Freda, Secondino: *L'Antiartusi: 1000 Ricette.* © 1978 Pan Editrice, Milano. Pan Editrice, Mailand. Übersetzt mit Genehmigung von Pan Editrice (S. 95, 102, 120, 125).
Voltz, Jeanne A.: *The Flavor of the South.* Copyright © 1977 by Jeanne A. Voltz. Doubleday & Company, Inc., Garden City, New York 1977. Übersetzt mit Genehmigung von Doubleday & Company, Inc. (S. 109, 142, 153).
Warren, Janet: *A Feast of Scotland.* Copyright © 1979 by Janet Warren. Hodder & Stoughton Limited, London. Übersetzt mit Genehmigung von Hodder & Stoughton Limited (S. 143).
White, Florence (Hrsg.): *Good Things in England.* 1968 erschienen bei The Cookery Book Club, London, in Zusammenarbeit mit Jonathan Cape Ltd. Übersetzt mit Genehmigung von Jonathan Cape Ltd. (S. 106).
Willinsky, Grete: *Kochbuch der Büchergilde.* © Büchergilde Gutenberg, Frankfurt am Main 1958. Büchergilde Gutenberg, 1967. Mit Genehmigung der Büchergilde Gutenberg (S. 126 – 127, 146, 156).
Wilson, José (Hrsg.): *House and Garden's New Cookbook.* Copyright © 1967 by The Condé Nast Publications Inc. The Condé Nast Publications Inc., New York. Übersetzt mit Genehmigung von The Condé Nast Publications Inc. (S. 104, 129).
Wilson, José (Hrsg.): *House and Garden's Party Menu Cookbook.* Copyright © 1973 by The Condé Nast Publications Inc. The Condé Nast Publications Inc., New York. Übersetzt mit Genehmigung von The Condé Nast Publications Inc. (S. 88, 98).
Wolfert, Paula: *Couscous and Other Good Food from Morocco.* Copyright © 1973 by Paula Wolfert. Harper & Row, Publishers, Inc., New York. Übersetzt mit Genehmigung von Paula Wolfert (S. 114 – 115).
Zuliani, Mariù Salvatori de: *La Cucina di Versilia e Garfagnana.* Copyright © by Franco Angeli Editore, Milano, Franco Angeli Editore, Mailand 1969. Übersetzt mit Gen. von Franco Angeli Editore (S. 96, 99, 122, 142).

Danksagungen und Quellennachweise der Abbildungen

Die Herausgeber dieses Buches sind Gail Duff, Maidstone, Kent; und Ann O'Sullivan, Mallorca, besonders verpflichtet.

Außerdem danken sie: Caroline Baum, York; Eliott Burgess, Mallorca; Josephine Christian, Bath; Emma Codrington, Richmond, Surrey; Clare Coope, London; Nona Coxhead, London; Jennifer Davidson, London; Fiona Duncan, London; Mimi Errington, London; Geoffrey Grigson, Swindon; Maggie Heinz, London; Marion Hunter, Sutton Surrey; Brenda Jayes, London; Maria Johnson, Hatfield; Alison Kerr, Cambridgeshire; Rosemary Klein, London; John Lamb, London; Lina Stores, Brewer Street, London; Dr. Alan Long, the Vegetarian Society, London; Pippa Millard, London; Mrs. Miller, Royal Horticultural Society, Wisley; Michael Moulds, London; Dilys Naylor, Kingston-upon-Thames, Surrey; Jo Oxley, Morden, Surrey; G. Parmigiani, United Preservers Ltd, Park Royal, London; Craig Sams, Harmony Foods, London; Michael Schwab, London; Anne Stephenson, London; Fiona Tillett, London; Pat Tookey, London.

Photos von Tom Belshaw: 18, 19 – oben, unten links und Mitte, 20 – unten, 21 – unten links und Mitte, 24, 25, 26 – unten, 27, 28 – oben, 32 bis 35, 42, 44, 45 – oben rechts und unten, 46, 47, 48 – oben, 49 – oben links und rechts, unten Mitte und rechts, 52, 53, 54 – unten, 59 – oben links, 60 – unten, 61 – unten, 63 – oben, 65 – oben rechts, Mitte rechts und unten rechts, 76, 80, 81 – unten, 82 bis 85, 86 – unten.

Photos anderer Photographen (in alphabetischer Reihenfolge): John Cook, 14 – oben, 28 – unten, 29 bis 31, 48 – unten, 49 – oben Mitte und unten links, 55 – unten, 58 – oben, 59 – oben Mitte, 60 – oben, 61 – oben. David Davies, 15 – oben, 40, 41, 58 – unten, 59 – oben rechts und unten. Alan Duns, Einband, 4, 12, 13, 19 – unten rechts, 45 oben links und Mitte, 50, 51, 54 – oben, 55 – oben, 56, 64, 65 – oben links und Mitte und unten links, 66, 67, 72 bis 74, 75 – unten, 78, 79, 81 – oben. John Elliott, 8 bis 11, 14 – unten, 15 – unten, 16, 20 – oben, 21 – oben und unten rechts, 22, 23, 26 – oben, 62, 63 – unten, 68 bis 71, 75 – oben, 86 oben und links. Edmund Goldspink, 36 bis 39. Louis Klein, 2. – Illustrationen: Mary Evans Picture Library und aus privaten Sammlungen.

Farbreproduktionen: Gilchrist Ltd., Leeds, England
Reprosatz: Alfred Utesch GmbH, Hamburg
Druck und Einband: Brepols S.A., Turnhout, Belgien

XXX